TIERRA, AGUA Y MONTE

TIERRA, AGUA Y MONTE

Estudios sobre derechos de
propiedad en América, Europa
y África (siglos XIX y XX)

María Fernanda Barcos, Sol Lanteri
y Daniela Marino (directoras)

teseo

Tierra, agua y monte: estudios sobre derechos de propiedad en América, Europa y África: siglos XIX y XX / María Fernanda Barcos… [et al.]; dirigido por Sol Lanteri; María Fernanda Barcos; Daniela Marino. – 1a ed. – Ciudad Autónoma de Buenos Aires: Teseo, 2017. 392 p.; 20 x 13 cm.
ISBN 978-987-723-144-1
1. Historia. 2. Propiedad. 3. Estudios. I. Barcos, María Fernanda II. Lanteri, Sol, dir. III. Barcos, María Fernanda, dir. IV. Marino, Daniela, dir.
CDD 323.4609

Imagen de tapa: "Campo", Contanza.CH, Flickr 2012

Buenos Aires, Argentina
Editorial Teseo
Hecho el depósito que previene la ley 11.723
Para sugerencias o comentarios acerca del contenido de esta obra, escríbanos a: **info@editorialteseo.com**
www.editorialteseo.com
ISBN: 9789877231441

Compaginado desde TeseoPress (www.teseopress.com)

Índice

Prólogo

Este libro se inició a partir del trabajo de un grupo de investigadores de diversas disciplinas y nacionalidades en torno a una de las sesiones de la Conferencia Internacional "Viejos y nuevos mundos: los desafíos globales de la Historia Rural", organizada por la Sociedad Española de Historia Agraria (SEHA) y la Rede de História Rural em Português (Rural RePort), que tuvo lugar en enero de 2016 en Lisboa.[1] En esa oportunidad, consideramos que los debates e intercambios que se suscitaron en la sesión del encuentro permitían una reelaboración conjunta en el marco de una publicación de alcance internacional que versara sobre las transformaciones en la estructura territorial y en los derechos de propiedad que experimentaron diversas regiones entre los siglos XIX y XX. La publicación definitiva es el resultado de la revisión crítica de estos trabajos por parte de las coordinadoras y de los/as pares evaluadores/as anónimos/as.

Quisiéramos agradecer a los participantes de la sesión por el fructífero y estimulante debate, a los autores por sus importantes contribuciones para el libro, a los evaluadores externos por ayudar a mejorarlo, a los organizadores del encuentro por su profesionalismo y predisposición y a la editorial Teseo por guiarnos a lo largo del proceso de edición.

---

1 La sesión "Transformaciones territoriales y derechos de propiedad en torno a la relación urbano-rural: campos y ejidos, siglos XVIII-XX" contó con dieciocho participantes de siete países.

Introducción

María Fernanda Barcos, Sol Lanteri y Daniela Marino

Este libro se propone como un ejercicio comparativo entre diferentes regiones de América, Europa y otras latitudes, en relación con las nuevas perspectivas que intentan trascender las fronteras nacionales y buscar el diálogo en torno a una serie de problemáticas globales.[1] De esta manera, se abarcan de modo general y específico las dinámicas de los derechos de propiedad sobre las tierras, las aguas y los montes dentro del período conformado por los siglos XIX y XX. Esta cuestión puede observarse a través del estudio de la legislación, la jurisprudencia y la práctica de estos derechos y permite un juego dialéctico en diferentes escalas de análisis, geográficas y temporales.

Este estudio es de suma importancia ya que se ocupa de un momento de transición clave: del orden colonial a la formación y posterior cristalización de nuevos países independientes de ex metrópolis europeas como España y Portugal. Recordemos que el marco jurídico coetáneo estuvo caracterizado por la adaptación de la legislación de Indias a la legislación nacional y la imposición del derecho positivo, así como, en nuestro campo específico de análisis, al contexto desamortizador.

Mucho se ha escrito sobre el tema de los derechos de propiedad y no vamos a reiterar aquí los principales debates teóricos y resultados empíricos para distintas latitudes por exceder los objetivos de esta introducción, remitimos para ello a la bibliografía específica citada. Pero sí nos

---

1 International Conference Old and New Worlds: the Global Challenges of Rural History, Lisbon, IUL, Rural RePort, SEHA, January 2016, disponible en https://goo.gl/QNGrj6.

interesa hacer explícito que nos posicionamos en una perspectiva que entiende el vínculo con la cosa (el bien) como una relación social y por tanto histórica.[2] En este sentido, la diversidad de formas de ocupación del territorio y de otorgamientos (tierras de común repartimiento, privadas, urbanas, montes y agua, terrenos ejidales, donados, comunales, etc.) son tópicos que pueden pensarse como parte de un gran movimiento, con dinámicas regionales propias, de afianzamiento del vínculo individualista para con los bienes. O dicho de otro modo, de progresiva consolidación de la concepción positiva de la propiedad.

Sin embargo esto no supuso el inmediato reemplazo sino, como es sabido, la supervivencia de prácticas consuetudinarias o vinculaciones que obedecían a otras lógicas sociales y culturales, distintas de las detentadas por el Estado en construcción y las elites. Estas cuestiones tornaron entonces más complejo el proceso de afirmación de los derechos de propiedad "liberal" en su interacción con las multiétnicas sociedades locales de las diversas regiones. A su vez, dieron lugar a la coexistencia de múltiples formas de propiedad, así como a la transición entre diferentes sistemas de propiedad y a conflictos entre distintos actores/sectores sociales por los distintos usos de los recursos: tierra, agua, monte y ganado.[3]

El eje que articula los distintos capítulos del libro es la diversidad de derechos de propiedad, en un contexto paradójicamente común de expansión del capitalismo y la propiedad "liberal"[4] que tuvo hitos importantes a fines del período colonial, sobre todo durante el reinado de Carlos III; en las primeras décadas del siglo XIX -en consonancia

---

2   Entre otros, Escobar Ohmstede, Sánchez Rodríguez y Gutiérrez Rivas, 2008; Blanco y Banzato, 2009; Marino, 2009; Ferreyra, 2010; Congost, Gelman y Santos, 2012 y 2017; Escobar Ohmstede y Butler, 2013; Serrão, Direito, Rodrigues y Münch Miranda, 2014; Marino y Zuleta, 2010; Barcos, 2011 y 2012; Lanteri, 2013; Barcos y Lanteri, 2013.
3   Marino, 2016; Lanteri, 2011; Mendoza García, 2011.
4   Congost, 2007.

con la promulgación de la Constitución de Cadiz- y, por último, en la segunda mitad de la misma centuria cuando -casi paralelamente- las diferentes regiones que tratamos profundizaron las medidas desamortizadoras, las leyes de venta de tierras y los procesos de codificación basados en la reformulación de los derechos de propiedad en clave individual. Proceso que no solo incluyó la tierra sino también los montes, las aguas y prácticas consuetudinarias como la caza.

Un primer problema que surge del análisis de los trabajos es el de la conflictividad: se describen períodos en los cuales esta se agrava producto de la aplicación de la legislación liberal. Sin embargo, como los estudiosos de estos temas saben, el análisis está determinado por las fuentes que se trabajan. Es cuando el conflicto se encauza por vías estatales, o estalla una revuelta que deja testimonios, que los historiadores lo conocen mejor porque cuentan con más fuentes para reconstruirlos. Y aunque este no puede ser el único indicador, tampoco puede despreciarse; así, gran parte de la conflictividad debió haber sido absorbida por medio de mecanismos de mediación extraoficiales e informales. Sobre todo, arreglos entre vecinos, acuerdos formales e informales, mayor o menor poder de ciertos grupos en los pueblos, etc.

Más allá de esto, parece claro que a mediados del siglo XIX y durante la década de 1880 se produjo en Iberoamérica una escalada sobre los bienes comunales y una tendencia a implementar un tipo de derecho de propiedad en clave liberal y positiva. Como expresamos *ut supra*, esto en realidad empezó -aunque más tímidamente- con los Borbones y durante las primeras décadas del siglo XIX, tanto en Argentina como en México y España. Esta temporalidad no parece ser idénticamente trasportable a otras latitudes de colonización española, como por ejemplo Marruecos, donde el proceso fue posterior en virtud de su propio desarrollo colonial, como muestra el trabajo de Marchán.

En el libro se analizan también las diferencias en el uso de los recursos -más individuales en los dos trabajos sobre Argentina central (Ferreyra y Garneros) y comunales en los capítulos sobre otros países-, cuestión que no impide observar de manera frecuente la resistencia de vecinos o pueblos al despojo, la imposición de límites y los recortes en el uso y acceso a los recursos naturales, como destacan todos los capítulos. No obstante, en varios de los casos de análisis observamos actitudes contrastadas en las mismas zonas o en áreas vecinas: pueblos o vecinos que quieren y que no quieren desamortizar; agentes estatales más o menos capaces de implementar con éxito las reformas; intereses privados con distintos grados de inserción mercantil y capacidad de comprar o acaparar terrenos. Los capítulos de Neri Guarneros y de Víquez Mora son claros ejemplos de estas situaciones.

Otro tema relevante es el de los sectores subalternos. En trabajos como los de Falcón Vega y Ramos Cruz los vemos actuar fragmentados e incluso enfrentados entre sí: pueblos contra pueblos, pueblos contra haciendas y fábricas o campesinos contra obreros; también, en una misma comunidad, entre campesinos que quieren el título de propiedad (para vender su parcela, o bien por una trayectoria económica más exitosa dentro del pueblo) y aquellos que desean mantener los usos comunales. Asimismo, es importante considerar cómo operaba otro sector social, de difícil delimitación pero de creciente interés en la historiografía rural: los sectores intermedios entre los subalternos y las elites. Estos sectores ocupaban cargos de gobierno y de control local (ayuntamiento, jefe de rentas o recaudador, jefe de guardia, juez conciliador o de paz) que los colocaba en una posición ventajosa a la hora de instrumentar la división y reparto de la propiedad común u otras cuestiones (como analiza Cortés Máximo).

Se corrobora asimismo en este libro cómo el Estado nacional en construcción avanzó sobre realidades regionales y locales con bastante desconocimiento y esto generó varias dificultades. Por ejemplo, ausencia casi completa de registros catastrales en algunos lugares, desconocimiento de la realidad geográfica, territorial y socio-poblacional. También, en ciertos casos, ventajas para quienes resistieron la privatización, entre otros: facilidades para ocultar terrenos comunales y para entorpecer los trámites de medición y deslinde. Pero, por otra parte y al mismo tiempo, el debilitamiento de los intermediarios (como jueces, municipalidades, ayuntamientos, corporaciones) sobre todo a partir de mediados y fines del siglo XIX. Estas acciones generaron centralización, y a la vez menos instancias de negociación -por lo menos en el plano formal- para los sectores de menores recursos. Como contracara, el Estado también fue importante para regular obras de gran alcance y de alto costo como son las obras hidráulicas.[5] Nos preguntamos entonces, ¿fueron estos los costos de la modernización? ¿Quiénes pagaron finalmente ese oneroso precio? Este es un tema aún en estudio y debate por la historiografía, aunque la mayoría de las investigaciones muestra que lamentablemente tendieron a ser los de menores recursos.

Asimismo, el libro avanza en un aspecto que consideramos sustancial, como es la importancia de ver la problemática de los derechos de propiedad sobre la tierra junto con la de los demás recursos (agua y montes fundamentalmente), pues tradicionalmente su estudio recorrió caminos separados, por más que en ciertos países la tradición historiográfica es más inclusiva al respecto, como en México y España, y en otros es aun más incipiente, como en Argentina.[6] Lo anterior también da cuenta de que los problemas sobre los derechos de propiedad son variados, complejos e incluyen todo tipo de disputas en varios ámbitos y materias, no siendo unívocos ni iguales para todos los sectores

---

5   Aboites, 1998.
6   Entre otros, Escobar Ohmstede, Sánchez Rodríguez y Gutiérrez Rivas, 2008; Escobar Ohmstede y Butler, 2013; Garnero, en este libro; Birocco y Cacciatore, 2014; Mendoza García, 2016.

sociales y contextos témporo-espaciales. Tampoco garantes exclusivos del desarrollo y el crecimiento económicos, terminando de hacerse ostensibles en la intrincada interacción entre la normatividad y la práctica social, el ámbito formal y el informal.[7]

Finalmente concebimos como significativa la vinculación entre tierras, fiscalidad y catastro, porque se relaciona con la afirmación territorial del Estado y como una alternativa para construir un ingreso adicional a los impuestos externos y financiar el gasto oficial, sobre todo en momentos de construcción político-institucional. No pocas de las leyes en las que se basaron las medidas y/o acciones tratadas en los capítulos expuestos en el libro tuvieron de manera explícita o implícita motivaciones fiscales que fueron luego argumentadas en términos de postulados "modernizantes" y con intereses precisos de ciertos sectores sociales, políticos o económicos. En este sentido, resalta la comparación entre la expansión de la frontera bonaerense, proceso más tardío en relación con otras latitudes americanas y con grupos indígenas con distinta impronta territorial, y zonas de ocupación colonial y fuerte presencia de comunidades indígenas, por tanto con sistemas propietarios de Antiguo Régimen y comunales muy consolidados, con arraigada presencia de múltiples derechos de posesión y usufructo, que parecen resistir (exitosamente) la instauración del catastro, aunque esta resistencia se evidenció también en el primer caso.[8]

Siguiendo estas líneas generales, los trabajos que presentamos a continuación abordan casos concretos para explorar, de manera original, la diversidad de actores, situaciones y escalas en que los procesos de transformación de los derechos de propiedad se llevaron a la práctica.

---

[7] Congost, 2007; Zeberio, 2006.
[8] Lanteri y Pedrotta, 2012.

Desde una perspectiva centrada en la Historia Ambiental, "Formas de conflicto ambiental. El caso de los montes y las aguas en la Municipalidad de San Ángel, Distrito Federal, México (1870-1910)", de Elena Ramos Cruz, considera el problema ambiental como parte importante del conjunto de la conflictividad social, analizando los que se produjeron en los pueblos de esa Municipalidad en el Valle de México por el control y uso de los recursos naturales entre fines del siglo XIX y principios del XX.

La importancia de los montes y el agua para la vida de muchos pueblos de México es conocida, allí los recursos naturales como el pasto, la madera y el agua tenían un aprovechamiento comunal y por eso las avanzadas privatizadoras de la segunda mitad del siglo XIX sobre el "uso común" tuvieron efectos serios sobre comunidades y pueblos. Las "leyes liberales" generaron una modificación en ese aprovechamiento de los recursos que derivaron en variadas formas de conflicto que se expresaron por la vía legal, informal y también violenta. Para el caso de los montes, la autora relata que la política del gobierno de Díaz derivó en una pérdida de injerencia de los ayuntamientos y en la centralización estatal a partir de la creación del Departamento Forestal. Esta intervención, la nueva lógica mercantilista y las consecuencias de la legislación desamortizadora terminaron por provocar en San Ángel una serie de conflictos por el uso del monte entre pueblos. Y lo mismo sucedió con el agua, que dejó de tratarse como un tema local para ser abordado por el Estado nacional. A raíz de esto, los enfrentamientos se generaron no solo entre pueblos sino también con haciendas y fábricas. En este trabajo, al igual que en el de Romana Falcón, se pueden vislumbrar las tensiones sociales que generó la introducción de fábricas o nuevos cultivos en el ámbito rural. Y lo fracturado que se encontraba el tejido social, a pesar de tener, en muchos casos, intereses comunes en contra del proyecto "modernizador".

"El papel del río de Los Sauces en la estructuración territorial de Traslasierra, Córdoba (1850-1900)", de Gabriel Garnero se encuadra también en lo que podríamos denominar a grandes rasgos Historia Ambiental o "estudios sobre usos y derechos de propiedad sobre aguas con una perspectiva que vincula sociedad y naturaleza de manera diacrónica". Garnero se centra en una región de la Argentina y estudia específicamente el rol que tuvo el río de Los Sauces en la configuración socio-territorial de los actuales departamentos de San Alberto y San Javier durante la segunda mitad del siglo XIX, observando las características y el régimen de la cuenca hidrográfica y cómo esta impactó en las actividades económicas y en el asentamiento de la población. Luego, relata la formación de poblaciones en lugares estratégicos sobre la base de los proyectos modernizantes de entonces y los conflictos que esto generó entre los vecinos. Asimismo, se ocupa del rol que ejerció el Estado en su dimensión local y provincial para ofrecer soluciones u oficiar de mediador. El trabajo demuestra cómo, en la práctica, la gestión para solucionar los problemas con el riego fue tardía y estuvo plagada de inconvenientes. Por ejemplo, la división entre vecinos por la inexistencia de mecanismos claros sobre los problemas de infraestructura y el mantenimiento de las obras hidráulicas. El autor pone de relieve las tensiones con las propiedades privadas que generaban un desarreglo al conjunto.

"Reconstruindo a paisagem. As terras comuns e privadas na Ribeira Lima (Portugal), nos séculos XIX e XX", de Fabíola Franco Pires, analiza las características y transformaciones de la propiedad para reconstruir los espacios territoriales y los recursos naturales, su posesión y uso mediante el estudio de la parroquia periurbana de Meadela. El lapso abordado comprende el proceso de "Desamortização" hasta el siglo XX concebido como un puente hasta la actualidad y permite a la autora ver los cambios en la agricultura, la silvicultura y las dinámicas familiares. La selección del caso dentro del norte lusitano radica en factores diferenciales, como una tendencia emigratoria hacia la región de Gibraltar en vez del Brasil en el siglo XIX y por importantes cambios en el paisaje debidos a su transformación de zona rural en periferia residencial urbana. El objetivo central de su pesquisa doctoral, cuyos resultados centrales vuelca aquí, es la creación de un registro histórico mediante una encuesta sistemática sobre la propiedad del suelo y el agua corriente que sirva de modelo para transpolar a áreas de similares características a la estudiada en la región nordeste o en el valle de Lima. Frente a la ausencia de un registro territorial efectivo, la autora trabaja con diferentes fuentes de información mediante una metodología que intersecta tres bases de datos: una parroquial, una de propiedad y otra paisajística. Es de destacar el entronque analítico propuesto entre reconstrucción del paisaje, dinámica socio-demográfica familiar y aspecto legal hereditario en el largo plazo, así como la tipología entre diversas propiedades privadas, comunales e incluso híbridas y la descripción precisa de lo que cada uno de los subcasos implicaba en el contexto regional e histórico abordado.

En "Éxodo obrero y revuelta campesina. La colonia sericícola en Tenancingo, Estado de México (1886-1890)", de Romana Falcón, se estudian las consecuencias de la migración de obreros citadinos con influencia anarquista a terrenos rurales de ese municipio a fines del siglo XIX. Dicho movimiento fue facilitado por la legislación colonizadora que llevó adelante el porfiriato, las cuales también pretendían impulsar una agricultura moderna. En este contexto, se fundó una colonia integrada por obreros residuales dedicada al cultivo de seda en tierras de la hacienda de la familia Alvear. Dicho proyecto estuvo plagado de conflictos y terminó siendo un fracaso, puesto que para la primera década del siglo ya no quedaban colonos. A partir de esta descripción, la investigación de Falcón pretende explicar los motivos del flujo inverso (ciudad-campo) y las causas del fracaso de la colonia, lo que lo hace muy interesante en virtud de que es un tema poco abordado por la historiografía rural. Metodológicamente se acude a un análisis de larga duración que devela los conflictos previos que existían por los derechos de propiedad entre haciendas y pueblos de la zona, y como estos incidieron años después en el rechazo al proyecto de la colonia. Los pueblos denunciaron la ocupación de tierras que estaban en disputa y acudieron a un abanico de estrategias (revuelta, desobediencia, ocupación de hecho e instrumentos legales) para defender sus derechos.

Lluis Serrano Giménez en "Caza y cerramientos de tierras en la Cataluña del siglo XIX" trata sobre un aspecto central de los conflictos por los derechos de propiedad como los "cerramientos" de tierras. El autor analiza detalladamente una cuestión bastante poco abordada: "la práctica de la caza" como actividad económica y de ocio, principalmente mediante los bandos de la Real Audiencia de Cataluña (1800-1835) –que previa denuncia de agravios, permitían multar a quien entrara a los mansos– y los anuncios de los boletines oficiales de la provincia –que publicaban "la prohibición de entrada" para hacer uso de pastos, leña y caza–. Serrano nos permite detectar cómo la importancia cotidiana de la caza en la sociedad catalana chocaba con el ideario de propiedad entendido como el disfrute exclusivo de las heredades, es decir, como un derecho incorporado que intentó difundirse durante el siglo XIX, aunque los usos y costumbres tradicionales de acceso a la tierra fueron difíciles de desterrar. El rol de la legislación a veces reprimió los delitos contra la propiedad y otras encauzó hábitos que no desaparecían tan fácilmente mediante nuevas disposiciones. La investigación se remonta a la Constitución de Cataluña y termina con la Ley de 1879, vigente hasta 1902, cuando se sancionó una nueva ley y reglamento, aunque los cambios en las normas no fueron unidireccionales, porque la sociedad también iba imponiendo prácticas que condicionaban los mecanismos de control. La caza era considerada también una actividad de "diversión", un pasatiempo que generaba distinción y prestigio social que reforzaba diferencias de estatus y vínculos de clase.

"Especulación, conflicto y fiscalidad en torno a los ejidos. Córdoba (Argentina), 1800-1860", de Ana Inés Ferreyra, estudia las tierras ejidales como factor de especulación y conflicto entre quienes detentaban su dominio útil y los que representaban los intereses urbanos, como manifestaciones de poder, prestigio y herramienta de fiscalidad del poder político, mostrando el cambio producido en su administración, en tanto estos terrenos, junto con dehesas y pastos comunes, lo fueron primero por el cabildo, luego por la hacienda provincial y a partir de 1857 por la flamante municipalidad, hasta la supresión de los ejidos a finales de la centuria. La autora vincula la especulación y conflictividad con la falta de recursos humanos e instrumentos técnicos para mensurar los terrenos, en un marco de construcción estatal y de progresiva delimitación de sus instituciones "profesionales" y técnicas, como la creación del Departamento Topográfico en 1863, bastante después que en Buenos Aires, que no dio solución de continuidad. Además, recala en dos conflictos que comprueban la importancia de las prácticas sociales de traspaso –entre particulares y administradores– frente a lo estipulado por la normativa, subrayando la especulación que el propio fisco realizaba para intentar colmar las magras finanzas públicas.

Al igual que en los traspasos ejidales de Buenos Aires, los precios de las transferencias privadas siempre fueron más altos que los de las operaciones oficiales;[9] sin embargo, el aumento del valor de los terrenos en la década de 1840 contrasta parcialmente con lo registrado allí, donde se ha subrayado el cese de operaciones de tierras públicas rurales.[10] Si bien en Córdoba "los ejidos eran del común", tampoco tuvieron como en Buenos Aires la función de terrenos de "uso común" donde no se plantaba ni se labraba, ya que fueron parcelados y entregados individualmente, asimilándose más a los propios que a los ejidos españoles y

---

9 Banzato, Barcos y D´Agostino, 2013.
10 Infesta, 2003.

mexicanos. Si bien para las arcas del Estado no se generaron importantes ingresos con la redención de los ejidos, la
autora concluye que contribuyeron a ampliar la jurisdicción
de la traza urbana cordobesa con quintas y comercios en un
nuevo espacio periurbano.

"El protectorado español del norte de Marruecos
(1912-1956). Colonización agrícola, transformaciones
territoriales y modernización rural", de Jesús Marchán Gustems, indaga los principales objetivos de la política agraria
española en el protectorado y los diferentes proyectos y
ensayos para la modernización de este sector económico
que presentaba un retraso relativo frente a otras potencias
imperialistas europeas coetáneas. Mediante el análisis de la
legislación, el autor examina las distintas normativas, medidas e instituciones ejecutadas durante el despliegue de la
política colonial hasta la sofocación armada rifeña en 1927,
de entonces a la guerra civil española, y desde 1939-1940
hasta la independencia marroquí en 1956. La regular tensión entre la normativa y la praxis social observada en otros
trabajos se vio aquí acrecentada por la violencia operada
en un contexto de dominación colonial, represión política
y guerras recurrentes. El autor destaca que el nuevo derecho de propiedad introducido por la metrópoli española
en sus distintos proyectos de colonización agrícola (libre
y oficial) coexistió con el marroquí y recalca la intersec-
ción entre las esferas económica y política, la influencia de
la competencia imperial (especialmente con Francia) en la
toma de decisiones y la tensión entre el plano discursivo
y normativo con la práctica concreta gubernamental y de
otros sectores sociales. El ciclo inaugurado por la crisis
económica mundial a partir de 1930, la guerra civil española y la llegada del fraquismo repercutió negativamente
en la población rural, generando crisis de subsistencia y
emigración hacias las urbes y la zona francesa que intentaron ser paleadas con medidas como las juntas rurales y
otras. Empero, el autor concluye que todos estos cambios
no lograron explotar ni privatizar grandes extensiones de

tierras a favor de los intereses coloniales ni tampoco supusieron un cambio radical de la situación de la población del norte marroquí al momento de su independencia, como sugería el discurso oficial.

Como vemos en otros capítulos que abordan el siglo XIX, Allan Víquez Mora explora en "Derechos de propiedad y confrontación local en el Valle Central (1821-1870). Evidencia para una evaluación en torno a los estudios de la tierra en Costa Rica" la transformación de los derechos de propiedad sobre la tierra y su impacto sobre el mundo rural durante el periodo posterior a la independencia en ese valle. En particular, analiza los derechos disputados entre diversas comunidades locales en un contexto de transición del Antiguo Régimen propietario al paradigma liberal y de expansión de la caficultura, y cómo este proceso impacta el contemporáneo de la construcción estatal y su necesidad de imponer control sobre el territorio. Dicha dinámica la observa en el desarrollo de la legislación agraria y en la participación de actores sociales en las instituciones locales y los conflictos por la posesión de derechos.

La principal hipótesis del autor es que la defensa de dichos derechos territoriales locales constituyó un obstáculo al proceso de delimitación del espacio nacional y de su control estatal a través del imperio de la ley. Para ello, estudia dos casos que involucran la participación de tres de los principales pueblos del área. Encuentra que hasta 1840 el gobierno central fortaleció al municipal al otorgarle tierras para población, uso comunal y capacidad de cobrar arbitrios. En cambio, la centralización evidente en el gobierno entre los años 1850 y 1860 restaron poder y autonomía a los municipios.

Víquez encuentra que no obstante el avance de la apropiación privada de la tierra, esta se complementó con otras formas de usufructo. Estas, a su vez, se relacionaban con la dificultad de formalizar límites precisos entre municipalidades, que derivaban en la competencia entre vecindades por el uso del suelo y los bosques. Las autoridades ejercían un control muy débil sobre los márgenes de los vecindarios, en los cuales se encontraban muchas tierras abiertas. Es su conclusión que el abordaje de estos conflictos reflejará una estructura de derechos de propiedad compleja y bastante imprecisa -y por tanto instituciones frágiles-, y que permitirá renovar la historiografía costarricense.

"Los afanes desamortizadores y 'el costumbre' de Cherán K'eri en la defensa de los recursos naturales comunales", de Juan Carlos Cortés Máximo, inicia y cierra recordándonos la reciente lucha de los cheranenses por la defensa de sus bosques y la organización de su policía comunitaria. Es su interés demostrar que dicha fortaleza colectiva no es un producto reciente en respuesta a la crítica situación de la región ante el embate del crimen organizado, sino que puede rastrearse en la historia indígena. Así, el autor plantea un análisis de la comunidad p'urhepecha de Cherán (Estado de Michoacán, México) a lo largo del siglo XIX (comenzando a fines del periodo colonial), con el objetivo de resaltar la continuidad en el gobierno tradicional indígena y las formas comunales de aprovechamiento económico, en particular del bosque. Destaca también la resistencia de esta y otras comunidades de la etnia p'urhepecha a las reformas a la propiedad de la tierra de la segunda mitad del siglo XIX y principios del XX, es decir, el periodo de aplicación de las leyes de desamortización civil, así como de la centralización porfirista en la explotación mercantil de los montes.

El autor reseña las estrategias de los pueblos p'urepechas para evadir la división y titulación individual de sus tierras, particularmente la reactivación judicial de los conflictos limítrofes para así demorar la división, tal como ha sido resaltado para otras regiones de México; si bien en esos otros casos no fue común que, como en Michoacán, lo expresaran abiertamente en documentos dirigidos al gobernador.[11] Esta información apoya la hipótesis del autor acerca de la fortaleza del gobierno comunitario de los

---

[11] Marino, 2016.

pueblos michoacanos y su capacidad de interlocución con el gobierno estatal y se convierte en un caso muy interesante para comparar con otras áreas mexicanas ya estudiadas sobre el proceso desamortizador.

Por su parte, "Tierras de común repartimiento y propiedad privada en Cuautitlán y Hueypoxtla, Estado de México (1856-1887)", de José Neri Guarneros, es también una investigación acerca de los efectos de la desamortización, en este caso sobre tierras de común repartimiento. Contrario al caso precedente, Neri se propone desandar el supuesto consenso acerca de la resistencia generalizada de los indígenas a cambiar su régimen de propiedad y para ello estudia dos municipalidades del Estado de México. Cuautitlán, situada a menos de 30 km de la ciudad de México, era cabecera de distrito, lo que implicaba tener bajo su jurisdicción a varias municipalidades y municipios y contar con funcionarios de mayor jerarquía. Además, el ayuntamiento era controlado por criollos y mestizos. En cambio, Hueypoxtla se ubicaba al doble de distancia de la urbe, era una zona rural y su ayuntamiento estaba controlado por indígenas. Para el autor, estas diferencias fueron causales del distinto trayecto que ambas experimentaron durante el proceso desamortizador.

En Cuautitlán el traspaso se dio rápidamente, aunque en algunos casos fue dificultoso por las diferentes posiciones respecto de cuáles eran los terrenos. En esta municipalidad los vecinos solicitaron mayoritariamente más de un terreno y existen datos de que había circulación mediante compra-ventas previamente a las leyes de desamortización. En Hueypoxtla, la desamortización se produjo posteriormente y en dos periodos: luego de 1861 y entre 1869-1875. Aquí la capacidad de los vecinos para realizar los trámites fue más limitada tanto por la lejanía de las autoridades como por la falta de recursos para realizar el traspaso. Estas características divergentes incidieron en el mayor y más temprano acaparamiento de tierras en la primera jurisdicción.

Como sucedió en el proceso de acceso a terrenos ejidales, enfitéuticos o de otras modalidades en Buenos Aires, esta investigación sobre México muestra cómo la clarificación de derechos de propiedad implicó vincular la propiedad plena con la expedición de un título/escritura de la autoridad competente. Es decir, se afirma el derecho positivo y, paralelamente, la mercantilización de la tierra anteriormente amortizada. Por último, destaca en este trabajo la descripción detallada de cómo se hacían los trámites y los cambios tanto en las autoridades competentes como en los documentos que avalaban la propiedad, lo que permite comprender mucho mejor el proceso.

Maria Sarita Mota nos muestra en "Mudança legislativa, dinâmicas territoriais e continuum rural-urbano no Brasil. O Rio de Janeiro no século XIX" que el caso brasileño, pese a sus evidentes particularidades, comparte el ímpetu liberal privatizador y una similar cronología del proceso referido para otras latitudes. En este capítulo, la autora actualiza un estado de la cuestión sobre los cambios en el sistema de propiedad a lo largo del siglo XIX y explica el contexto y las particularidades de Brasil. En primer lugar, las referidas al sistema de producción esclavista y la importancia de considerar su abolición entre las medidas que transformaron el régimen de propiedad. Por otro lado, el establecimiento allí de la corte portuguesa entre 1808 y 1822, que detonó cambios legislativos y también cierto desarrollo arquitectónico y urbanístico en Río de Janeiro. Por último, la abundancia de tierras, que posibilitó una escasa presión sobre los bienes eclesiásticos, de las comunidades indígenas y de los cabildos municipales, al menos durante la primera mitad del siglo XIX.

Destaca el vector institucional como el principal agente promotor de los cambios territoriales en el siglo XIX y, en él, la Ley de Tierras de 1850 como la principal medida legislativa, que estableció el deslinde de tierras públicas, en parte con fines de colonización, e impuso la compra como el único medio de acceder a la propiedad, acelerando el proceso de transición del Antiguo Régimen propietario hacia un sistema mercantil, con resultados disímiles según la aplicación regional, como han destacado varios estudios en Brasil.[12] En el mismo año, la expedición del Código de Comercio y la prohibición del tráfico esclavista apoyaron la transición, en particular entre las economías del café, el azúcar y su impacto sobre la ocupación y mercantilización del suelo urbano en Río de Janeiro y San Pablo. Pero será sobre todo a partir de los años 1870, con el tendido de las líneas férreas, la expansión urbana y la creación de edificios públicos que los efectos de esta ley detonan un "incipiente mercado de tierras". Sin embargo, concluye la autora que aún a fines de siglo el crédito y la mano de obra eran desafíos bastante mayores que el acceso a la tierra. En el último apartado se dedica a explorar en mayor profundidad un caso particular, la *freguesía* de San Salvador del Mundo de Guaratiba, para demostrar su hipótesis de que los alcances de la Ley de Tierras no pueden homogeneizarse a todo Brasil, ni siquiera a la región sudeste.

Para finalizar, la proyección de los temas del libro, además de mostrar una mirada multidisciplinar, se conecta en la larga duración con varios de los problemas actuales de muchos de los países estudiados: dificultad en el acceso a la propiedad para la mayoría de la población; migraciones campo/ciudad; disputas en torno a ocupaciones precarias o de hecho frente a terrenos baldíos pero de propiedad privada; introducción de tecnologías en el agro que modifican y perjudican el ambiente; imposibilidad de los Estados nacionales para cubrir con obras los problemas del agua, tanto por las sequías como por las inundaciones; reclamos territoriales y patrimoniales de distintos grupos étnicos que quedaron mayormente relegados jurídica y socialmente de los Estados nacionales "modernos" y otros. Quizás, y sin caer en anacronismos, tener una visión de largo plazo de

---

12 Entre otros, Menendes Motta, 2000.

nuestros problemas pueda generar puentes para conectar la historia y la historiografía de los siglos XIX y XX con la del siglo XXI.

Consideramos que una posible agenda que oriente futuras investigaciones sobre el tema de las transformaciones territoriales y los derechos de propiedad tendrá necesariamente que poder articular trabajos comparativos entre distintas latitudes, jurisdicciones (metrópolis, colonias, etc.) y a diferentes escalas (local, regional, nacional, trasnacional) excediendo incluso el trillado ámbito político-territorial de los Estados nacionales. Asimismo, ampliar el marco hermenéutico y heurístico de la disciplina histórica intentando ponerla en diálogo permanente con otras ciencias humanas y sociales que hagan lo más inteligible posible tanto las complejas realidades bajo estudio como las múltiples herramientas que utilizamos para interpelarlas.

Bibliografía

Aboites, L. (1998), *El agua de la nación. Una historia política de México (1888-1946)*. México: CIESAS.

Banzato, G.; Barcos, M. F. y D'Agostino, V. (2013), "Problemas, métodos y abordajes teóricos en torno al mercado de tierras. La campaña bonaerense entre los siglos XVIII y XIX", en Banzato. G. (dir.), *Tierras rurales. Políticas, transacciones y mercados en Argentina, 1780-1914*. Rosario: Prohistoria, pp. 19-63.

Barcos, M. F. (2012), "El influjo del Derecho Indiano en la legislación sobre ejidos de la Provincia de Buenos Aires, 1782-1870." *Revista de Indias,* Madrid, CSIC, LXXII, núm. 256, pp. 687-716.

Barcos, M. F. (2013), "Los derechos de propiedad ejidal en el contexto desamortizador Iberoamericano. La campaña de Buenos Aires, siglo XIX". *América Latina en la historia económica*, Instituto Mora, año 20, núm. 1, enero-abril, pp. 98-125.

Barcos, M. F. y Lanteri, S. (2013), "Tierras públicas y construcción del Estado en Buenos Aires durante el siglo XIX. Las donaciones ejidales y condicionadas en una visión comparada". *Boletín del Instituto Ravignani*, núm. 38, Tercera Serie. Buenos Aires: FFyL-UBA, pp. 44-77.

Birocco, C. y Cacciatore, L. (2014), *El despegue del desarrollo tecnológico en la provincia de Buenos Aires: industria saladeril, aprovechamiento del agua subterránea y mensuración de la tierra en el siglo XIX*. La Plata: AHPBA.

Blanco, G. y Banzato, G. (comps) (2009), *La cuestión de la tierra pública en Argentina. 90 años de la obra de Miguel Ángel Cárcano*. Rosario: Prohistoria.

Congost, R. (2007), *Tierras, leyes, historia. Estudios sobre "La gran obra de la propiedad"*. Barcelona: Crítica.

Congost, R.; Gelman, J. y Santos, R. (2012), "Property rights in land: institutional innovations, social appropiations, and path dependence". *Documentos de Trabajo*, 6, SEHA.

Congost, R.; Gelman, J. y Santos, R. (eds.) (2017), *Property Rights in Land. Issues in social, economic and global history*. London & New York: Routledge.

Escobar Ohmstede, A. y Butler, M. (coords) (2013), *Mexico in Transition: new perspectives on Mexican agrarian history, 19th & 20th centuries*. México: CIESAS.

Escobar Ohmstede, A.; Sánchez Rodríguez, M. y Gutiérrez Rivas, A. M. (coords.) (2008), *Agua y tierra en México, siglos XIX y XX*. Michoacán: El Colegio de Michoacán, El Colegio de San Luis, vols. I y II.

Ferreyra, A. I. (dir) (2010), *Cuestiones agrarias argentinas. Tenencia de la tierra y actores sociales. Patrimonio, producción, trabajo y reproducción social. Estado y mercado de tierras en las provincias de Buenos Aires y Córdoba. Siglos XVI-XX*. Córdoba (Argentina): Brujas.

Infesta, M. E. (2003), *La pampa criolla. Usufructo y apropiación privada de tierras públicas en Buenos Aires, 1820-1850*. La Plata: AHPBA.

Lanteri, S. y Pedrotta, V. (2012), "Territorialidad indígena y expansión estatal en la frontera bonaerense (segunda mitad del siglo XIX): entre el discurso oficial y la realidad material". *Revista Española de Antropología Americana*, 42(2), pp. 425-448.

Lanteri, S. (2011), *Un vecindario federal. La construcción del orden rosista en la frontera sur de Buenos Aires (Azul y Tapalqué)*. Córdoba (Argentina): Centro de Estudios Históricos "Prof. Carlos S. A. Segreti"-CONICET.

Lanteri, S. (2013), "Reformas liberales, sociedad rural y derechos de propiedad territorial en la frontera sur bonaerense (2ª mitad del siglo XIX). Las 'donaciones condicionadas' de Azul". *Trabajos y Comunicaciones*, Segunda Época, núm. 39. La Plata: FAHCE, UNLP, pp. 1-27, disponible en https://goo.gl/2LiFVu.

Marino, D. (2016), *Huixquilucan: Ley y justicia en la modernización del espacio rural mexiquense, 1856-1910*. Madrid: Consejo Superior de Investigaciones Científicas.

Marino, D. (2009), "El régimen jurídico de la propiedad agraria en el Estado de México, 1824-1870: de la comunidad al individuo", en Jaime del Arenal y Elisa Speckman (coord.), *El mundo del Derecho. Aproximaciones a la cultura jurídica mexicana (siglos XIX-XX)*, Ed. Porrúa, Instituto de Investigaciones Históricas UNAM – Escuela Libre de Derecho, pp. 173-195.

Marino, D. y Zuleta, M. C. (2010), "Una visión del campo. Tierra, propiedad y tendencias de la producción, 1850-1930", en Kuntz, S. (coord.), *Historia económica general de México*. México: El Colegio de México-Secretaría de Economía, pp. 437-472.

Mendoza García, E. (2011), *Municipios, cofradías y tierras comunales. Los pueblos chocholtecos de Oaxaca en el siglo XIX*. México: UABJO-CIESAS-UAM.

Mendoza García, E. (2016), *Agua y tierra en San Gabriel Chilac, Puebla, y San Juan Teotihuacan, Estado de México. El impacto de la reforma agraria sobre el gobierno local, 1917-1960.* México: CIESAS.

Menendes Motta, M. M. (2000), "A terra e a lei. Um estudo sobre a primeira legislaçao agrária no Brasil", en Lázarro, S. (coord.), *Estado y cuestiones agrarias en Argentina y Brasil: políticas, impactos y procesos de transformación.* La Plata: UNLP, pp. 15-44.

Serrão, J. V.; Direito, B.; Rodrigues, E. y Münch Miranda, S. (eds) (2014), *Property Rights, Land and Territory in the European Overseas Empires.* Lisboa: CEHC-IUL.

Zeberio, B. (2006), "Los hombres y las cosas. Cambios y continuidades en los derechos de propiedad (Argentina, siglo XIX)". *Quinto Sol*, 9, pp. 151-183.

1

Formas de conflicto ambiental

*El caso de los montes y las aguas
en la Municipalidad de San Ángel,
Distrito Federal, México (1870-1910)*

ELENA RAMOS CRUZ

Introducción

En la segunda mitad del siglo XIX, la serranía del sur del Distrito Federal (hoy Ciudad de México) contaba con bosques municipales o de los pueblos[1] en cinco municipalidades: San Ángel, Tlalpam, Cuajimalpa, Xochimilco y Milpa Alta.[2]

---

1 En los documentos consultados en los archivos utilizan indistintamente la palabra "monte" y "bosque", así las usaremos en este capítulo. En cuanto al término "bosques municipales o de los pueblos", de ese modo fueron definidos por la Dirección General de Bosques. Archivo General de la Nación (en adelante AGN), Fondo Fomento, Serie Bosques, Caja 4, Exp. 3.

2 En el siglo XIX, la organización político-administrativa del entonces Distrito Federal estuvo formada por prefecturas integradas por municipalidades con sus respectivos ayuntamientos que sufrieron a lo largo de ese siglo diferentes cambios (Hernández, 2008). La Municipalidad de San Ángel se componía de los siguientes pueblos: San Bernabé Ocotoepec, San Bartolo Amayalco, Chimalistac, Contreras, La Magdalena Atlitic, San Jerónimo, San Nicolás Totolapan, Santa Rosa Xochiac, Tetelpa, Tizapán, Tlacopac y San Ángel (cabecera de la municipalidad).

En la Municipalidad de San Ángel (imagen 1), los pueblos dueños de los montes eran: San Bernabé Ocotepec, San Bartolo Ameyalco, La Magdalena Atlitic, San Nicolás Totolapan y Santa Rosa Xochiac. Los montes eran fundamentales para su economía y hacían uso de ellos tanto los pueblos como las haciendas y las fábricas. Por un lado, la población utilizaba la madera y el carbón como energía calórica y como producto para su venta. En tanto, las fábricas utilizaban el aguarrás como fuente de iluminación obtenido de la destilación de la trementina de los árboles de ocote y pino; asimismo, utilizaban la leña para generar vapor y de ese modo convertirla en fuerza motriz para mover sus máquinas. Sin embargo, esta excesiva explotación del monte fue causa de su deforestación, lo que trajo como consecuencia la escasez de sus recursos, limitando y encareciendo muchas de las actividades de los pobladores, a quienes emplazó a una serie de conflictos por su uso y control.

El agua fue otro recurso que la naturaleza dotó, y prodigó a esta municipalidad de un paisaje excepcional a través del río Magdalena. A lo largo de este, se establecieron poblaciones, batanes, molinos, obrajes y fábricas textiles y de papel. Este río abasteció de agua potable a las poblaciones, favoreció la agricultura de riego y sus caídas de agua fueron utilizadas como energía hidráulica para las fábricas. La gran demanda del líquido vital generó continuas disputas y pleitos entre los usuarios, ya sea por su reparto, por el desvío del cauce del río y el estancamiento de sus aguas -como lo hicieron en infinidad de ocasiones los centros fabriles-, lo cual creó tensiones entre los diversos actores sociales y económicos.

El objetivo del presente capítulo es hacer una breve reconstrucción histórica de los conflictos sociales por el uso, manejo y explotación de los montes y el agua, en la Municipalidad de San Ángel, durante los años de 1870 a 1910. Los conflictos involucran dos cuestiones fundamentales: el recurso natural en discordia y los grupos sociales que pugnan por él. A lo largo de este apartado mostraremos las disputas por la demanda de los recursos, a través de los ordenamientos legales, las políticas gubernamentales de conservación y reglamentación, de la actuación de los diversos actores que participaron tanto en la problemática como en la solución y negociación de los conflictos. Nos parece pertinente mostrar que el principal recurso de subsistencia de los pueblos era la explotación de sus bienes de uso colectivo, como fueron los ejidos (montes y aguas), los cuales se vieron trastocados por los efectos de las reformas liberales. Las leyes de corte liberal generaron tensión en los distintos grupos sociales por las percepciones diferentes acerca de los impactos que producían sobre los recursos, como fue la Ley de Desamortización de 1856 y las que se implementaron durante el periodo del porfiriato (1877-1910).

Los estudiosos de las cuestiones agrarias se han enfocado en torno al problema de la tenencia de la tierra en sus diversas perspectivas historiográficas, una de ellas son los estudios sobre la desamortización de las tierras de los pueblos (Marino, 2002) que contribuyen al debate y a una amplísima bibliografía. Otros enfoques para el estudio de las sociedades rurales son los temas tratados por la Historia Ambiental, entendida como el campo espacio-temporal en el que ocurren transformaciones del medio por acción del hombre, por las racionalidades económico-culturales de apropiación de la naturaleza (Leff, 2004; Tortolero, 1996, 2006; González, 2000; Escobar, 2013), y la Historia Crítica del Derecho, que estudia la modernidad desde el Antiguo Régimen, presta atención a lo específico de cada periodo histórico, a sus continuidades y permanencias (Marino 2006, 2011; Irurozqui y Galante 2011, por mencionar algunos). La historiografía mexicana sobre el estudio de los montes en el siglo XIX aún es escasa, los trabajos de Alejandro Tortolero (1996, 1999), de José Juan Flores (2005) y de Cesar Escudero y Gloria Camacho (2015) han revisado la explotación de los bosques, el primero en la zona de Chalco, el segundo en Puebla y Tlaxcala, y el tercero se enfoca en los montes del sur del valle de Toluca. La historiografía sobre la cuestión del agua, en el periodo decimonónico, es más amplia. Los estudiosos de este tema con sus respectivos enfoques coinciden en señalar que la intervención federal en la administración de los recursos hídricos comenzó formalmente en 1888, lo que ocasionó la pérdida de facultades y prerrogativas de las instituciones locales (Aboites, 1998; Kroeber, 1994; Sandré y Sánchez, 2006; Birrichaga, 1997, 2008; Martínez y Romero, 2015). La producción académica refleja que el tema del agua es estudiado tanto de manera local como nacional y desde sus distintos enfoques señala la idea de analizar el pasado del agua y su relación con el presente.

Esta breve revisión de la producción académica ha llevado nuestro interés en conjuntar dos recursos: montes y agua, que fueron (son) esenciales para la subsistencia económica y social de los pueblos. Por otra parte, no debemos olvidar los cambios legales en los derechos de propiedad que se suscitaron en la segunda mitad del siglo XIX. El nuevo marco legislativo introdujo modificaciones sustanciales en el uso, reglamentación y reparto de los recursos naturales, que en algunos casos condujeron no solo a la aparición de conflictos -estos también se produjeron en la época colonial- sino a su agravamiento. Consideramos que el incremento de los conflictos se suscitó por las nuevas formas de uso, la escasez de los recursos naturales y la aparición de nuevos actores económicos: los propietarios de las fábricas, que demandaban grandes volúmenes de recursos para el desarrollo de sus actividades industriales. Otro actor -institucional- fue el gobierno federal, que desempeñó un papel preponderante como autoridad y con facultades para promulgar leyes, acuerdos, decretos, reglamentos, valiéndose de nuevas instituciones para aplicarlos.

Para reconstruir este proceso de conflictividad nos hemos valido de documentos consultados en el Archivo Histórico del Distrito Federal, Fondo de Municipalidades, Serie Tierras y Aguas, donde se encontró el entramado de quejas, pleitos y peticiones en relación con la explotación de los recursos. Por otra parte, el Archivo General de la Nación, Fondo Fomento, Serie Bosques proporciona información relevante acerca de la política gubernamental sobre bosques y su conservación durante el periodo del porfiriato. Respecto al Archivo Histórico del Agua, su Fondo Aprovechamientos Superficiales contiene valiosos datos para reconstruir todo el proceso de distribución y reglamentación del agua, además de las protestas y demandas de los pobladores.

Plano 1. Distrito Federal con sus municipalidades, 1899

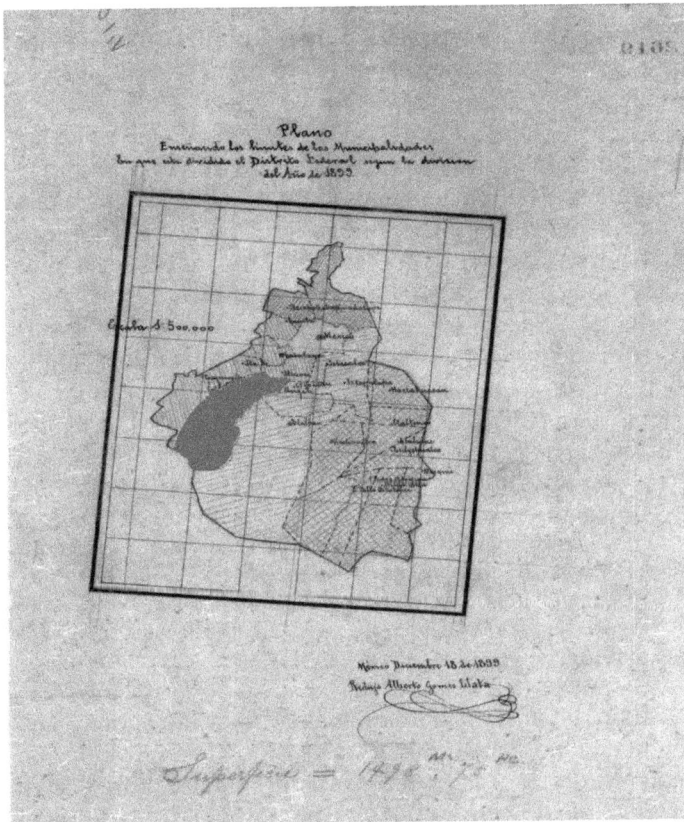

La parte sombreada (modificación de la autora) representa la Municipalidad de San Ángel. *Plano de los límites de las Municipalidades del D.F., año de 1899*, Mapoteca Orozco y Berra. Varilla OYBDF-10, número 2619ª 30.

1. La tipología de los conflictos ambientales

Los estudios históricos se han nutrido de otros fenómenos sociales que nos permiten explicar más ampliamente la realidad del pasado. En México ha surgido el interés por parte de varios historiadores por los estudios ambientales, entre los que destacan Alejandro Tortolero (1999) y José Juan Juárez Flores (2005). Aunque son pocos los estudios sobre los conflictos ambientales con perspectiva histórica, como el de Inmaculada Simón Ruiz (2010), lo que se ha puesto de manifiesto es la importancia de la historia ambiental.

El conflicto ambiental no se puede catalogar como una moda historiográfica ya que representa una parte importante de la conflictividad social, no se reduce simplemente a una disputa por un recurso natural sino que se encuentra en el uso y control de los recursos naturales en las diferentes sociedades y en los diversos momentos históricos. El conflicto se inscribe, en este caso, en la lógica de la subsistencia de los pueblos rurales y de la mercantilización de los recursos naturales defendida por las instituciones del Estado-nación en la segunda mitad del siglo XIX. En este caso, siguiendo la definición de Mauricio Folchi:

> El conflicto de contenido ambiental se produce cuando se tensiona la estabilidad histórica conseguida entre la comunidad y su hábitat y algún agente extraño llega a alterarla o cuando una comunidad decide modificar su vinculación con el ambiente afectando los intereses de los demás (Folchi, 2001: 91).

Para tener un panorama más claro de la conflictividad ambiental, nos valemos de la distinción que utilizan la ecologista Madhav Guha y el historiador Ramachandra Gadgil, entre *conflictos intramodales* (cuando se disputan los recursos naturales dentro de un modo de uso de los recursos) y *conflictos intermodales* (cuando *el modo de uso campesino o agrario* de los recursos entra en contacto con el *modo de uso industrial,* organizado sobre principios económicos, ecológicos y sociales muy diferentes que además se pretende imponer) (*Ibid.*).

Recursos y bienes comunales[3]

La importancia de los montes y el agua, como parte del ejido, fueron cruciales para la vida de los pueblos de la Municipalidad de San Ángel, los cuales poseían y disfrutaban sus diversos aprovechamientos en forma comunal, tales como pastos, leñas, madera y agua. La madera era utilizada como material para construcción y como "energético" en forma de carbón o leña; la función de estos recursos fue esencial no solo para los pueblos, sino también para el proceso productivo de las fábricas que se asentaron en la municipalidad. Así, estos pueblos pueden ser considerados según la definición de Wrigley como sociedades o economías de base *orgánica* pues dependían de la tierra para casi todo: para cultivar, los bosques para combustible y el pasto para los animales (González, 2000: 98-99). Los bienes comunales desempeñaron un papel importante contra la pobreza de los habitantes de los pueblos pues podían obtener del monte diversos materiales e incluso un pequeño ingreso con la venta de sus productos, como lo hicieron los carboneros, madereros y leñeros. Además de las materias primas que proporcionaba el monte, dichos pueblos fueron privilegiados al tener un elemento esencial para la vida: el agua que se desplazaba por el río Magdalena otorgaba vida a las tierras, huertas y sembradíos, servía como energía hidráulica

---

3   A los pueblos de indios, en la primera mitad del siglo XIX, se les reconocía un patrimonio territorial constituido por *fundo legal*: área central del pueblo; los *propios*: tierras que se arrendaban para sufragar los gastos del pueblo, costas judiciales, entre otros; *tierras de común repartimiento*: eran parcelas familiares de usufructo individual pero pertenecían a los pueblos y los *ejidos* en los que se agrupaban los montes, pastos y aguas, eran de uso colectivo y no estaban sujetos a la explotación agrícola (Menegus, 2001: 88-89, 101).

a las fábricas y era parte del proceso de teñido de los centros fabriles. Así, estos recursos naturales fueron motivo de conflictos entre los diversos actores: pueblos, hacendados y empresarios que se disputaban su control, manejo y uso.

En la segunda mitad del siglo XIX, el grupo liberal gobernante implementó una serie de leyes que trastocaron las diversas formas de propiedad heredadas del Antiguo Régimen, en el cual existía todo un armazón jurídico en torno a la pluralidad de formas propietarias y títulos de propiedad (Marino, 2011: 207-208). Ante este hecho era necesario uniformarla jurídicamente como privada, individual, deslindada y titulada para que sea reconocida por la ley. Para disolver la propiedad corporativa y amortizada se promulgó la Ley de Desamortización del 25 de junio de 1856 -fue incorporada a la Constitución de 1857-, que desconocía jurídicamente a las corporaciones civiles (comunidades indígenas y ayuntamientos) y eclesiásticas para adquirir, administrar y litigar de manera colectiva sus bienes y recursos; aunque en el artículo 8º señalaba que el ejido quedó exceptuado, los Códigos Civiles de 1870 y 1880, así como varios decretos dados entre 1890 y 1894, ordenaron su desamortización.

El sistema tradicional de aprovechamiento comunal del monte fue modificado por las nuevas reglas de apropiación individual y privada, impuestas por las leyes liberales y por el nuevo modo de uso y manejo de los recursos naturales orientado al mercado. Durante el gobierno de Porfirio Díaz se dictaron una serie de leyes que contemplaban la desamortización de los ejidos, como la circular del 12 de mayo de 1890 que señalaba su fraccionamiento y repartición, además se continuaba con el reparto de los terrenos comunes entre los vecinos de los pueblos. Asimismo, la Ley de Terrenos Baldíos del 26 de marzo de 1894 permitía denunciar los terrenos baldíos y los ocupados ilegalmente, los cuales se podían fraccionar, vender o apropiar, y establecía que los pueblos que tuvieran tierras sin títulos legales podían denunciarlas y defenderse de las manifestaciones ilegales sobre sus terrenos y ejidos para gestionar su fraccionamiento (Cue, 1960: 87).

La implementación de las leyes liberales en el ámbito rural y los mecanismos del mercado vendrían a alterar ese mundo tradicional de los pueblos y generarían una conflictividad mayor causada por los asentamientos industriales, la contaminación, la escasez de los recursos, la deforestación y la imposición de reglamentos que señalaban quiénes, cuándo y cómo podían hacer uso de los recursos naturales. En este sentido, una parte de los habitantes de los pueblos se rebelaría contra los cambios, tratando de mantener sus prácticas tradicionales en el uso social de sus recursos y su administración, y por otra parte, se acentuarían los conflictos entre los mismos pueblos, los hacendados y las fábricas por el control del territorio del monte y del agua.

La política conservacionista del gobierno de Porfirio Díaz en torno a los montes

Durante el gobierno de Porfirio Díaz se consideraba al monte[4] como un recurso productivo y comercial. Las fábricas de papel y textiles, ubicadas en la Municipalidad de San Ángel, utilizaron importantes recursos forestales, así como el ferrocarril que comunicaba a esta población con la ciudad de México. La explotación irracional llevó a la tala

---

4   Lucas de Ozabal, ingeniero de monte lo definió así: "Monte es todo terreno de considerable extensión cubierto de plantas espontáneas o de arbolado artificial, logrado con el fin directo de obtener madera, o leña o de contener los dañosos efectos de la denudación" (Olazabal, 1883: 7). Una explicación de los diversos tipos de montes se encuentra en el Diccionario de Escriche (1852, 1259): "Se entiende por monte, la tierra cubierta de árboles" que se dividen por razón del dominio o pertenencia: 1) montes nacionales, son los realengos, baldíos, de dueños o no conocidos, y los que estén secuestrados o por cualquier otro título poseídos por la nación; 2) montes municipales, son los propios y arbitrios de cada pueblo; 3) montes de establecimientos públicos: hospitales, hospicios, universidades y demás; 4) montes de dominio particular; y 5) montes de pro indiviso que pertenecen a dos o más de las clases anteriores. Estas definiciones son más acordes al contexto español del siglo XIX pero nos acercan a la forma de identificar el tipo de administración y uso que se les daba a los montes. Cabe señalar que durante el periodo del porfiriato "bosque" y "monte" se utilizaban indistintamente.

indiscriminada de árboles y reforzó la idea de elaborar una política de conservación que fue expresada en un proyecto nacional. El Estado como representante del interés colectivo garantizaría la correcta explotación de los bosques y por ende de los montes mediante este proyecto de conservación forestal. El discurso oficial, con argumentos científicos, desarrolló las ideas y políticas conservacionistas en las que dejó fuera a los pueblos, los cuales fueron etiquetados como representantes del atraso y de prácticas arcaicas de uso y explotación de los montes: dichos métodos tenían que ser cambiados por procedimientos modernos.[5]

Los "científicos" –más precisamente los ingenieros– desarrollaron la política gubernamental conservacionista, establecieron la regulación del uso de los bosques a través de campañas de reforestación en las zonas montañosas, de vedas para el corte de árboles y la creación de reglamentos para su utilización. Además, señalaban que los bosques eran importantes para los escurrimientos de los ríos, para la generación de lluvia, para nutrir los manantiales e impedir el agravamiento de las inundaciones de la ciudad de México que se ocasionaban por las fuertes precipitaciones pluviales, por lo que era necesario impedir el acceso de los campesinos a los bosques comunales. En 1901, Miguel Ángel de Quevedo, quien trazó las ideas principales de la conservación de los bosques, junto con Guillermo Beltrán y Puga crearon la Junta Central de Bosques del Distrito Federal; tres años después, esta se incorporó al Departamento de Obras Públicas y adquirió un carácter oficial. Más adelante, en 1903, Porfirio Díaz promulgó la Ley de Organización Política y Municipal del Distrito Federal, cancelando a los ayuntamientos su facultad administrativa en torno a los recursos naturales; por lo tanto, los montes municipales

---

[5] Para una visión más amplia del intervencionismo del gobierno en materia del conservacionismo a fines del siglo XIX y principios del XX, consúltense los artículos de Boyer, Ch. y L. Orensanz (2007); Ramírez, R. (1895) y Vitz, M. (2012).

pasaron a la Dirección General de Obras Públicas del Consejo Superior de Gobierno. El 22 de diciembre de 1909 se creó el Departamento Forestal de México, que recibió los montes de las diversas municipalidades del Distrito Federal que anteriormente estaban a cargo de la Dirección General de Obras Públicas.[6] El Departamento Forestal señalaba la necesidad de saber con exactitud cuáles eran los bosques municipales del Distrito Federal, para conservar los ya existentes.

> … reservando para la restauración de su vegetación por la puesta en veda rigurosa, aquellos terrenos degradados (…) que es de utilidad pública la conservación de los bosques y arbolados existentes en las serranías de las cinco prefecturas del Sur del Distrito Federal, las de Cuajimalpa, San Ángel, Tlalpam, Xochimilco y Milpa Alta…[7]

El control del Estado sobre los recursos se vio plasmado en sus políticas forestales que desconocían los principios de la economía tradicional de los pueblos y rechazaban sus actividades en torno al uso del monte, como la elaboración de carbón, la venta de madera y la obtención de raíz de zacatón que se utilizaba para fabricar canastas, escobas y para forraje. Por ello no se facilitó la tolerancia ni la negociación en las actividades económicas de los pueblos pues cada vez se les restringía su uso, a través de permisos, multas y la aplicación de reglamentos. El gobierno porfirista señalaba que la única manera de conservar la existencia de los bosques era el establecimiento de reglamentos más estrictos como los que se promulgaron en el año 1881; el expedido por José Cevallos, gobernador del Distrito Federal, en 1892; el de 1894; el proyecto de formar un código forestal en 1895 (Ramírez, 1895: 49-50); finalmente el Reglamento Federal sobre tierras, bosques, aguas y ejidos de 1904 (Leyes, 1904). Ante la escasez de los recursos forestales

---

6   AGN, Fondo Fomento, Serie Bosques, Caja 1, Exp. 9.
7   *Ibid.*

y la falta de vigilancia era imposible que se cumplieran dichos reglamentos, así lo manifestaban los guardamontes en sus respectivos informes.

2. Conflictos entre los modos de uso del monte

El conflicto por el monte no surgió de manera natural, ni del enfrentamiento entre los diversos actores sociales; consideramos que se produjo dentro de un determinado contexto histórico y de las coyunturas específicas, como las modificaciones en el marco jurídico, el papel de las decisiones políticas gubernamentales que cambiaron las relaciones socioeconómicas por el uso y manejo del monte. Así, los conflictos que se originaron en los pueblos de la Municipalidad de San Ángel estuvieron relacionados con la desarticulación de sus bienes comunales, a través de la desamortización, la mercantilización y la escasez de los productos por la sobreexplotación del monte, lo que trajo consigo la intervención del Estado en cuestión de administración, reglamentación y aprovechamiento del mismo. Además de la disputa entre pueblos vecinos por la territorialidad y por los diferentes usos que a este se le daban.

Desde 1862 hasta 1885 encontramos en las fuentes de archivo diversas quejas entre los pueblos de La Magdalena Atlitic y San Nicolás Totolapan por la violación a los diversos reglamentos. Los dos pueblos se culpaban mutuamente de no respetar el reglamento local de 1877.[8] El juez auxiliar de La Magdalena, Secundino Velasco, envió al presidente del Ayuntamiento de San Ángel su queja, manifestando que los vecinos del pueblo de San Nicolás habían abierto tierras

---

[8] Archivo Histórico del Distrito Federal (en adelante AHDF), Municipalidades, San Ángel, Tierras, Inv. 300, Caja 1, Exp. 77, 1877. "Reglamento que desde hoy deberá observarse en los montes de esta Municipalidad para el corte de madera y leña así como para la fabricación del carbón". Dicho reglamento constaba de 12 artículos.

de labor en los montes, en particular en los terrenos *"Tla-pahuezi"*, *El Potrero y Acupilco*, infringiendo el artículo 10 del reglamento que señalaba dicha prohibición. El ayuntamiento envió una comisión compuesta por Bernardo del Olmo, Felipe Martínez y Pablo López para verificar lo expuesto por el auxiliar de La Magdalena y señalaron que efectivamente los vecinos de San Nicolás habían desobedecido dicho reglamento. La comisión propuso consultar al cabildo de la municipalidad un proyecto de reglamento para su explotación y vigilancia que constaba de 15 artículos. Sin embargo, pese a la aplicación del nuevo reglamento y de otros que se aprobaron, y del esfuerzo de las autoridades locales para vigilar las extensas áreas de los montes, las quejas y los conflictos por el uso del monte continuaron.

Además de las quejas, los documentos de archivo nos muestran otro parámetro de conflicto, como fue la invasión de terrenos por parte de pueblos vecinos que, en ocasiones, pudieron haber llegado al enfrentamiento armado. Ese fue el caso del pueblo de La Magdalena Atlitic con sus vecinos de Acopilco perteneciente a la Municipalidad de Tacubaya.[9] En marzo de 1879, el Cabildo del Ayuntamiento de San Ángel envió la queja del juez auxiliar de La Magdalena al prefecto político de Tlalpam –prefectura a la que pertenecía la Municipalidad de San Ángel- para que concurriera a las autoridades políticas del Distrito Federal y diera a conocer al gobernador la invasión de sus terrenos en el cerro del Arenal (nombrado por los de Acopilco "Las Palmas"), además de la deforestación de su monte y de los abusos en el corte de leña y la elaboración del carbón que tenían prohibido los de Acopilco. No obstante, el presidente municipal de Cuajimalpa señaló que los de La Magdalena también invadían sus terrenos, se introducían al monte, se llevaban una gran cantidad de leña, por lo tanto, solicitaba

---

9   Daniela Marino señala el conflicto por los montes y la propiedad de la tierra que derivó en litigio entre el pueblo de Acopilco y Huixquilucan (ver Marino, 2006: 324-329).

la intervención del gobernador para dirimir el problema. A tal grado llegó el conflicto entre los dos pueblos que para solucionarlo se dirigieron a los tribunales y mutuamente aprehendieron a quienes invadían sus terrenos y cortaban leña, enviándolos a la cárcel de la ciudad de México. Las diversas comunicaciones de los dos pueblos llegaron hasta el juez primero del ramo criminal de México, quien manifestó haber tenido la siguiente noticia:

> … existen emboscados grupos de hombres de caballería e infantería; he mandado se dirija usted [se refiere al prefecto político del Distrito de Tlapam] a fin de que dicte las providencias convenientes para que sean disueltos dichos grupos, previniéndoles a las autoridades subalternas la vigilancia de aquel lugar, *a fin de evitar un conflicto entre los Pueblos de Acopilco y La Magdalena* (…) en concepto de que se pone en conocimiento del C. Gobernador para que si fuere necesario imparta el auxilio de la fuerza federal.[10]

Los conflictos entre los dos pueblos se iniciaron con las quejas de invasión de terreno, después con el talado del monte, y llegaron al punto de destruir las mojoneras que los dividían territorialmente, agravando más las disputas. La Prefectura Política de Tacubaya manifestaba que las quejas del juez auxiliar de La Magdalena, Secundino Velasco, contenían falsedades, no tenía pruebas ni títulos y consentía que los vecinos de La Magdalena talaran el monte de las Palomas perteneciente a Acopilco, además de ser el autor de los conflictos que dividían a los pueblos. Finalmente, el 16 de octubre de 1879, por acuerdo del gobernador del distrito, se llegaba a la siguiente resolución: "se previene a la prefectura de Tacubaya que dicte las órdenes correspondientes por conducto de las autoridades locales que bajo su responsabilidad impidan que los vecinos de Acopilco se introduzcan en los terrenos de La Magdalena".[11]

---

10 AHDF, San Ángel, Tierras, Inv. 300, Caja, 1, Exp. 86, 1879.
11 *Ibid.*

En 1885, Antonio del Río, prefecto político de Tlalpam, comunicaba al presidente Municipal de San Ángel la resolución de la Suprema Corte de Justicia, con fecha 29 de agosto de 1883 que declaró propiedad del Cerro del Arenal a los vecinos de La Magdalena y San Nicolás. Sin embargo, en ese año continuaba el conflicto que fue llevado a litigio entre los dos pueblos por la tala del monte y por el corte de leña, por lo que convinieron que para resolver el problema de la deforestación no hicieran uso del mismo. Sin embargo, los conflictos continuaron en la municipalidad, como el caso entre la hacienda La Cañada y el pueblo de La Magdalena por la invasión y tala inmoderada que hacían los trabajadores del dueño de la hacienda en el terreno llamado "Ocotal" que era parte del monte del pueblo, lo que motivó la amonestación del ayuntamiento al dueño de La Cañada. Por otra parte, el pueblo de San Bernabé Ocotepec se quejaba de que los de La Magdalena invadían y talaban su monte, lo cual fue negado y señalaba el juez auxiliar que el terreno de monte llamado "Telastitla" pertenecía al pueblo de La Magdalena.[12]

Los conflictos entre los pueblos por el uso de los montes parecían no tener fin, el modo de su uso cambió por los nuevos principios económicos y sociales diferentes a la tradicional forma de usufructo de los pueblos, quienes defendieron su forma económica de subsistencia y protestaron por la imposición de reglamentos que les prohibían sus derechos de utilizarlo. Tal imposición de normar el uso del monte se vio reflejada en los reglamentos locales de 1877 y de 1880 que prohibían el corte de árboles para hacer leña y carbón, además de no permitir que pastara el ganado cabrío en el monte; aquel que infringiera alguno de los artículos de los reglamentos sería severamente castigado. Los "naturales" del pueblo de La Magdalena protestaron por la imposición del reglamento de 1877 al señalar que el uso del monte era su único arbitrio de subsistencia pues la

---

12 *Ibid.*, exp. 92, 1881,

mayoría de ellos eran carboneros, leñeros y madereros, y al privarlos del trabajo les sobrevendría más pobreza por lo que solicitaban se moderara tal reglamento. La inconformidad del pueblo de San Nicolás se dio a través de una larga carta enviada al Ayuntamiento de San Ángel, en la cual exponía su desacuerdo por la prohibición de que el ganado cabrío pastara en el monte:

> … las personas que intervinieron como informantes no están al tanto ni son peritos de juicio en materias de campo, pues ni aún conocen las verdaderas causas por qué el agua escasea y los montes se destruyen, atribuyéndolas al ganado únicamente cuando ni se pensara en qué, las fábricas por haber intentado desazolvar los veneros y por los miles de millares de leña que compran y hacen sacar, los madereros por hacer grandes fogatas para secar los palos que imprudentemente cortan echándolos sobre toda la clase de árboles tiernos, y los carboneros con su mal sistema de hacer hornos destruyendo los retoños para taparlos y haciendo otros perjuicios estos y aquellos, con las grandes luminarias que dejan ardiendo por muchos días, que han resultado frecuentes quemazones en varios puntos.[13]

Los dueños de ganado cabrío señalaban la necesidad de que pastasen sus animales para utilizar el abono para fertilizar sus tierras, y era injusto que solo a ellos se les culpase del destrozo de los montes. También los del pueblo de La Magdalena se sumaron a la protesta y señalaron que ellos, como propietarios del monte, de sus productos y de sus pastos desde tiempo "inmemorial", no habían tenido obstáculo para su uso, y quienes hacían destrozos y perjudicaban el monte era la gente rica que subía una enorme cantidad de ganado, además de los carboneros y madereros que lo arrasaban, por lo que solicitaban la derogación del artículo 11 y la realización de una junta para llegar a un

---

13 *Ibid.*, exp. 77, 1877.

acuerdo que beneficiara a todos. El acuerdo fue nombrar un inspector de montes, quien se encargaría de la vigilancia y buen uso de los mismos.

Los reglamentos locales, del gobierno del Distrito Federal y el de índole federal de 1904, marcaron la forma de uso de los montes. El reglamento de 1904 regulaba la conservación, vigilancia y explotación de los bosques por medio de los agentes de terrenos baldíos y los subinspectores y guardabosques, nombrados por la Secretaría de Fomento, quienes expedían los permisos para el corte de árboles. Ante esta reglamentación, no era gratuito que los conflictos y protestas se agravaran, siendo los pueblos los más afectados por la regulación, por lo que cada día perdían más el control y la forma de uso de sus recursos. Dichas protestas fueron llevadas al ayuntamiento de la municipalidad para que les permitiera la explotación del monte. Aunque muchos pobladores infringían el (los) reglamento(s) ante la desarticulación de sus bienes comunales, como los ejidos, siempre trataron de negociar con la autoridad local y, ante problemas más graves como la invasión de terrenos, acudían a los tribunales para dirimir el conflicto.

Al analizar la dinámica de los conflictos se tiene la percepción de las diferentes formas de mirar el recurso natural del monte, por una parte, la idea de corte conservacionista y racional que tenían las autoridades gubernamentales y por la otra, la visión de un recurso colectivo para beneficio de los propios pueblos a través de una economía tradicional. Este antagonismo, aunado a la utilización del monte por parte de las industrias ubicadas en la municipalidad, fue motivo de protestas y quejas por parte de los pobladores cuando sus intereses en común se veían amenazados. Ante ello, adoptaron tácticas de resistencia como el hecho de llevar el ganado a pastar al monte, la elaboración del carbón y el corte de leña, transgrediendo la reglamentación impuesta. La documentación de archivo es rica en casos de desmonte para tierras de labor, invasión de terrenos, tala inmoderada entre los pueblos de La Magdalena y San Nicolás. Desafortunadamente hay poca información sobre los pueblos de San Bartolo, San Bernabé y Santa Rosa Xochiac que nos pudiera mostrar un panorama más amplio de esta problemática para hacer un balance más objetivo.

3. Los usos del agua

Los estudiosos del agua mencionados en la introducción han enfocado sus investigaciones a través de diversas vertientes, desde la introducción del agua potable en las ciudades y los pueblos, el abasto y su desabasto, las juntas de aguas, su utilización en la irrigación y en el uso industrial, entre otros temas. Algunos de estos estudios llevan por el camino que Luis Aboites (1998) ha llamado "el proceso de centralización/federalización", establecido a partir de la Ley del 5 de junio de 1888, en la cual se estableció la jurisdicción federal de la mayoría de los cursos de agua en el país para su vigilancia. Para Aboites, el componente de la "federalización" fue un elemento para crear un Estado y un ejecutivo fuertes, con el objetivo de justificar su tarea gubernamental en todos los ámbitos de la vida del país y como parte del fortalecimiento del poder público. En cuanto a la Ley del 6 de junio de 1894, esta le daba autoridad legal al ejecutivo federal para otorgar concesiones para riego y generación de fuerza motriz (Pallares, 1900: 338-347). Estas disposiciones fortalecieron la injerencia del gobierno federal en las formas de gestión del agua, lo que transformó los derechos de su propiedad, su distribución y su fiscalidad. Es decir, la administración y la propiedad del recurso hídrico no pertenecieron más a los pueblos y ayuntamientos sino a la federación y posteriormente a la nación (Aboites, 1998: 82-84).

Por otra parte, no hay que olvidar que la desamortización fue un factor de presión para los pueblos de la Municipalidad de San Ángel y para muchos otros, pues los

hacendados y los dueños de las fábricas tuvieron condiciones más favorables para allegarse de los recursos naturales
o de los bienes de comunidad de los pueblos. En el caso de
las aguas, solo las que estaban estancadas y estuvieran en
terrenos que pertenecieran a las corporaciones podían des-
amortizarse (*Ibid.*: 30). Como fue el caso de Ángel Sánchez
que formó la compañía "Ángel Sánchez y Cía.", dedicada
a la extracción de arcilla para la fabricación de ladrillos,
hornos y calderas. El empresario compró por adjudicación
varios terrenos donde se encontraban los manantiales que
surtían de agua al río Magdalena,[14] con base en la circular
de 9 de octubre de 1856, que señalaba que "todo terreno
cuyo valor no pase de 200 pesos conforme a la base de la
Ley de 25 de junio, se adjudique a los respectivos arrendatarios, ya sea que lo tengan como de repartimiento, ya
pertenezca a los ayuntamientos, o esté de cualquier otro
modo sujeto a la desamortización, sin que se les cobre alcabala..." (Fabila, 2004: 95). De esta manera, muchos empresarios adquirieron propiedades para obtener derechos sobre
el uso de agua.

El agua junto con los montes y la tierra era el recurso
más importante de los pueblos de la Municipalidad de San
Ángel. Las regiones que bañaba el río Magdalena fueron
sumamente codiciadas, de ahí el establecimiento de pueblos, centros fabriles y haciendas. Antes del periodo del
porfiriato, la administración y el uso del agua se decidían
de manera local, es decir, el Ayuntamiento de San Ángel
resolvía las tandas del agua, dirimía los conflictos, otorgaba
permisos y negociaba con los interesados.[15] De acuerdo con
Aboites y Birrichaga (2010), antes de 1890 la administración
del agua se hacía de manera local, su uso en la agricultura, industria y abastecimiento por parte de los usuarios

---

14 Archivo Histórico del Agua, en adelante AHA, Fondo Aprovechamientos
   Superficiales, caja 567, exp. 8284.
15 Esta afirmación la sustentamos por la revisión de los documentos conteni-
   dos en el AHDF.

los obligaba a construir las obras para su aprovechamiento, pero con los cambios tecnológicos, tanto el gobierno como los empresarios realizaron grandes proyectos para su uso y distribución.

El uso y control del agua fue motivo de conflictos entre los diversos actores sociales y económicos. Su reparto en las poblaciones y su utilización en grandes volúmenes por parte de las fábricas -las cuales modificaban el cauce del río y estancaban sus aguas- ocasionaron tensiones entre pueblos y fábricas así como entre los propios pueblos. En 1789, se llevó a cabo la distribución del agua del río Magdalena por parte del oidor Baltazar Ladrón de Guevara, quien implementó el prorrateo de sus aguas a causa de los conflictos que se estaban originando con los mercedados por su reparto, señalando a cada uno un volumen fijo.[16] La administración del agua era un asunto local que fue experimentando gradualmente un traslado de funciones hacia el gobierno federal, consolidándose durante la administración porfiriana con la expedición de la Ley del 5 de junio de 1888 sobre Vías Generales de Comunicación, que permitía la injerencia de los poderes federales en la administración del agua. Como se mencionó anteriormente, la Ley de 26 de marzo de 1903 sobre Organización Política y Municipal del Distrito Federal, en su artículo 52, mencionaba que el director general de Obras Públicas tendría a su cargo los ramos de dotación y distribución de las aguas potables y de los montes, terrenos, ejidos y demás bienes de uso común de los pueblos.

Al contar con un marco jurídico para realizar cambios y decretar reglamentos, el presidente Porfirio Díaz expidió el *Reglamento sobre el uso de las aguas del Río de La Magdalena, del Distrito Federal,* en marzo de 1907, que constaba de 23 artículos. El artículo primero se refería a las cantidades asignadas a los mercedados por el oidor Ladrón de Guevara, mientras que el artículo cuarto señalaba que

---

16 AHA, Fondo Aprovechamientos Superficiales, caja 570, exp. 8306, 1906.

"todos los usuarios de las aguas quedan obligados a construir bajo la dirección del Gobierno (...) las obras hidráulicas que determine la Secretaría de Fomento para la división de aguas...".[17] Por tal razón, el Ayuntamiento de San Ángel perdía el control sobre las obras, uso y administración del agua y sus facultades administrativas para la resolución de los problemas derivados del uso de las aguas del río Magdalena. Una de las razones para expedir este reglamento era la excesiva carga de quejas y conflictos que había en la municipalidad. Para la aplicación de dicho reglamento el gobierno federal envió al ingeniero Leopoldo Villareal con su comisión para realizar un informe sobre las derivaciones del río, esto para determinar los usos de riego de los pueblos y el industrial de los centros fabriles. Estos avances jurídicos por parte del Estado para reglamentar a nivel nacional el uso del agua se vieron coronados con la Ley de Aprovechamiento de Aguas de Jurisdicción Federal de 1910, que señalaba en su artículo 2º: "Las aguas de jurisdicción Federal son de dominio público y de uso común, y en consecuencia, inalienables e imprescriptibles" (Lanz, 1982: 425-426).

Los conflictos por el agua. Entre pueblos y fábricas

Si los conflictos por el uso de los montes adquirieron, en ocasiones, tintes de enfrentamiento entre pueblos, el control y uso del agua ocasionó pugnas entre pueblos, haciendas y fábricas en la municipalidad. La sobreexplotación y contaminación de las aguas del río Magdalena requirió, en todo el siglo XIX, la intervención tanto de las autoridades locales como federales para contener el cambio ambiental[18] por parte de las fábricas. El desarrollo de la industria en la municipalidad provocó diversos conflictos sociales y ambientales, derivados del consumo de grandes volúmenes

---

17 *Ibid.*
18 "El historiador de lo ambiental debe privilegiar el término *cambio* inducido por las personas en el medio ambiente, pues el uso de *daño* resulta más ambiguo y discutible" (Birrichaga 2008: 15, cita 4).

de agua y la contaminación del río a causa de los desechos industriales. En este apartado y siguiendo la línea que nos hemos trazado por identificar los *conflictos intramodales e intermodales*, señalaremos algunos casos que nos muestren la tensión entre los diversos actores de la municipalidad.

El objetivo de los empresarios, que situaron sus fábricas a lo largo de la ribera del río Magdalena, era utilizar las fuentes de energía natural que existían en esta zona rural, aprovechar las corrientes de agua para mover sus turbinas hidráulicas, la madera y la leña que otorgaban los montes para abastecer sus calderas y el agua potable para los usos de su industria. Así las fábricas de La Magdalena Contreras, El Águila, Santa Teresa, Puente de Sierra, La Hormiga y Loreto utilizaron los recursos naturales que estaban dispuestos en la municipalidad. Estas fábricas eran grandes consumidoras de agua, necesitaban un suministro constante para el blanqueado y teñido de textiles, para la elaboración de la pulpa en la fabricación del papel, entre otros usos. Para tener una idea del recorrido del río Magdalena nos remitimos a la siguiente descripción:

> … el Magdalena que recorre una extensión de 17 leguas (…) nace en el llano de Cieneguillas en la falda del cerro de las minas al S.O. del pueblo de Cuajimalpa (…), toma la cañada de La Magdalena, recibiendo la afluencia de varios pequeños manantiales y derrames de las montañas de Eslava, San Miguel Cuaxuspa, Teotlaco y al pasar por la hacienda de la Cañada, forma ya un riachuelo de alguna consideración, sigue corriendo por el pueblo de La Magdalena del cual toma su nombre, pasa por la fábrica de Contreras, a la cual mueven todas sus aguas, sigue a la de casimires y paños del Águila Mexicana, que también mueve, de esta pasa a la de papel de Sta. Teresa y toma a la izquierda del camino de San Ángel a Contreras, pasa y hace mover a la fábrica de Tizapan y a la de papel de Loreto, entra a la huerta del Convento del Carmen de San Ángel, la que atraviesa, recibiendo antes la afluencia de los derrames de las lomas de San Gerónimo y Tetelpa en la barranca de Puente de Sierra y los Álamos de

Loreto. Atraviesa también el pueblo de Chimalistac y pasando por la Municipalidad de Coyoacán hasta desembocar en el lago de Xochimilco.[19]

En el año de 1870, los dueños de la fábrica de La Magdalena mandaron construir un sistema regulador de agua y una presa que permitía estancarla, con el objeto de apropiársela para tener sus reservas en la época de estiaje. El descontento de los pueblos y de los dueños de las otras fábricas a los que no les llegaba el agua fue evidente, pues durante la época de sequía el nivel de las aguas del río Magdalena bajaba y por consiguiente se sufría de la escasez del hídrico. Por otra parte, las haciendas, ranchos y hasta el convento del Carmen hacían lo propio para abastecerse de agua aunque de manera "ilegal", así lo manifestaron Nicolás de Teresa, dueño de la fábrica La Hormiga, y J. M. Benfield de la de Loreto.

> Los que suscribimos dueños de las fábricas de hilados [La Hormiga] y papel [Loreto] situadas en el pueblo de Tizapán exponemos que desde ayer nos ha faltado agua del Río Grande llamado de La Magdalena a tal grado de no tener ni la suficiente para abastecer las calderas para poder trabajar las fábricas (...) hemos encontrado que el agua de la toma de la presa del "Rey" estaba cortada por medio de una presa (...) unos hombres del Rancho de Guicochea y del Convento del Carmen, acompañados de dos que suponemos deben ser de la Hacienda de Guadalupe fueron ayer en la mañana y cortaron la referida agua. Esperando justicia.[20]

El 22 de mayo de 1871, el dueño de la fábrica La Hormiga denunciaba ante las autoridades del ayuntamiento el problema de la falta de agua que generaba interrupciones a la producción por la carencia de energía, lo que significaba reiniciar el proceso productivo en su conjunto:

---

19 *El Distrito Federal, Órgano Oficial del Gobierno del mismo*, 6 de abril de 1871, T.1, No. 1, p. 2.
20 AHDF, San Ángel, Aguas, inv. 3, caja 2, exp. 111, 1870.

A causa de haberse represado anoche el agua del río en la fábrica de La Magdalena, sobre el cual puedo rendir pruebas evidentes y con motivo de que una vez empezado a correr allá, tarda más de cuatro horas en llegar aquí, se encuentra parada, y continuará en el mismo estado, porque los operarios cansados de hacerles que vuelvan a trabajar se han marchado a sus casas...[21]

Las quejas por el reparto, el estancamiento, el corte y la contaminación del agua fueron una constante en el último tercio del siglo XIX, lo que nos permite ver las tensiones que se vivían en la municipalidad. Los pueblos se quejaban constantemente de las fábricas, como fue el caso del de San Nicolás, que en el año de 1900 denunciaba ante el jefe político del distrito de Tlalpan que los dinamos y las turbinas establecidos en los lugares de Xixachalpa y en el Monaniquial por las fábricas de hilados y tejidos de Tizapán (La Hormiga), La Magdalena, El Águila y Santa Teresa enturbiaban con sus desechos el agua que abastecía a la población. La respuesta del jefe político fue que el Ayuntamiento de San Ángel debía tomar las medidas conducentes para su solución.[22]

En 1907, el prefecto político de San Ángel envió al gobernador del distrito, y este a la Dirección de Obras Públicas, la queja de los pueblos de La Magdalena y San Gerónimo contra Antonio Donadieu (dueño de la fábrica de La Magdalena y accionista de Donadieu Veyan y Cía.), quien detenía el agua que debía llegar a sus pueblos, ocasionando la pérdida de sus siembras y las enfermedades por la falta de agua. La Dirección de Obras recomendó al prefecto político de San Ángel la vigilancia de las aguas para que no se siguieran cometiendo esos abusos, que previniera a los interesados dejaran seguir el curso de las aguas, de manera que los pueblos recibieran la correspondiente. Ante esto, Donadieu manifestó que los pueblos de La Magdalena y

---

21 *Ibid.*, exp. 13, 1871.
22 *Ibid.*, Tierras, Inv. 301, caja 2, exp. 14, 1900.

San Gerónimo "no se atreven a dejar cantidad mayor en el temor de reclamaciones por parte de los mercedados de San Ángel" y solicitaba a la Secretaría de Fomento que indicara el volumen total de aguas que debían tener. La Secretaría, ante las continuas quejas de los pueblos, decidió que uno de sus ingenieros fuera a dar "una vista de ojos" a todo el río Magdalena para saber el estado en que se encontraban los cauces del agua, por lo cual el ingeniero Pablo Salinas informó lo siguiente:

> Seguí a pie hasta la compuerta que corresponde a los dinamos del Sr. Donadieu en el paraje llamado Cuxtitla notando que el agua estaba depositada en dos canales (...) informándome en ese lugar el Comisario de Policía de La Magdalena que es costumbre [de la fábrica] en el día acaparar el agua para depositarla en los canales y que no llegue a los mercedados del río de La Magdalena (...) se encuentra una presa [de la fábrica] entra por ella todo el volumen de agua que trae el río. Seguí río abajo hasta la toma de la Hacienda de la Cañada encontrado que sobre la presa de esta (...) tenía una carga suficiente de agua en mayor cantidad que la que le corresponde (...) que en la toma (...) de los pueblos de San Gerónimo y La Magdalena entra mayor cantidad de agua que les corresponde.[23]

El ingeniero propuso que cuatro celadores -ajenos a los pueblos- vigilaran las tomas y la distribución del agua y que Donadieu Veyan y Cía. se limitara a recibir solo el agua que le correspondía porque su toma se encontraba antes de las correspondientes a La Magdalena y San Gerónimo, perjudicándolos y dando lugar a quejas frecuentes de los pueblos. En el mismo año, los vecinos del pueblo de San Ángel manifestaban que sus huertas estaban a punto de arruinarse, lo mismo que los jardines de la población de Tlacopac, por el

---

23 AHA, Fondo Aprovechamientos Superficiales, caja 570, exp. 8306, 1906, fs. 45-57. Véase también el mismo expediente en AHDF, Fondo Gobierno del Distrito, Serie Aguas, inventario 1328, exp. 1557, 1907.

robo de agua que cometían las fábricas que estaban situadas arriba de San Ángel, principalmente la fábrica de tejidos de Santa Teresa, y señalaban:

> Industrias de esta naturaleza son nocivas, sobre todo si su raquítica existencia se debe al ataque continuo y reiterado al derecho ajeno (…) tal vez, sería conveniente retirarles la respectiva licencia de que tan mal uso hacen (…) se persiga a los autores de los abusos señalados con todo el rigor de las leyes vigentes.[24]

Sin embargo, los abusos continuaban, lo que motivó la expedición del Reglamento sobre el uso de las aguas del río de La Magdalena del Distrito Federal el 19 de marzo de 1907. Los empresarios Robert y Cía., Donnadieu Vayan y Cía., La Abeja S.A. y Alberto Lenz, propietarios de las fábricas La Hormiga, La Magdalena, El Águila, Santa Teresa y Loreto, exponían que se debía reformar dicho reglamento porque no hacía referencia a la utilización del agua sobre usos industriales. Por lo cual, la Secretaría de Fomento convocó a una reunión para formar los "Estatutos de la Junta de Vigilancia del río de La Magdalena, en el Distrito Federal". La junta de vigilancia se formó en junio de 1907, tenía el propósito de organizar las formas de acceso a este recurso y que se distribuyera correctamente entre los diferentes grupos que estaban representados en ella. Por su parte, los pueblos buscaban en esta junta la "justicia" distributiva pues el carácter del aprovechamiento del agua del río Magdalena era diverso. Las fábricas basaban la utilización del agua (uso industrial y como fuerza motriz) en las concesiones otorgadas por el gobierno (Ley de 6 de junio de 1894). Mientras, los pueblos señalaban su posesión desde tiempo inmemorial y en la distribución por parte del oidor Ladrón de Guevara en 1789. Cabe mencionar que en las diversas juntas

---

24 *Ibid.*

de vigilancia, su cuerpo directivo estuvo conformado, en su mayoría, por los representantes o dueños de las fábricas, lo que causó el descontento y la oposición de los pueblos.

Todavía en el año de 1912 el pueblo de San Ángel sufría la escasez, culpaban a las fábricas por no respetar las concesiones que el gobierno federal les había otorgado, continuaban almacenando el agua que al pueblo le pertenecía "para emplearla en mayores energías que le imprimen a sus máquinas (...) después de servirse de ella no la dejan tomar el curso establecido, y le dan una orientación semicirculatoria y que va a dar a otros rumbos". Además, señalaban que el agua les llegaba envenenada por los químicos que utilizaban las fábricas y no podían usarla para irrigar sus plantas, ni para el servicio doméstico. Su malestar estaba dirigido hacia la Junta de Vigilancia de Aguas por no ejercer su autoridad en bien del pueblo, la cual estaba compuesta por "sedimentos de aquella dictadura". Los pobladores señalaban que estaban dispuestos a defender sus derechos, amparados con los títulos que acreditaban la propiedad del agua y que emplearían los medios que la ley ponía a su alcance.[25]

La revisión de los conflictos anteriormente citados nos muestra que los oponentes defendían los diferentes usos que le daban al agua; las fábricas para un uso industrial y como energía motriz, los pueblos para sus actividades tradicionales: regar sus sembradíos y uso doméstico. Los conflictos entre los pueblos y las fábricas nunca llegaron al enfrentamiento violento y los pueblos siempre se condujeron con apego a la ley y por las vías correspondientes.

---

25 AHA, Fondo Aprovechamientos Superficiales, Caja 571, Exp. 8311, fs. 5-7.

Plano 2. El recorrido del río Magdalena

AHA, Aprovechamientos Superficiales, caja 571, exp. 8311.

La imagen 3, a través de la vistosa cascada de Tizapán, nos ilustra el contraste entre premodernidad (la lavandera, los campesinos, los paseantes, el agua clara) y la modernidad: la fábrica La Hormiga, con su chimenea, su edificio de cuatro pisos ocupado por cientos de trabajadores fabriles.

Imagen 3

MÉXICO Y SUS ALREDEDORES

C. Castro del y lito.   México, Lito. de Decaen/Portal del Coliseo Viejo.   Propiedad del Editor

CASCADE DE TIZAPAN.   CASCADA DE TIZAPAN.   WATERFALL OF TIZAPAN.
(Sn. Ángel)

México y sus alrededores, 1857.

Entre pueblos y entre haciendas y pueblos

No solo existía tensión entre pueblos y fábricas, también entre los propios pueblos sus disputas eran por el control y propiedad del agua, por lo cual podemos identificarlos como conflictos intramodales por el mismo uso que le daban al agua, aunque eran de menor proporción que los conflictos por el uso y control de los montes.

Desde 1866, los pueblos de La Magdalena Atlitic y San Bernabé Ocotepec tenían una disputa por el agua de una barranca que dividía a los dos pueblos. Los de La Magdalena señalaban que no habían podido regar sus sementeras y al querer tomar el agua de la barranca, los de San Bernabé se opusieron por considerarla de su propiedad. Ante tal actitud, La Magdalena optó por presentar un oficio al ayuntamiento; el presidente del mismo, para evitar un conflicto mayor, citó a los regidores y auxiliares de ambos pueblos con algunos vecinos. Cada uno expuso sus razones del derecho que tenían sobre el agua, se trasladaron a la barranca y comprobaron que el agua pertenecía a los dos pueblos y ambos tenían el mismo derecho sobre la misma. La negociación duró horas y finalmente llegaron a un arreglo: el pueblo de San Bernabé pondría una presa diagonal en la barranca y una vez reunida el agua haría el repartimiento, una tercera parte para La Magdalena y la otra parte a los de San Bernabé, quienes les cederían al pueblo de La Magdalena todos los ojos de agua que se encontraban en los límites de los pueblos. En ese año no hubo necesidad de llevar este conflicto al ámbito judicial pues la negociación y los buenos oficios del presidente del ayuntamiento solucionaron la disputa por el agua.[26]

Los conflictos por el control del agua por las llamadas "tandas" se escenificaron entre la hacienda de Guadalupe[27] y el pueblo de Tlacopac. El administrador de la hacienda se quejaba de que tanto el auxiliar como los vecinos del pueblo no respetaban las "tandas" que se acordaron en un convenio del 5 de febrero de 1859, y por ello "le pertenece toda el agua" del río Magdalena en los primeros quince días de cada mes. El representante de la hacienda argumentó que "para evitar abusos" contrató a un vecino del pueblo de San

---

[26] AHDF, San Ángel, Aguas, Inv. 2, Caja 1, Exp. 42, 1866.
[27] En 1874, el dueño de la hacienda de Guadalupe era Rafael Ramiro, la cual estaba en lo que hoy son los terrenos de la colonia Guadalupe Inn y de la colonia Campestre, en la ciudad de México.

Bartolo para que vigilara que el agua llegara al cauce de la hacienda, pues el auxiliar de Tlacopac la repartía entre los vecinos de ese pueblo. Ante la "ineficacia" del Ayuntamiento de San Ángel, el administrador acudió al Juzgado de Letras de Tlalpam con una copia certificada, en la cual mencionaba que "la hacienda tiene derecho para hacer uso del agua quince días con sus noches en común y veinte en tanda rigurosa". Esa misma copia -según el administrador- facultaba ampliamente al ayuntamiento para imponer una multa de 26 pesos al pueblo de Tlacopac o a la hacienda, siempre que alguno abusara en tomar el agua en el tiempo que no le perteneciera "dejando en quieta y pacífica posesión al perjudicado respecto del agua".[28] Nuevamente, en 1880, el administrador de la hacienda se quejó del robo de agua por los vecinos de Tlacopac, por lo cual, el presidente del ayuntamiento ordenó al auxiliar de este pueblo que acudiera al sitio donde se encontraba el agua robada e informara al ayuntamiento para proceder en consecuencia. El auxiliar notificó que el agua "robada" fue utilizada por varios vecinos del pueblo para regar sus sementeras y el administrador de la hacienda de Guadalupe estancaba el agua. El conflicto apareció –nuevamente- en 1904 y 1908 en contra del administrador de la hacienda por parte de los pobladores de Tlacopac debido a que continuaba estancando el agua y no respetaba los acuerdos a los que se había llegado.

Estos conflictos demuestran su continuidad por varios años, con la dificultad de resolverse satisfactoriamente. La pugna entre pueblos, fábricas y haciendas de la Municipalidad de San Ángel se centró en el control del líquido y su uso, lo que era una forma de poder: tenía poder el que controlaba y administraba el agua.

---

[28] *Ibid.*, inv. 2, caja 1, exps. 55-57, 1874.

Consideraciones finales

Con la información aportada en este trabajo creemos haber fortalecido la idea, más que necesaria, de conocer y estudiar, separadas o en conjunto, a las poblaciones rurales del Distrito Federal en el siglo XIX, puesto que ayudaría a tener una visión más amplia de su problemática social, económica y política. En este caso, realizamos un breve seguimiento sobre la disputa por los recursos naturales: los montes y agua, que fueron (son) esenciales para la vida de una población rural. Nos centramos en los pueblos de la Municipalidad de San Ángel por dos razones: la primera, porque tenían bienes que aprovechaban de manera colectiva y que fueron afectados por los cambios en la legislación y en sus derechos de propiedad. La segunda, porque quisimos mostrar que el llamado "progreso", en este caso el industrial, impactó fuertemente a esta población en el aprovechamiento de sus recursos naturales o en un sentido más histórico en sus bienes comunales, que ya no fueron reconocidos como tales. Los cambios dados por el "paradigma" liberal en cuanto a la propiedad, al reconocer solo la individual, privada y titulada, generaron incertidumbre en los pueblos con economías de corte tradicional frente a las economías industriales, en este caso, las fábricas establecidas en los pueblos de la municipalidad. Esta problemática originó tensiones que llevaron a conflictos entre los actores sociales y económicos. En este sentido, buscamos reconstruir históricamente algunos aspectos de los conflictos por los montes y el agua para dar cuenta de la complejidad tanto de las relaciones sociales como de las productivas.

Al exponer los conflictos, que subyacían en los pueblos de la municipalidad por el uso, control, apropiación, explotación y distribución de los montes y aguas, los actores sociales y económicos involucrados en esta problemática se fueron identificando a lo largo del texto: los pueblos; empresarios o dueños de las fábricas y sus administradores; los hacendados, el ayuntamiento local y central, las instituciones federales como la Secretaría de Fomento y la Dirección de Obras Públicas. Es decir, era un conjunto de grupos sociales y económicos con diferentes intereses y prácticas directamente vinculados con la explotación cotidiana de los recursos del monte y del agua. Los pueblos de la municipalidad eran de origen colonial y tenían sus propias prácticas y costumbres sobre el uso de sus recursos, además contaban con una autoridad representada en el ayuntamiento, que tenía el control y se encargaba de administrar y reglamentar los recursos productivos. Sin embargo, con la desamortización se abrió la puerta a la injerencia de autoridades no locales como la del gobierno del Distrito Federal y más adelante, las federales (Ejecutivo federal, secretarías de Estado como la de Fomento). Por lo tanto, el ayuntamiento local tenía que aplicar las políticas gubernamentales del gobierno federal, como la política de conservación de montes o el uso de reglamentos o leyes sobre aguas expedidos e implementados por el Ejecutivo federal.

Las fábricas que se ubicaron a lo largo de la Municipalidad de San Ángel, por la ampliación del comercio y el mejoramiento de las vías de comunicación, demandaban una mayor cantidad de recursos, por ello, tenían la tendencia de acaparar y controlar las materias primas para la producción y como energía para mover sus máquinas. La industria textil y de papel experimentó un auge durante el porfiriato pero paralelamente al desarrollo de la industria se produjo un deterioro de los montes y la contaminación del agua en toda la región. Usos y costumbres prevalecieron, al menos en un primer momento, aun cuando contrastaron con el espíritu de las nuevas leyes, como la Ley de Desamortización de 1856, la Ley de Terrenos Baldíos del 26 de marzo de 1894, la de Aguas del 5 de junio de 1888 y la de sus concesiones del 6 de junio de 1894, además de las leyes federales vigentes sobre tierras, bosques, aguas y ejidos de 1904, entre otras, que impusieron restricciones y erosionaron los recursos de los más pobres, entre los que se contaban los carboneros, leñeros y madereros, desencadenando conflictos de intereses abiertos o latentes que estaban por explotar.

Por otra parte, la aplicación de los reglamentos restringieron las actividades de la población más pobre que basaba su economía de subsistencia en los recursos que les daba el monte y el río Magdalena; estas restricciones se dieron por medio de licencias, permisos y vedas para hacer uso de estos recursos. En la medida en que la leña, la madera y el carbón se reducían y el agua escaseaba, se fueron agravando los conflictos entre los pueblos, los dueños de las fábricas y los hacendados. Las tensiones derivadas de la imposición de reglamentos y leyes, además de ignorar o desatender los derechos consuetudinarios de los pueblos, desencadenaron un alud de quejas y protestas que originaron conflictos entre dos maneras diferentes de explotar los recursos y en su modo de uso, por lo que tuvieron que hacer actos de resistencia, como no respetar los reglamentos, protestar, ir a los tribunales; es decir, el conflicto convivió con actos de resistencia y de adaptación a las nuevas imposiciones. No obstante, lo más interesante en estos conflictos fue la capacidad demostrada por los pueblos de la Municipalidad de San Ángel que, a pesar de las duras condiciones de precariedad económica y social, así como la escasez de sus recursos, pugnaron por la justicia y llevaron hasta el final sus reivindicaciones en forma de quejas ante el ayuntamiento y en los tribunales. Es así que los conflictos -algunos de contenido ambiental-, como lo señala Folchi, no se pueden trivializar en una lucha de poderosos contra débiles o ricos contra pobres; hay una problemática más profunda y compleja, que puede ser la lucha por los intereses de controlar un recurso -cada vez más escaso- esencial para la población, la industria y la agricultura.

Archivos

AGN Archivo General de la Nación, México.
AHA Archivo Histórico del Agua, México.
AHDF Archivo Histórico del Distrito Federal, México.
MOB Mapoteca Orozco y Berra, México.

Bibliografía

Aboites Aguilar, L. (1998), *El agua de la nación. Una historia política de México (1888-1946)*. México: CIESAS.
Aboites Aguilar, L.; Birrichaga, D. y Garay Trejo, J. (2010), "El manejo de las aguas mexicanas en el siglo XX", en *El agua en México: causes y encauses*. México: Academia Mexicana de Ciencias/Conagua.
Birrichaga, D. (comp.) (2008), *Agua e industria en México. Documentos sobre impacto ambiental y contaminación (1900-1935)*. Zinacantepec, Estado de México: El Colegio Mexiquense, A.C./CIESAS.
Birrichaga Gardida, D. y Suárez Cortez, B. (1997), *Dos estudios sobre los usos del agua en México: siglos XIX y XX*. México: Instituto Mexicano de Tecnología del agua/CIESAS.
Boyer, Ch. y Orensanz, L. (2007), "Revolución y paternalismo ecológico: Miguel Ángel de Quevedo y la política forestal en México, 1926-1940", en *Historia Mexicana*, 57(1), pp. 91-138.
Cue Canovas, A. (1960), *La reforma liberal en México*. México: Ediciones Centenario.
El Distrito Federal, Órgano Oficial del Gobierno del mismo (1871). México.
Escobar Ohmstede, A. (comp.) (2013), *La ecología política, la ecología cultural y la historia ambiental a través de Relaciones. Estudios de Historia y Sociedad*. Zamora, Michoacán: El Colegio de Michoacán.

Escriche, J. (1852), *Diccionario razonado de legislación y jurisprudencia.* Paris: Librería de Rosa Bouret y Cía.

Fabila, M. (2004), *Cinco siglos de legislación agraria en México (1493-1940).* México, Procuraduría Agraria, Vol. 1.

Folchi, M. (2001), "Conflictos de contenido ambiental y ecologismo de los pobres: ni siempre pobres, ni siempre ecologistas", en *Ecología Política* (22), pp. 79-100, disponible en https://goo.gl/8Arz6n (consultado el 11 de diciembre de 2014).

González de Molina, M. (2000), "De la 'cuestión agraria' a la 'cuestión ambiental' en la historia agraria de los noventa", en *Historia Agraria* (22), pp. 19-36.

González de Molina, M. y Ortega Santos, A. (2000), "Bienes comunes y conflictos por los recursos en las sociedades rurales, siglos XIX y XX", en *Historia Social* (32), pp. 95-116, disponible en https://goo.gl/gQWpYT (consultado el 21 de noviembre de 2014).

Hernández Franyuti, R. (2008), *El Distrito Federal: historia y vicisitudes de una invención, 1824-1994.* México: Instituto Mora.

Irurozqui, M. y Galante, M. (eds.) (2011), *Sangre de Ley. Justicia y violencia en la institucionalización del Estado en América Latina, siglo XIX.* Madrid: Ediciones Polifemo.

Juárez Flores, J. J. (2005), "Alumbrado público en Puebla y Tlaxcala y deterioro ambiental en los bosques de la Malintzi, 1820-1870", en *Historia Crítica* (30), Bogotá, pp. 13-18, disponible en https://goo.gl/HG7swV (consultado el 13 de enero de 2015).

Kroeber, C. (1994), *El hombre, la tierra y el agua. Las políticas en torno a la irrigación en la agricultura de México, 1885-1911.* México: CIESAS/ Instituto Mexicano de Tecnología del agua.

Leff, E. (2004), "Vetas y vertientes de la Historia Ambiental Latinoamericana: una nota metodológica y epistemológica", en *Anuario del Instituto de Estudios Históricos Sociales,* 19, pp. 133-145, disponible en https://goo.gl/YFD5h9 (consultado el 6 de junio de 2015).

Leyes Federales Vigentes sobre tierras, bosques, aguas, ejidos, colonización y gran registro de la propiedad (1904), Colección ordenada por el Lic. Aniceto Villamar. México: Herrero Hermanos Editores.

Lanz Cárdenas, J. (1982), *Legislación de aguas en México. Estudio histórico-legislativo de 1521 a 1981.* Villahermosa: Consejo Editorial del Gobierno del Estado de Tabasco.

Marino, D. (2011), "La fuerza de la ley. Leyes, justicias y resistencias en la imposición de la propiedad privada en México, segunda mitad del siglo XIX", en Irurozqui, M. y M. Galante (eds.), *Sangre de Ley. Justicia y violencia en la institucionalización del Estado en América Latina, siglo XIX.* Madrid: Ediciones Polifemo.

Marino, D. (2006), *La modernidad a juicio: los pueblos de Huixquilucan en la transición jurídica. Estado de México, 1856-1911.* Tesis de Doctorado. México: El Colegio de México, Centro de Estudios Históricos.

Marino, D. (2002), "La desamortización de las tierras de los pueblos (Centro de México, Siglo XIX). Balance historiográfico y fuentes para su estudio", en *América Latina en la historia económica, boletín de fuentes* (16), pp. 33-43.

Martínez Omaña, M. y Romero Navarret, L. (coords.) (2015), *Agua e historia. Experiencias regionales, siglos XIX y XX.* México: Instituto Mora.

Menegus, M. (2001), "Los bienes de comunidad de los pueblos indios a fines del periodo colonial", en Escobar Ohmstede, A. y T. Rojas Rabiela (coords.). *Estructuras y formas agrarias en México, del pasado y del presente.* México: Registro Agrario Nacional/CIESAS, pp. 80-115.

México y sus alrededores. Colección de vistas, trajes y monumentos (1989), 2ª ed. Facsimilar. México: Inversora Bursátil/Sanborns Hermanos/Seguros de México (publicación de Decaén Editor, 1855 y 1857).

Olazaba, L. de (1883), *Ordenación y valoración de montes.* Madrid: Imprenta de Moreno y Rojas, 1883.

Ramírez, R. (1895), *Disertación sobre Legislación de Bosques.* México: Tipografía de la Oficina Impresora de Estampillas.

Sandré Osorio, I. y Sánchez, M. (coords.) (2011), *El eslabón perdido. Acuerdos, convenios, reglamentos y leyes locales de agua en México (1593-1935).* México: CIESAS.

Simón Ruiz, I. (2010), "Conflictos ambientales y conflictos ambientalistas en el México porfiriano", en *Estudios Demográficos y Urbanos,* México: El Colegio de México, 25(2), pp. 363-394.

Tortolero, A. (1999), "Tierra, agua y bosques en Chalco (1890-1925): La innovación tecnológica y sus repercusiones en un medio rural", en *Agricultura mexicana: Crecimiento e innovaciones.* México: Instituto Mora, pp. 174-235.

Vitz, M. (2012), "La ciudad y sus bosques. La conservación forestal y los campesinos en el valle de México, 1900-1950", en *Estudios de Historia Moderna y Contemporánea de México,* (43), pp. 135-172.

2

El papel del Río de Los Sauces en la estructuración territorial de Traslasierra, Córdoba (1850-1900)

Gabriel Garnero

1. Las cuencas hidrográficas y la historiografía

Las sociedades humanas constituyen un agente clave que incide en las formas que adoptan las dinámicas hidrológicas, pero a la vez son afectadas por estas. Esto ha llevado a algunos autores a hablar incluso de la existencia de ciclos hidrosociales (Swyngedouw, 2009). Entre otras disciplinas, la historia también ha tomado conciencia de la importancia de aportar su perspectiva específica al estudio de la temática, principalmente prestando atención a la variabilidad del vínculo sociedad/naturaleza desde una perspectiva diacrónica. Solo para mencionar algunos aportes basta con recordar los efectuados por diversos autores adscriptos a la escuela francesa de Annales o a la "environmental history" estadounidense. Diversos investigadores adscriptos a esta última corriente han tenido gran interés en el estudio del vínculo entre dinámicas hidrológicas naturales y las dinámicas sociales. Adicionalmente, este esfuerzo coincide con los avances que se producen en disciplinas como la hidrología, la gestión ambiental o la geografía, en las que el concepto de "cuenca hidrográfica" posee cada vez un papel más importante como unidad de escala adecuada para el análisis (Bakker, 2009). Este término hace referencia al área que aporta agua a un arroyo, río, lago u otro cuerpo de agua y nos permite incluir en esquemas interpretativos todas las dinámicas ya sean naturales o sociales que los afectan.

Tal como ocurre en otras partes del mundo, la realización de una historia ambiental integral que abarque todos los aspectos de la relación entre sociedad y naturaleza supone una tarea ciclópea. Por tal razón, se han multiplicado en las últimas décadas estudios que optan por explorar la relación entre dinámicas naturales específicas y la sociedad. En la historiografía ambiental de América Latina también existen dificultades para la realización de historias ambientales generales, en este sentido las historias de ríos y sus cuencas suponen importantes puntas de lanza en la tarea mayor. Su elección se fundamenta en la relevancia que estos sistemas han tenido para el continente tanto en el período prehispánico como en el colonial y durante la etapa de modernización, tanto en los planos políticos como económicos y sociales. Existen gran cantidad de trabajos que abordan la relación, podemos nombrar los de Arruda, Castro Herrera, León Fuentes, Loreto López, entre muchos otros (Arruda, 2008; Castro Herrera, 2003; León Fuentes, 2009; Loreto Lopez, 1994). En Argentina, las cuestiones relacionadas con el agua han abarcado multiplicidad de temáticas. Algunos investigadores como Ponte se han centrado en la historia de la irrigación en regiones áridas como Mendoza (2006). Por su parte, Tasso, Dussel y Herrera en Santiago del Estero o Wagner y Rojas en la Pampa y Mendoza han analizado los conflictos generados a partir de la intervención de diferentes ríos por parte de agentes particulares; con los consecuentes efectos socioambientales, económicos y culturales (Tasso, 2000; Dussel y Herrera, 1999; Wagner y Rojas, 2014). Para el caso de la ciudad de Córdoba, sobresalen trabajos como los de Torres y Solveira, que centran su análisis en la provisión de agua para la ciudad capital (Torres, 2006; Solveira, 2009). Finalmente, no pueden ser dejados de lado los estudios de Barbero, centrados en la utilización del agua y las obras hidráulicas llevadas adelante en la ciudad de Córdoba en el periodo colonial y el trabajo de Vivas sobre la legislación de aguas (Vivas, 1990). Como vemos, varios aspectos relacionados con el líquido elemento han sido abordados en la producción historiográfica nacional y provincial, pero muy pocos estudios han intentado abordar específicamente la relación entre las dinámicas de las cuencas hidrográficas y las sociedad de una manera diacrónica.

2. Objetivos, metodología y fuentes

Como mencionamos previamente, consideramos que las características específicas de las cuencas hidrográficas inciden en la forma en que se manifiesta su agencia sobre las sociedades que habitan el área. Esta agencia repercute también en la forma en que los agentes sociales, como el Estado en sus diferentes esferas y los productores agrícolas, entre otros, se relacionan entre sí, contribuyendo de esa forma a la interpretación de los conflictos, de los desarrollos sociales y la configuración territorial.

En tal sentido, nuestro objetivo en este trabajo es interpretar el papel que tuvo el Río de Los Sauces, en el valle de Traslasierra, provincia de Córdoba, durante el proceso de consolidación del Estado provincial en la segunda mitad del siglo XIX, y evidenciar cómo las disputas por el control de sus aguas ejercieron un rol clave en la configuración del territorio del valle. Es importante señalar que entendemos al territorio en términos relacionales, o sea que en tanto componente espacial del poder, es el resultado de la constitución diferenciada entre las múltiples dimensiones de ese poder, desde su naturaleza más estrictamente política hasta su carácter en rigor simbólico, pasando por las relaciones dentro del llamado poder económico, indisociables de la esfera jurídico-política. En este sentido, creemos que los conflictos que fueron emergiendo entre los agentes sociales en torno al control del sistema hídrico del Río de Los Sauces pueden interpretarse teniendo en cuenta la dimensión concreta del territorio en su carácter político-disciplinario. Es decir, la apropiación y ordenamiento del espacio como forma de dominio y disciplinación de los individuos (Haesbaert y Canossa, 2011: 79).

Para dicha tarea haremos uso de fuentes de información heterogéneas. Tienen especial relevancia para nuestros objetivos aquellos documentos generados desde los ámbitos estatales, tanto a nivel local como provincial. En este sentido son importantes los informes técnicos y estudios científicos generados desde el Departamento Topográfico de la Provincia, entre los que se incluyen las peticiones de riego e informes de inspecciones.[1] Además, hemos analizado los Diarios de Sesiones de la Legislatura provincial, actas de los Consejos Deliberantes de varias localidades y libros de decretos locales y provinciales. Asimismo, para conocer las preocupaciones, opiniones y acciones de los pobladores utilizamos principalmente la correspondencia y peticiones realizadas por los vecinos ante las diferentes reparticiones gubernamentales. Finalmente hicimos uso de libros de geografía, hidrología, climatología y publicaciones científicas de la época sobre la provincia, que están profundamente vinculados al modelo de desarrollo que se propugnaba.

3. La cuenca del Río de Los Sauces en los siglos XVIII y XIX

Dado el interés por señalar las características de la agencia del Río de Los Sauces o "de San Pedro", es menester delinear con claridad sus principales rasgos durante el periodo estudiado. Esta cuenca hidrográfica está ubicada en los actuales departamentos de San Alberto y San Javier de la provincia de Córdoba y está separada de la zona pampeana al este,

---

[1]   De ahora en adelante abreviado como DT.

centro y sud de la provincia, por las entonces llamadas cumbres de San Javier y de las Achalas (Consejo Federal de Inversiones, 1962: 721).

Mapa 1

De Moussy, V. M., y Bouvet, L. (1864), *Description géographique et statistique de la Confédération Argentine*, Vol. 3. Firmin Didotfrères, fils et cie., Atlas – Plancha XXIII.

Este hecho tiene dos consecuencias principales: por un lado, hace que se trate de una "cuenca arreica" que no desagua en el mar, sino que la corriente toma dirección oeste, hasta desaparecer por infiltración en los llanos. Por otro lado, la presencia de las serranías tiene también profunda incidencia sobre los regímenes de lluvias, que son notablemente inferiores a los de la vertiente oriental de las mismas.

La cuenca tiene una superficie aproximada de 878 km2, en su parte más alta posee un promedio de 2400 m de altura mientras que en las zonas más bajas, donde el río desaparece, tiene aproximadamente 400 m sobre el nivel del mar. El suelo es rocoso, fundamentalmente de granito, prácticamente impenetrable (Vazquez, Miatello y Roqué, 1979: 192). Las grandes diferencias de altura mencionadas hacen que sus laderas sean abruptas y con grandes pendientes –fundamentalmente en su parte oriental, de donde bajan la totalidad de los tributarios del río–. Los factores geomorfológicos señalados hacen que la cuenca tenga escasa capacidad de retención y elevada escorrentía, determinando el carácter torrencial de los cursos de agua que la surcan, cuyas crecidas son siempre repentinas, violentas y de corta duración, concurriendo las aguas meteóricas con gran rapidez a la formación del río principal (Soldano, 1947: 251).

Durante la época se estimaron las lluvias en 685 mm anuales, habiendo señalado el autor más conservador un promedio de 650 mm y el más optimista un promedio de 714 mm (Artaza, 1943). Este número, sin embargo, tiene que tener en cuenta que existen variaciones estacionales de gran importancia, concentrándose casi el 80% de las lluvias en el semestre de octubre a marzo inclusive, siendo enero el mes más lluvioso y agosto el más seco (Consejo Agrario Nacional, 1962: 6). Por lo tanto, la zona se puede considerar semiárida. Esta variación lógicamente afecta el caudal medio mensual del río, que ofrece grandes fluctuaciones.

El sistema fluvial presenta diferencias en los sectores que lo componen. Por un lado, podemos señalar las subcuencas altas, de las cuales las principales son las de los ríos Panaholma, Mina Clavero y Río Chico de Nono, que fueron zonas de incipiente población en el período tratado. Por otro lado, la cuenca baja como punto neurálgico del sistema en el área donde la corriente del río principal sale de la sierra. A medida que se desciende de la cuenca alta a la cuenca baja, va disminuyendo la precipitación y aumenta la evaporación. Las rocas de la cubierta moderna son porosas y permeables y los suelos van adquiriendo un desarrollo apreciable. En este sentido, el promedio de lluvias para esa zona ronda los 540 y 480 mm, mientras que en el extremo occidental de nuestra área de estudio ya encontramos un promedio de precipitaciones de 410 mm (Consejo Agrario Nacional, 1962: 193).

El valle donde se ubica la cuenca era en el siglo XVIII conocido con el expresivo nombre "Valle de Traslasierra" (o Tras la Sierra) por hallarse justamente separado de la ciudad de Córdoba por la Sierra Grande. A fines del siglo mencionado constituía una zona próspera y bien integrada a la economía colonial, con una población importante y una actividad económica basada en la ganadería y la agricultura de riego.

En ese período la intervención de la sociedad sobre las corrientes del sistema estaba fundamentalmente relacionada por un lado, con el consumo de la población y por el otro, con la agricultura y ganadería. En los márgenes de los ríos y arroyos se ubicaban las pocas localidades presentes de la región, descriptas en los documentos de la época como conjuntos de casas o rancheríos de escasa población.

Las cuencas bajas se caracterizaron por tener mayor densidad poblacional, mayor división de la tierra y predominancia de la agricultura como actividad económica. Las cuencas altas estaban menos pobladas, menos dividida la tierra y predominaba la ganadería. Los sistemas de riego consistían básicamente en la derivación de canales por medio de tomas o pequeños diques construidos en el cauce, en dirección normal u oblicuamente a la dirección de la corriente siendo estas construcciones de madera, mampostería o tierra. En otras ocasiones sin embargo, ni siquiera la construcción de boca toma era necesaria y solo se limitaban a alterar temporalmente el cauce mediante bordos de arena o tierra en el punto donde se encontraba el comienzo del canal (Río y Achaval, 1905: 206).

Esta configuración demográfica y económica fue, en cierto sentido, privilegiada en términos comparativos con otros espacios menos integrados a la economía colonial. Pero esta situación se vio trastocada por la guerra de la Independencia y las guerras civiles que se sucedieron. Muchos habitantes nutrieron los ejércitos patrios y provinciales y los valles serranos fueron lugar de abastecimiento y tránsito.

4. La provincia de Córdoba, el proyecto poblador y la disputa entre vecinos por el agua

Para comprender los desarrollos posteriores es menester echar luz sobre las transformaciones que atravesaba el territorio provincial a principios y mediados del siglo XIX. Como ya se mencionó, durante el periodo colonial la zona mas dinámica de la provincia había sido el noroeste, fundamentalmente los valles serranos (como Traslasierra). Además fue esta zona la más afectada por las guerras de Independencia y las guerras civiles posteriores. Cuando el Estado provincial intentó consolidar su presencia, fue en estos territorios donde puso sus esfuerzos iniciales.

En la década de 1850, luego de 17 años, el gobernador Manuel "Quebracho" López fue desplazado del poder. El nuevo gobernador electo, Alejo de Carmen Guzmán, expresaba que el aumento poblacional de la campaña y su dispersión generaba la necesidad de formar poblaciones en algunos sitios estratégicos (Ferreyra, 1996). Por tal razón el gobierno decretó una serie de fundaciones entre las que se contaba la creación de la villa de "San Pedro" en el Río de Los Sauces, con el objetivo de ser un centro de civilidad, cultura y aprovechar los terrenos fértiles segregados de la industria agrícola.

Esto tenía como objetivo propiciar el crecimiento económico, a la vez que se pudiera asegurar la atenuación de los conflictos políticos existentes. La derrota de Rosas en Caseros y la toma del poder por parte de Urquiza a nivel nacional pusieron a la provincia en un nuevo contexto político, y la eliminación de las aduanas internas creó la necesidad de nuevas fuentes de financiamiento para el Estado provincial, lo cual situó la cuestión de la propiedad en el centro de escena (Ferreyra, 2011).

En el área del departamento de San Javier, que incluía a los actuales departamentos de San Alberto y San Javier, hubo dos cuestiones acuciantes. Por un lado, el tema del deslinde de tierras y por otro, íntimamente relacionado con el anterior, el del reparto del agua. Como señalamos previamente, en esta zona semiárida los sistemas de riego tenían larga data, pero nunca se había organizado efectivamente la forma en que debía repartirse el recurso hídrico. Generalmente la distribución se había dispuesto basándose en los vaivenes de la política provincial, aquellos agentes vinculados a las figuras políticas predominantes tenían un acceso privilegiado. Con la caída de Manuel López y las claras manifestaciones del nuevo gobernador por poner orden y propiciar cambios en el escenario general, algunas figuras relevantes del departamento vieron la oportunidad para reclamar modificaciones en la gestión del agua del Río de Los Sauces. Fue destacada la acción del juez de alzada Mamerto Gutiérrez, quien señaló en reiteradas oportunidades el desarreglo reinante en torno al deslinde de tierras y el agua dada la falta de reglas claras y la consecuente prevalencia de aquellos que se consideraban más fuertes (Barrionuevo Imposti, 1953: 380).

Estas intenciones de los locales iban de la mano del proyecto del gobernador entrante, fue por ello que en 1853 y con el fin de generar las bases para controlar efectivamente el área del departamento e incentivar su desarrollo económico, se procedió a fundar la Villa de San Pedro. La intención del gobierno provincial fue clara, pero el lugar para la fundación no estaba definido y se dejaría en manos de agentes locales sugerir y conseguir las tierras correspondientes. La fundación debía realizarse en la zona baja de la cuenca del Río de Los Sauces, un sitio especialmente abundante en agua en el que confluía la corriente principal del sistema. Allí se encontraban las tierras más feraces y aptas para el cultivo y era también el espacio con mayor densidad poblacional.

La iniciativa gubernamental fue bien recibida, pero la irresolución sobre la ubicación de la villa ocasionó división entre los vecinos, principalmente en torno a decidir sobre qué margen efectuar la fundación. La controversia evitó que esta se materializara; recién en 1856 los vecinos de la margen norte solicitaron y obtuvieron el título de villa para las casas que existían alrededor de la capilla de San Pedro y tras ese acontecimiento, la acción de los vecinos de la ribera sur hizo que se concretaran los primeros pasos para el establecimiento de la localidad en un sitio denominado "el Paso del León".

El río fue central en la disputa, los vecinos del sur aducían que la capilla de San Pedro no contaba con ventajas naturales. Principalmente señalaron que estaba en una zona despareja, medanosa y cercana a las barrancas del río por lo que era vulnerable a las crecientes (Barrionuevo Imposti, 1953: 115).

En contraste, la zona que proponían en la margen sur, en el "Paso del León", poseía agua permanente en el río y tres acequias en funcionamiento. De este modo, en los primeros años coexistieron dos pueblos con el nombre de "Villa de San Pedro", posteriormente el 4 de diciembre de 1858 el gobernador Fragueiro, influenciado por estos conflictos, decretó la división del departamento San Javier en dos, formándose el departamento San Alberto al norte del río y conservando el nombre de San Javier el territorio en la margen sur. Se indicaba ademas que las municipalidades debían reglamentar en común acuerdo la distribución de las aguas del río (MG y MH, 1870: 137).[2]

Facilitado por esta subdivisión, a partir de 1859 la localidad de la ribera sur fue perdiendo su nombre de villa de San Pedro y empezó a denominarse villa de Dolores o Villa Dolores.

Como vemos, la cuestión del reparto del agua en este momento y la inexistencia de mecanismos claros de reparto fue una parte fundamental de decisión del gobierno de subdividir un departamento que tradicionalmente había constituido una sola entidad administrativa. En este sentido, la estrategia territorial seleccionada por el gobierno

---

[2] Ministerio de Gobierno, Justicia, Culto e Instrucción Pública y Ministerio de Hacienda, Colonias y Obras Publicas de la Provincia de Córdoba.

provincial a la vez que legitimaba la diferenciación que se producía entre los vecinos de ambas márgenes por la cuestión del agua, permitió poner en manos de las autoridades locales la tarea de organizar el reparto siguiendo el nuevo límite departamental.

Mapa 2

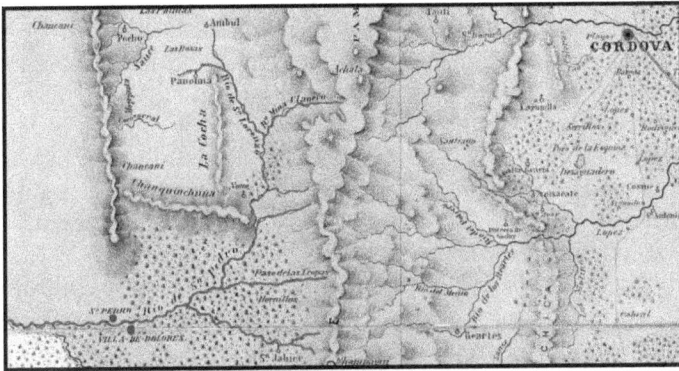

Echenique, S. (1866). Departamento Topográfico de la Provincia.

5. La variabilidad del régimen hídrico y las dimensiones de la rivalidad entre localidades y productores agrícolas

El conflicto distributivo por la escasez de agua

La fundación de San Pedro y Villa Dolores y su vinculación con la tarea de reparto de agua complejizó el problema distributivo. En tanto núcleos de concentración de población, el agua es un recurso de primer orden para la subsistencia y el desarrollo de las actividades y esto lo evidenciaron numerosos viajeros y estudiosos que visitaron la zona (De Moussy, 1864: 198). En este sentido, asegurar la provisión de líquido a los pobladores se conformó en una de las principales tareas para ambas administraciones departamentales. Como se señaló, el conflicto preexistió a las fundaciones y se manifestaba básicamente por los problemas de reparto entre diferentes productores agrícolas para el riego de sus campos. Con las fundaciones, ahora se sumaba la rivalidad por la distribución del líquido entre ambas localidades y entre estas y los productores agrícolas.

En la década de 1860, paralelamente a la disputa entre las localidades por el reparto del líquido, la política provincial sobre las aguas estaba ganando impulso de la mano de la organización territorial. En el año 1862, el gobierno provincial creó el DT con el objetivo de propender al ordenamiento de las propiedades, tanto públicas como privadas. Esto tenía fuertes implicancias para la recaudación impositiva como así también para construir/definir el territorio material y cargarlo de pertenencia (Maizon, 2013: 90). En un decreto del 20 de abril de 1863, se impartieron instrucciones a los agrimensores: cuando alguno de estos profesionales encontrase algún río, arroyo o laguna en el terreno que se mensurara, tendría la obligación de precisar su curso y asentar las mayores referencias según las irregularidades que presentase el río, arroyo o laguna (MG y MH, 1870: 253). Esta disposición muestra el interés del gobierno por adquirir conocimientos apropiados de los cursos y su importancia para el control. Dichas iniciativas se enmarcaban en un proceso a nivel nacional, el 28 de agosto de 1869, teniendo como fuente principal algunos artículos del proyecto de Código Civil de Vélez Sarfield la provincia sancionó una ley que establecía el dominio público de las aguas y que puso bajo su dependencia los ríos y cauces y todas las aguas corrientes por sus cauces naturales (HALC, 1915: 134).[3] Entre las medidas que estableció, el artículo 26 prohibió desviar el curso de las aguas, para evitar que se pierdan sin utilizarse, se rebasen o causen perjuicios a

---

3   Honorable Asamblea Legislativa de Córdoba.

terceros, y además, entre los derechos de uso de aquellas de los particulares y de las poblaciones, debían ser preferidos los de estas (art. 27). Ese mismo año se sancionó el Código Civil nacional con idénticas normas, por lo cual se ve cómo el Estado termina de poner jurídicamente este recurso bajo control público.

Vinculado con la mayor presencia estatal, en 1870 se implementó el régimen comunal, el mismo implicaba un control más efectivo. Este nuevo régimen consistía en un Concejo Comunal Deliberativo anual, nombrado directamente por los vecinos del departamento que reunieran ciertas condiciones. En los departamentos de San Alberto y San Javier fueron creadas municipalidades ese mismo año. Las medidas generales anteriormente enumeradas dan cuenta de una serie de intenciones por parte del Estado por instalar con mayor firmeza su presencia en todas las áreas vinculadas a la gestión del recurso hídrico, sin embargo esta pretensión muchas veces chocó con los intereses particulares. El juez de alzada de Juan Francisco Torres, por ejemplo, reclamó ante el consejo deliberativo que los habitantes no tenían agua por causa del abuso de algunos particulares que se consideraban con derecho a ella y habían interrumpido con trabajos artificiales el cauce natural del río (Barrionuevo Imposti, 1953: 592).

En la misma dirección, tiene central importancia un hecho ocurrido en mayo de 1876 a raíz de una puja entre la Municipalidad de San Javier y el productor Abraham Salazar por estar este construyendo sin permiso una nueva acequia de riego en el río. Dicha construcción sin autorización movilizó a la municipalidad a exigir el alto de la obra y ante la negativa del vecino, que era respaldado por el juez de alzada, esta recurrió ante el gobierno provincial (CDVD, 1901: 10).[4]

---

4 Consejo Deliberante de Villa Dolores.

En sintonía con las pretensiones organizadoras que hemos señalado anteriormente, el gobierno provincial hizo uso de las atribuciones del D. T. y comisionó al vocal Parmenio Ferrer para que viajara a la región. El objetivo era evaluar junto a los vecinos la problemática y reglamentar el reparto del agua.

Durante esta misión, el enviado provincial trabajó junto a una comisión de pobladores en la elaboración de una normativa provisoria, que designó al vecino Adalberto Hormaeche para supervisar la distribución. Los días que el agua correspondiese a la Villa de Dolores, sería recogida por las acequias de los Torres, construida en el año 1839, Sauce Abajo, Cañada y Pozo de la Vaca. Y los demás días de agua se repartirían equitativamente por las demás acequias y demás tomas inferiores (CDVD, 1901: 41).

La época de lluvias y el conflicto por el mantenimiento de la infraestructura

Además de las dificultades generadas por el reparto del agua, se sumaban las deficiencias infraestructurales de los canales de los particulares, que ponían en riesgo la provisión constante de agua en las villas.

Como dijimos, los pueblos dependían básicamente de la provisión suministrada por acequias particulares. El abastecimiento por medio de las acequias reglamentarias era insuficiente y por tal razón, las autoridades de Villa Dolores optaron por comprar días de agua de diferentes canales privados. Fue especialmente en las últimas tres décadas del siglo XIX en que esto se vio con mayor claridad. En febrero de 1879 el municipio comenzó un proceso de compra de derechos en la vieja toma de Piedra Pintada construida en 1852. Dichas compras solo serían el comienzo de una serie de acciones tendientes al autoabastecimiento.

La variabilidad del sistema hídrico tenía otros efectos, en la estación lluviosa, la presión por la falta de agua disminuía pero emergían problemáticas relacionadas con el exceso de agua en las corrientes, las lluvias torrenciales y las temperaturas elevadas. El problema del mantenimiento de los canales fue permanente en todas las sociedades: no solo por las dificultades técnicas inherentes, sino también por las formas de obtener los recursos y el trabajo necesario para su realización (Vaidyanathan, 2009: 119). El mantenimiento insuficiente afectó adversamente la entrega de agua reduciendo el volumen de líquido que podían cargar los canales; disminuyendo la velocidad del flujo de agua; aumentando las pérdidas por fugas y derrames, y en casos extremos, la posibilidad de un desplome parcial o total (CDVD, 1901: 29).

El hecho de que la mayoría de los canales fueran de construcción privada y mayormente a cargo de los particulares hizo que el desborde de las acequias representara una clara problemática para las administraciones de la época. Se trataba de canales trazados en la tierra, cuya reparación era esporádica, solo la necesaria para asegurar el agua indispensable, muchos cruzaban poblaciones o caminos públicos y prácticamente no existían compuertas de aforo o métodos de control del nivel del agua. En el gráfico Nº 1 se puede observar la cantidad de kilómetros que recorrían los canales autorizados en las últimas décadas del siglo XIX.

Gráfico 1. Cuenca del Río de Los Sauces (Villa Dolores-San Pedro)
(1882-1901)

Fuente: elaboración propia basada en datos de Secretaría de Recursos Hídricos y Coordinación, Concesiones de Irrigación.

Durante el verano, las acequias, principalmente aquellas río arriba, se llenaban con el exceso de agua, y debido a la falta de controles de nivel, frecuentemente rebalsaban. La recurrencia de estos episodios está atestiguada por la cantidad de solicitudes de parte de regantes y pobladores de las localidades reclamando que sus propiedades son inundadas por los derrames (CDVD, 1901: 221). Cuando estos desbordes se daban en los lugares en que la traza de los canales cruzaba caminos públicos o calles en las poblaciones, el efecto era desastroso, se formaban barriales y pantanos y en algunos casos inundaciones en las propiedades.

Esto, junto con las lluvias veraniegas, causaba por un lado el entorpecimiento de la circulación de personas y vehículos dentro de los poblados, así como también entre las diferentes localidades; por otro lado, la presencia de aguas estancadas generaba un ambiente propicio para la proliferación de mosquitos y propagación de enfermeda-des.[5]

6. La consolidación del Estado provincial y los intentos de regular la relación entre poblaciones y particulares

La Ley de Irrigación de 1881 permitió a la provincia cono-cer aproximadamente quiénes eran los regantes y cuánto se regaba, pero no aportó a los conocimientos de los volú-menes de agua disponibles para el reparto. Al año siguien-te, 57 vecinos del sur del valle escribieron al gobernador demandando que el agua del río escaseaba y que se corría el riesgo de perder las cosechas por la cantidad de tomas concedidas río arriba.

Esto evidenció una extensión de la conflictividad hacia los afluentes y la toma de acciones concretas por parte de los regantes, la dinámica hídrica de la cuenca puso a aque-llos situados río abajo en una situación de vulnerabilidad tanto cuando el agua faltaba como cuando era excesiva. Tras los reclamos sucesivos, el 2 de febrero de 1883 el gobierno provincial designó a otro vocal del DT, el agrimensor Tori-bio Aguirre, para que lograra un acuerdo. Junto a esta deci-sión, la provincia nombró a un inspector de agua que se encargara de la distribución entre las Villas de San Pedro y Dolores y entre sus respectivos vecinos.

Estas medidas no fueron suficientes y poco tiempo des-pués los regantes reclamaban ante el gobierno nuevamente:

> Estando totalmente agotado el agua del río que da riego a ambas poblaciones hasta el grado de perderse varias fincas en una y otra banda, i siendo justo que el turno de reglamenta-

---

5 Ocurrieron varios brotes epidémicos de cólera y paludismo, especialmente destacable es el de 1897 (MG y MH, 1897: 180).

cion que actualmente rige paras las tomas de estas localidades
se haga extensivo a todo el rio hasta su origen, para que de
esta manera la distribucion de agua sea equitativa.

Esto evidenciaba la pretensión de los pobladores de
extender hasta el origen del río la reglamentación de 1877;
consideraban que las tomas de las localidades de la cuenca
alta – Villa del Tránsito, Mina Clavero y Nono- estaban
levantando toda el agua. Asimismo, se ve cómo la acción de
los vecinos también impulsó al gobierno a consolidar sus
propios mecanismos de control a nuevas áreas que hasta
ese momento continuaban repartiendo el agua sin intervenciones.

De ese modo, el Estado puso en manos del DT la resolución de la cuestión y envió al vocal Toribio Aguirre a
Traslasierra. Tras analizar el problema y consultar con los
pobladores, Aguirre señaló la necesidad de priorizar el agua
para las poblaciones respecto al riego agrícola, además indicó que la problemática excedía la capacidad resolutiva de su
repartición. Basaba esto último en el desconocimiento de
las corrientes de la provincia y la falta de estudios precisos
de los caudales y sus variaciones estacionales, fundamentalmente los períodos de sequías, conocimientos que a su
criterio eran esenciales para evitar injusticias en el reparto
(DT, 1883: 119).

Por tales razones, el gobierno amplió el alcance del
reglamento de 1877 para abarcar la totalidad de la cuenca, los regantes de río arriba fueron obligados a cerrar sus
tomas durante la noche para permitir pasar el agua hacia
el sur. En el caso de que aun así faltase agua en San Pedro
y Dolores, se debían cerrar las tomas agrícolas, dado que
era más importante la salubridad y vida de los habitantes de las poblaciones. Adicionalmente, el 2 de noviembre
de 1883 el gobierno modificó el sistema de concesiones,
estableciendo el carácter provisorio de aquellas otorgadas

en corrientes cuyo caudal no fuera conocido, lo cual en la práctica incluyó a casi la totalidad de los ríos y arroyos existentes (MG y MH, 1889a).

Con el mismo sentido regulador en 1885 se sancionó el Código Rural de la Provincia, que determinó que la licencia para irrigar debía ser con dictamen del DT y audiencia de los propietarios con acequias en la parte inferior del río o arroyo. Solamente podía negarse el permiso cuando los propietarios de las acequias inferiores demostraran que no quedaba ningún sobrante después de satisfechas sus concesiones (MG y MH, 1889b: 281). Asimismo, para que estas medidas dieran resultado, se requería de una profundización del conocimiento sobre la hidrología de las cuencas. Para tal fin y catalizado por los reclamos de los vecinos de los departamentos del oeste, el 27 de julio de 1887 el DT firmó un contrato con el Rivara y Cía. para proceder a estudiar en profundidad el Río de Los Sauces, el proyecto incluiría un estudio geográfico de la cuenca y sus afluentes, datos pluviométricos, confección de planimetrías y de perfiles longitudinales del río, etc.

Como puede apreciarse, uno de los elementos cruciales en las dificultades a la hora de organizar el reparto era la falta de conocimientos que tenía el Estado sobre los regímenes específicos de los ríos, fundamentalmente sobre los volúmenes de agua que traía en las diferentes épocas del año. A pesar de ser encargado el estudio de Rivara y Cía. no fue finalizado, y por dicha razón en la práctica casi nunca se pudo negar la concesión de riego en el río. Como había mencionado el vocal del DT años atrás, el desconocimiento de los caudales y la ausencia de infraestructura hacían difícil que el Estado prohibiera el uso del agua sin ocasionar fuertes pleitos. Por tal razón, se prefirió la concesión de permisos temporales para épocas de abundancia y se introdujeron mecanismos que permitieran a los vecinos oponerse a otras concesiones si probaban la "falta absoluta de agua".

Lógicamente, en la práctica los vecinos carecían de los elementos técnicos necesarios para demostrar la "falta absoluta" de agua que solicitaba la legislación. Consecuentemente, fue aumentando peligrosamente la cantidad de regantes en la zona.

Gráfico N° 2. Cantidad de hectáreas con concesiones de irrigación en las últimas dos décadas del siglo XIX. Cuenca baja del Río de Los sauces (Villa Dolores-San Pedro) (1882-1901)

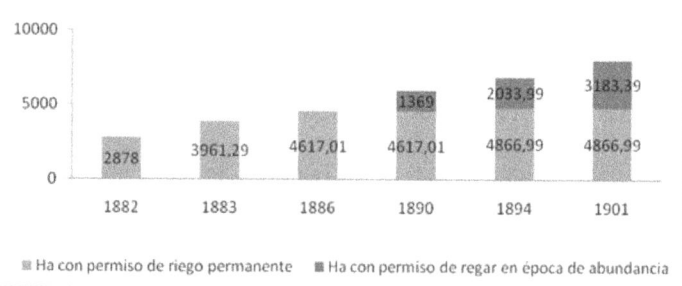

Fuente: elaboración propia sobre la base de datos obtenidos en Secretaría de Recursos Hídricos y Coordinación, Concesiones de Irrigación.

7. El vínculo entre el agua municipal y el agua de riego agrícola

Sobre la base de la Ley de Aguas de 1881, cualquier acequia con su bocatoma podía ser inscripta por uno o varios particulares, o su agua podía ser compartida por un municipio y agentes privados. No se generaba distinción formal entre agentes públicos o privados, una vez otorgado el permiso, la organización del reparto dependía de los concesionarios de la acequia y en el caso de que esta fuera compartida por un municipio y particulares, estos estaban en aparente igualdad de condiciones a la hora de negociar su distribución.

Para solucionar la creciente necesidad del líquido elemento que ocasionaba el aumento poblacional en Villa Dolores, se había iniciado la compra de días de agua en la toma de Piedra Pintada, que pasó a ser compartida entre regantes particulares y el municipio. En 1889, la destrucción accidental de la acequia que proveía de agua instaló la necesidad de construir una acequia municipal. Indudablemente, se caminaba con el objetivo del autoabastecimiento para no tener que depender de acequias compartidas. En 1890 la cuestión era tan acuciante que el intendente pidió autorización para obligar a los propietarios de acequias particulares a ceder parte del agua para la municipalidad en caso de emergencia, petición que fue rechazada por el Consejo por ser ilegal (MVD, 1901: 23).

En síntesis, la necesidad de organizar a nivel municipal el reparto equitativo y más eficiente del agua que la Municipalidad de Dolores captaba por medio de derechos en acequias y su pozo, motivó un control más estricto que se materializaría en la sanción en 1894 de una ordenanza específica para tal fin. La misma obligaba a matricular a todos los vecinos que desearan regar sus sitios con esa agua; se dividió la villa en cinco secciones entre las cuales se distribuiría el agua disponible de acuerdo con la proporción de sitios matriculados. Por otra parte, se reglamentó que el mantenimiento de canales y acequias lo haría la municipalidad, salvo al interior de los sitios.[6]

El carácter compartido que tenía la acequia con la que la villa obtenía dicha agua generaba conflictos distributivos, pero también otros vinculados al mantenimiento de la infraestructura. En este último caso resaltó la agencia las crecientes, que destruían las bocatomas obligando a costear sucesivas reconstrucciones. Estas tareas eran costosas y desencadenaron discrepancias en torno a cómo se distribuía su costo entre el municipio y los regantes particulares

---

6   Municipalidad de Villa Dolores.

que compartían el canal. Todo eso, terminó de confirmar al gobierno la necesidad de efectuar la municipalización completa del canal.

En 1898, de los 9 días de agua que correspondían a Piedra Pintada, 3 los poseía la municipalidad por haberlos comprado en 1879, y 6 estaban en manos de dos agentes particulares. En mayo de 1899 el consejo aprobó un proyecto del intendente Soto para comprar todos los días de agua restantes por $1800. Este monto era grande si consideramos que el presupuesto total del municipio para aquellos años rondaba en torno a los $6000 anuales. Como vemos, el esfuerzo por lograr este objetivo fue considerable, la suma resultaba onerosa y saldar la deuda contraída tomó varios años (CDVD, 1901).

La problemática de la provisión no era un tema aislado y exclusivo de la villa de Dolores. La situación en la Villa de San Pedro también era acuciante. Desde su fundación la localidad también había dependido de la provisión suministrada por acequias particulares. Obtener agua potable de pozos de balde era difícil por la gran profundidad a la que se hallaba el agua y el terreno arenoso en el que se encontraba el poblado. La dependencia de las precarias acequias particulares era perjudicial, dado que el "hilo de agua" que se podía comprar solo servía para llenar cántaros. De esta manera, con frecuencia la población quedaba sin agua y obligaba a los vecinos a proveerse de zonas más distantes o de aljibes que afectaban gravemente la higiene pública (DT, 1883: 37).

Con el objetivo de encontrar una salida a esa situación, en 1883 el intendente José Ahumada solicitó permiso para levantar el agua del Río de Los Sauces a fin de irrigar la localidad. Este fue otorgado, pero la construcción del canal no se concretó en aquel momento por la falta de fondos. Ante este primer intento fallido en 1895, el intendente Daniel Dendaniz presentó al gobierno provincial un nuevo proyecto de ley para la construcción del deseado canal. La provincia autorizó el proyecto pero, como era previsible, no proporcionó los fondos solicitados, lo que sumado a las dificultades técnicas que surgieron, sellaron el fracaso de la obra. El proyecto fue retomado en 1897 por el intendente Juan Ahumada, que reformó el proyecto, reunió los fondos y solicitó nuevamente autorización del Estado provincial. El plan se aprobó el 5 de abril de 1898, sin embargo tampoco en esa oportunidad vería San Pedro concretado su sueño del autoabastecimiento.

El sistema de concesiones implementado por el gobierno provincial, en principio, no se había ocupado de establecer la forma en que estos poblados debían proveerse del líquido indispensable. Por tal razón, se fue evidenciando en las municipalidades, la estrategia de independizarse del uso compartido de los canales y generar canales bajo su exclusivo control. Esto les permitiría regular sin intervención de otros agentes la cantidad de agua que necesitaban, el objetivo fue alcanzado en el caso de Villa Dolores, pero no en el de San Pedro.

8. Los límites de las corrientes: agravamiento del conflicto e intervención provincial

En la última década del siglo XIX la dinámica de la cuenca hídrica seguía siendo escasamente conocida y prueba de ello es la multiplicidad de solicitudes de riego que no pudieron ser rechazadas a pesar de la recurrente falta de agua. Ante esta imposibilidad de negativa, se limitaron las concesiones para las épocas de verano o de abundancia de agua. Paralelamente, estaba en vigencia desde 1884 el sistema de inspectores de Río de Los Sauces. Estos funcionarios provinciales eran habitantes de la zona, integrados a la red de relaciones sociales existentes y frecuentemente con intereses económicos locales. Por otra parte, tenían a su cargo tomeros, cuya función era construir barreras de tierra para marcar los turnos de los regantes, dada la inexistencia de compuertas de aforo que posibilitaran a los inspectores un efectivo control de los turnos. Aquellos empleados no gozaban de un sueldo fijo, sino que recibían propinas.

Durante este proceso se puso de relieve la resistencia de los regantes al control sobre el reparto que se impulsaba desde el gobierno. En este sentido, la conflictividad se manifestó fundamentalmente en la desobediencia a la hora de acatar decretos concretos como el de instalación de compuertas en los canales, dispositivo técnico clave para poder controlar eficientemente los turnos de agua. El inspector del río expresaba:

> hasta la fecha varias son las personas que no han cumplido sin esponer causales atendibles que les privace, y que queda traducido que al no hacerlo sera en espiritu de desobediencia y entorpecer la marcha regular que tendria la reparticion del agua en la forma determinada por las disposiciones superiores que todos y cada uno de los dueños son conocedores (DT, 1900: 34).

Estas disputas por el control del recurso tuvieron su punto álgido cuando la confrontación entre Teodomiro Sarmiento, el inspector provincial de río y los regantes se expandió hasta involucrar a las autoridades municipales. Algunos vecinos y el intendente de Villa Dolores, Felipe Erdmann, acusaron al inspector de favorecer los intereses de unos regantes en detrimento de otros. Además el desmanejo repercutió gravemente en la población ya que las demoras en conceder los turnos dejaron sin agua a la localidad.

Ante esto, desobedeciendo los reglamentos la municipalidad creó la figura de "tomero municipal" para controlar la acequia municipal y conducir el agua al pueblo, sosteniendo su pretensión de controlar sin intervención dicho canal. Como respuesta, el inspector se trasladó a la capital y denunció a la Municipalidad de Dolores por la creación de diques de captación de mampostería que atravesaban de banda a banda del río (DT, 1900: 1). El gobierno provincial respaldó la decisión de Sarmiento de hacer cumplir el reglamento de 1884, ordenó la destrucción de los diques y avaló un nuevo plan del inspector para la colocación de compuertas de aforo. El intendente lamentó la decisión y argumentó que lo solicitado no se adecuaba a la "naturaleza" de la corriente, dado que la rapidez, declive y lecho fluctuante de la corriente hacían ineficaz la colocación de compuertas fijas y era imperativo colocar bordos temporales que se adecuaran a estas variaciones.

El conflicto entre la municipalidad y el inspector llegó al límite cuando este último ordenó llevar preso a San Alberto al tomero municipal por interrumpir sus disposiciones. Como respuesta, el intendente utilizó la fuerza pública para permitir el paso del agua por el canal del pueblo y paralelamente envió al gobierno provincial un proyecto en el que el reparto del agua estaría organizado por el acuerdo entre las Municipalidades de San Pedro y Villa Dolores (MVD, 1901: 169). Su objetivo era acabar con la endémica corrupción, debido a que los tomeros trabajaban por propinas y coimas, haciendo que aquellos que más retribuciones hicieran recibiesen más agua.[7]

El proyecto determinaba la creación de un plano de las concesiones, priorizando los turnos en base a su antigüedad, además estipulaba que en caso de escasez prevalecería el derecho de las poblaciones y la bebida para el ganado. Por otra parte, contemplaba la provisión de agua para el pequeño caserío de San José, ubicado una decena de kilómetros río abajo. Finalmente, se aseguraba la protección

---

[7] Como posible solución, propuso que el encargado de repartir el agua fuera una persona "de costumbres entrañables y de mucha responsabilidad" a la cual se le debía pagar un sueldo de $150 más $60 para gastos en el campo, dichos montos tendrían que ser pagados por contribución impuesta de los propietarios de los canales. Con esta propuesta, Erdmann creía que se podría lograr independizar al inspector de los dueños de los canales y evitar el soborno.

en los momentos de escasez de los cultivos de cereales ya sembrados, para lo cual se establecía una matriculación de los terrenos.

El ejecutivo provincial aprobó el reglamento, pero en la Municipalidad de San Pedro se produjeron divisiones internas dentro del consejo deliberativo, que terminaron en el apartamiento del intendente y el rechazo al proyecto. El nuevo intendente, Julio Recalde, tenía un canal de 25 km de longitud que regaba una estancia de su propiedad y para la cual trataba de asegurar siempre agua, así tuviera que negársela al poblado. Con dicho acontecimiento el ordenamiento de reparto a nivel local quedó en letra muerta y el gobierno provincial tomó nuevamente bajo sus manos la organización de la distribución.

La situación dejaba al descubierto algunos de los conflictos y agentes principales en el proceso de conformación del territorio del valle. Por un lado estaban los agentes de la administración municipal cuyo interés principal era el agua de beber de la población y asegurar con tal fin su manejo exclusivo del canal municipal. Los intendentes habían ido incluso más allá al intentar poner bajo su órbita el reparto de toda el agua el río. Por otro lado, los diversos productores agrícolas que tradicionalmente habían sacado y utilizado el agua sin intervenciones externas y que ahora hacían uso de diversidad de prácticas que les permitieran escapar a los intentos de regulación. Finalmente, el Estado provincial en proceso de consolidación intentaba incentivar el desarrollo económico y poblacional de una zona que ya daba muestras claras de estancamiento comparándola con el dinamismo de la zona pampeana. El río quedaba al centro de esta puja de intereses y las consecuentes acciones y estrategias llevadas adelante.

El 20 de diciembre de 1901, coincidiendo con la conflictividad en Villa Dolores y San Pedro, el Senado provincial sancionó una nueva Ley de Irrigación. La misma implementó un impuesto fijo al riego. Por otra parte, determinó que de no cumplirse con el pago por el término de dos meses, se clausuraría la compuerta y toda aquella persona que utilizara el agua ilegalmente sería multada (HALC, 1901). Adicionalmente, su decreto reglamentario instituyó el nombramiento de Juntas de Riego *ad honorem* para los principales ríos. En aquellos lugares donde había una o varias municipalidades se crearon inspectores de río pagados por las mismas, pero designados por el Poder Ejecutivo de la provincia a partir de candidatos presentados por cada municipio. Es decir, se establecían en esos casos inspectores con las mismas funciones que los ya existentes en el Río de Los Sauces.

El 21 de septiembre de 1902 el gobernador Juan Manuel Álvarez describía la situación como "acuciante" debido a que los ríos y arroyos de la provincia tenían totalmente otorgado su caudal. Este proceso de reorganización administrativa incluyó la creación de un registro completo de regantes y tuvo su cenit con la creación de la Superintendencia General de Irrigación de la provincia mediante la Ley Nº 1850 de 1906 (HALC, 1906).

Los agentes gubernamentales y académicos atribuyeron gran parte de los problemas a causas naturales. El diputado Caraffa, por ejemplo, apuntó directamente a la estacionalidad de las precipitaciones, cuya irregularidad era origen de dos calamidades igualmente terribles, las inundaciones y las sequías. Ambos fenómenos señalados como causantes de "devastaciones y ruinas en extensiones considerables" (HALC, 1906). El diagnóstico sobre la variabilidad de los ríos debido a la carencia de caudales uniformes proporcionados por ausencia de deshielos de nieves o lagos naturales acusaba para aquellos agentes un tipo de solución ingenieril, la construcción de obras que regimentaran los cursos de aguas.

Retornando al conflicto local entre los regantes del Río de Los Sauces, la reglamentación de la Ley de 1901 terminó con las pretensiones del intendente Erdmann de poner en sus manos la distribución del agua e incorporó un novedoso mecanismo de acceso al puesto de inspector del río. No obstante, la instauración del nuevo sistema no fue fácil y dio lugar a una seguidilla de nombramiento de inspectores poco efectivos y renuncias que en la práctica supusieron una falta de constancia en las disposiciones sobre la distribución del agua (MG y MH, 1902: 81).

La reorganización supuso además la caducidad automática de las concesiones de riego existentes hasta el momento. En adelante se fueron solicitando nuevamente, pero dadas las nuevas cargas fiscales, aquellos interesados procuraron ajustar las peticiones a lo que efectivamente se pudiera regar. El cambio se reflejó enormemente en las hectáreas que se declaraban irrigadas en el período anterior y las que ahora se inscribían. Es decir, en los números oficiales habían tenido concesiones de riego enormes extensiones de tierra, que en la práctica no habían recibido una gota de agua. El nuevo régimen los obligó a ajustar sus declaraciones para reducir los impuestos que tendrían que pagar por tierras sin irrigación. Sin embargo, lo más destacable fue la progresiva formación de un consenso generalizado respecto a que las "deficiencias naturales" de los sistemas fluviales de Córdoba y sociales, de los territorios donde se podía dar la agricultura de irrigación, debían ser remediados mediante la intervención de los ciclos hidrológicos con la construcción de obras ingenieriles.

Conclusiones

Como se ha visto en este artículo, el análisis diacrónico de dinámicas naturales concretas y su relación con las transformaciones en las dinámicas sociales constituye una valiosa herramienta para la comprensión de procesos de configuración territorial.

En este sentido las dinámicas naturales no son solo un telón de fondo donde se desarrollan las acciones humanas sino que tienen agencia propia. En el caso trabajado, algunas características físicas del sistema hidrológico del Río de Los Sauces, como por ejemplo su gran variabilidad estacional de precipitaciones, los escasos volúmenes de agua en la corriente y la concentración de las tierras feraces en el trayecto final del río, tuvieron efectos concretos en la forma en que los diferentes agentes se relacionaron entre sí. La corriente posibilitó la existencia de agricultura de riego desde el periodo colonial, constituyéndose en una de las áreas más densamente pobladas de la provincia. Cuando se comenzó a consolidar el Estado provincial a partir de la segunda mitad del siglo XIX, el río fue clave para muchas de las decisiones tomadas por las autoridades, entre las que se destacaron la selección de la ubicación de las principales localidades. Por el desacuerdo respecto al río terminaron siendo dos poblaciones rivales en lugar de una sola como estaba planificado. La separación del departamento San Javier en dos en 1858 tuvo como eje las disputas por el agua del río, dada la necesidad de ordenar el reparto en ambas márgenes.

Conjuntamente a lo señalado, las disputas sobre la distribución del agua del río estuvieron en el centro del esfuerzo organizativo del Estado en sus diferentes esferas y en repetidas ocasiones se encontró con la oposición y resistencia de los agentes particulares que veían afectadas las formas tradicionales de apropiación del recurso, principalmente los productores agrícolas. En este sentido, tras las fundaciones de San Pedro y Villa Dolores, la conflictividad se manifestó principalmente entre las autoridades municipales y los dueños de acequias de riego. En el centro de la problemática destacaron principalmente la cuestión de asegurar la provisión de agua a las localidades por medio de canales de irrigación de precaria construcción y mantenimiento deficiente. Por tal razón, se produjeron recurrentes episodios de falta de agua, derrames, destrucción de caminos públicos, etc. Factores que fueron progresivamente combatidos por las autoridades municipales.

Es central el papel adoptado por el Estado provincial, que en la misma línea de acción del gobierno local, incluía entre sus objetivos prioritarios la gestión y control de los ríos para la organización del territorio provincial y su desarrollo económico. Por tal razón se evidenció a lo largo del periodo estudiado una elaboración de normativas de reparto del agua, la sanción de reglamentos de riego y la creación del sistema de concesiones. Uno de los puntos más relevantes fue la creación del Departamento Topográfico y posteriormente de la Superintendencia General de Irrigación con el objetivo de conocer en profundidad los regímenes de las corrientes en primera instancia, como herramienta técnico científica que permitiría la administración del recurso de forma equitativa. Como se puede ver, a pesar de las intenciones, la conflictividad en las zonas de irrigación del oeste de las sierras grandes siguió luego de 50 años manteniendo sus caracteres fundamentales. Esto se puede interpretar por cuestiones vinculadas al ámbito sociopolítico, pero también hay que valorar los efectos de la propia dinámica del sistema hídrico. El Estado provincial tenía claras intenciones de organizar políticamente y dirigir el proceso de desarrollo económico del área, siguiendo los lineamientos de lo que ocurría en la zona pampeana.

El análisis del período y espacio considerado enfocándonos en la relación sistema hídrico / sociedad nos permite apreciar nuevos matices y enriquecer la interpretación sobre cómo se fue configurando el territorio de esa zona de la provincia. Nos permite apreciar que el control sobre el sistema hídrico del Río de Los Sauces fue visualizado por diversos agentes como una acción clave para controlar a los agentes sociales que lo utilizaban. Por las razones expuestas, para complejizar nuestra comprensión sobre el proceso de configuración territorial del valle durante el siglo XX es prioritario interpretar las acciones y reacciones que ocurrieron en la trama social del valle y su vínculo con las dinámicas del río.

Mapa

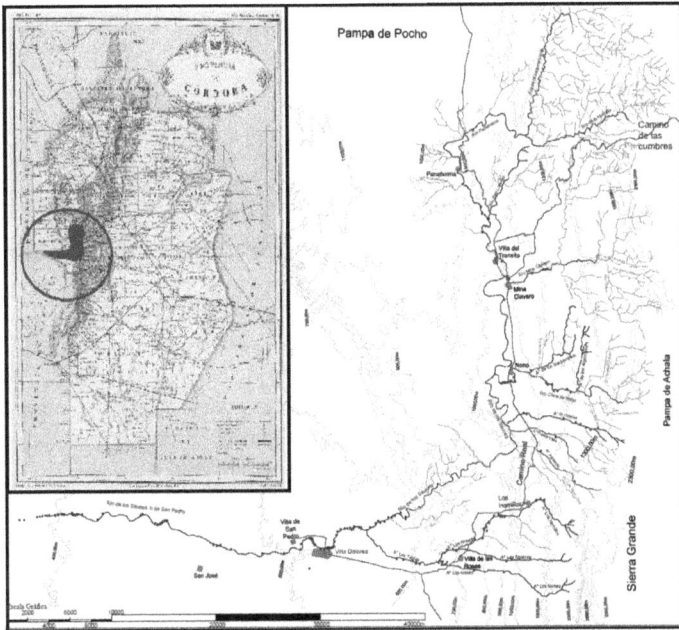

Fuente: elaboración propia sobre la base de mapas oficiales presentes en el Archivo del Ministerio de Agua, Ambiente y Energía de la provincia de Córdoba.

Bibliografía

Arruda, G. (2008), "Rios e governos no Estado do Paraná: pontes, 'força hydraúlica' e a era das barragens (1853-1940)", *Varia Historia* 24 (39), pp. 153-175.

Artaza, E. (1938), "Saneamiento urbano en la República Argentina, 1ra parte, cuaderno 3". La Plata: Facultad de Ciencias Físicomatemáticas.

Barbero, E. (2003), "Las acequias de Córdoba. El Suquía en la vida urbana de la ciudad. 1573-1700", en *IV Congreso Argentino de Americanistas, tomo I*. Buenos Aires: Sociedad Argentina de Americanistas, pp. 61-86.

Barrionuevo Imposti, V. (1942), *Historia de Villa Dolores (Córdoba)*, Córdoba.

Barrionuevo Imposti, V. (1949), "Contribución a la historia hispana del Valle de Traslasierra", *Revista de la Universidad Nacional de Córdoba*, 36 2-3 pp. 709-792.

Barrionuevo Imposti, V. (1953), *Historia del valle Traslasierra* (Vol. 2).

Concejo Deliberante de Villa Dolores (CDVD) (1901), *Libro de Actas de Sesiones del Concejo Deliberante 1875-1901*. Villa Dolores.

Guillermo, C. H. (2003), "Panamá, el agua y el desarrollo en las vísperas del segundo siglo", *The Latin Americanist*, 47 (1-2), pp. 71-96.

Consejo Federal de Inversiones (1962), *Recursos Hidráulicos Superficiales. Volumen II*. Serie: Evaluación de los recursos naturales de la Argentina. Buenos Aires: Guillermo Kraft LTDA.

De Moussy, V. M. y Bouvet, L. (1864), *Description géographique et statistique de la Confédération Argentine* (Vol. 3). Firmin Didot frères, fils et cie.

Departamento Topográfico (DT) (1883), *Concesiones de Irrigación*. Córdoba.

Departamento Topográfico (DT) (1900), *Concesiones de Irrigación*. Córdoba.

Dussel, P. y Herrera, R. (1999), "Repercusiones socioeconómicas del cambio del curso del río salado en la segunda mitad del siglo XVIII", en García B. y González A. (comps.), *Estudios sobre historia y ambiente en América Latina. Argentina, Bolivia, México, Paraguay*, México DF: El Colegio de México, Centro de Estudios Históricos – Instituto Panamericano de Geografía e Historia, pp. 137-149.

Espejo, V. A. (1973), "Una excursión por la sierra de Córdoba", en Segreti C.S.A (comp.). *Córdoba, Ciudad y Provincia (siglos XVI-XX) según relatos de viajeros y otros testimonios*, Córdoba, pp. 488-507.

Febvre, L. (2004), *El rin: historia, mitos y realidades*. Siglo XXI.

Ferreyra, A. I. (1996), *Mensajes de los gobernadores de Córdoba a la Legislatura: Tomo II: 1850-1870*. Córdoba.

Ferreyra, A. I. (2001), "La tierra en Argentina, de la colonia a la organización nacional. Producción historiográfica y fuentes para su estudio", *América Latina en la Historia Económica*, 8(16), pp. 45-61.

Flores, M. L. T. (2006), "El abastecimiento de agua en la ciudad de Córdoba (1880-1910)", *Res gesta* (44), pp. 205-238.

Haesbaert, R. y Canossa, M. (2011), *El mito de la desterritorialización: del "fin de los territorios" a la multiterritorialidad*. Mexico: Siglo XXI.

Honorable Asamblea Legislativa de Córdoba (HALC) (1869), *Diario de Sesiones de la Cámara de Senadores*. Córdoba.

Honorable Asamblea Legislativa de Córdoba (HALC) (1901), *Diario de Sesiones de la Cámara de Senadores*. Córdoba.

Honorable Asamblea Legislativa de Córdoba (HALC) (1906), *Diario de Sesiones de la Cámara de Diputados*. Córdoba.

Bakker, K. (2009), "Water", en Castree, N. *et al*. (ed.). *A companion to environmental geography*. John Wiley & Sons, pp. 515-532.

León Fuentes, N. (2009), *Los debates y las batallas por el agua en Xalapa 1838-1882*. México: Universidad Veracruzana.

Loreto López, R. (1994), "De aguas dulces y aguas amargas o de cómo se distribuía el agua en la ciudad de Puebla durante los siglos XVIII y XIX", en Loreto López, R. y Cervantes Bello, F.J. (coords). *Limpiar y obedecer, la basura, el agua y la muerte en la Puebla de los Ángeles*, 1650-1925. Mexico: Claves Latinoamericanas.

Maizon, A.S. (2013), "Construyendo el territorio: contexto institucional, prácticas y dinámicas de la agrimensura en la provincia de Córdoba, Argentina. Fines del siglo XIX", *Revista Brasileira de História da Ciência*, Rio de Janeiro, v. 6, n. 1, jan.-jun., 89-105.

Ministerio de Gobierno, Justicia, Culto e Instrucción Pública y Ministerio de Hacienda, Colonias y Obras Públicas (MG y MH) (1870), *Compilación de leyes, decretos y demás disposiciones de carácter público dictadas en la Provincia de Córdoba años 1810-1870*(1). Córdoba: Imprenta del Estado.

Ministerio de Gobierno, Justicia, Culto e Instrucción Pública y Ministerio de Hacienda, Colonias y Obras Públicas (MG y MH) (1889), *Compilación de leyes, decretos y demás disposiciones de carácter público dictadas en la Provincia de Córdoba, Año 1883*(10) 2da edc. Córdoba: Imprenta del Estado.

Ministerio de Gobierno, Justicia, Culto e Instrucción Pública y Ministerio de Hacienda, Colonias y Obras Públicas (MG y MH) (1889), *Compilación de leyes, decretos y demás disposiciones de carácter público dictadas en la Provincia de Córdoba Año 1885*(12). Córdoba: Imprenta del Estado.

Ministerio de Gobierno, Justicia, Culto e Instrucción Pública y Ministerio de Hacienda, Colonias y Obras Públicas (MG y MH) (1897), *Compilación de leyes, decretos y demás disposiciones de carácter público dictadas en la Provincia de Córdoba, Año 1897*(24). Córdoba: Imprenta del Estado.

Ministerio de Gobierno, Justicia, Culto e Instrucción Pública y Ministerio de Hacienda, Colonias y Obras Públicas (MG y MH) (1902), *Compilación de leyes, decretos y demás disposiciones de carácter público dictadas en la Provincia de Córdoba, Año 1902*(29). Córdoba: Imprenta del Estado.

Municipalidad de Villa Dolores (MVD) (1901), *Libro de ordenanzas y decretos 1881-1901*. Villa Dolores.

Ponte, J. R. (2006), "Historia del regadío. Las acequias de Mendoza, Argentina". *Scripta Nova: revista electrónica de geografía y ciencias sociales* (10), 7.

Rojas, F. y Wagner, L. (2014), "Conflicto por la apropiación del río Atuel entre Mendoza y La Pampa (Argentina). Deuda ecológica y desposesión en la pampa árida", en Delgado Ramos, C. (coord.). *Ecología política y metabolismo social en América Latina*, CLACSO (en prensa).

Río, M. E. y Achával, L. (1904), *Geografía de la Provincia de Córdoba* (Vol. II). Compañía sud-americana de billetes de banco.

Soldano, F. A. (1947), *Régimen y aprovechamiento de la red fluvial argentina* (p. 214). Buenos Aires: Editorial cimera.

Solveira, B. (2009), "El servicio de agua corriente en la ciudad de Córdoba, Argentina, 1880-1935", en *México: Simposio El acceso al agua en América: historia, actualidad y perspectivas* (Vol. 53).

Tasso, A. (2000), "La protesta del agua. Una movilización de agricultores santiagueños en 1926", *Sociohistórica* (7).

Vivas, C. M. (1990), "El régimen jurídico de las aguas en Córdoba (1573-1908)", *Revista de Historia del Derecho* (18).

Vaidyanathan, A. (2009), "Instituciones de control del agua y agricultura: una perspectiva comparativa", *Aventuras con el agua. La administración del agua de riego: historia y teoría*, México, Colegio de Postgraduados, pp. 79-162.

Vázquez, J.; Miatello, R. A. y Roqué, M. (1979), *Geografía física de la provincia de Córdoba*. Córdoba: Banco Provincia de Córdoba.

Worster, D. (1985), *Rivers of empire: Water, aridity, and the growth of the American West*. Oxford: University Press.

3

Reconstruindo a paisagem

As terras comuns e privadas na Ribeira Lima (Portugal), nos séculos XIX e XX

FABÍOLA FRANCO PIRES

Introdução

Este estudo, elaborado no âmbito da tese de Doutoramento em História "Viver, Regar e Lavrar: o cadastro da propriedade comum e privada na Ribeira Lima entre o Liberalismo e o Estado Novo",[1] ainda em desenvolvimento, tem como objectivo principal perceber os mecanismos de gestão dos recursos comuns e privados. Para além da "terra", a vida em torno da "água" poderá ter estruturado, moldado e organizado o território da Ribeira Lima entre aqueles séculos, tendo em consideração variáveis como o tipo de propriedade nas suas características geomorfológicas, legais, de transmissão hereditária e de exploração económica. O levantamento sistemático da propriedade e da água que nela circula é o resultado concreto desta investigação, que nos conduz à criação de um cadastro histórico, modelo a transpor para outros territórios com a mesma matriz do Noroeste Português/Ribeira Lima.

---

[1] Na Faculdade de Letras da Universidade do Porto, e integrado no CITCEM, sob a orientação da Prof. Inês Amorim e Prof. João Carlos Garcia.

A escolha deste período não foi inocente. Prende-se sobretudo com as mudanças que se desenrolaram em meados do século XIX –a chamada *desamortização*– quando os baldios dos concelhos foram divididos em sortes pelas populações de cada paróquia, tornando-se privados, com a finalidade de converter as terras incultas em cultivadas, em que a água surge igualmente como elemento polivalente (Pires, 2015: 121-122). O século anterior servir-nos-á de ponto de situação, e o século XX de ponte para os dias de hoje, com enfoque para a intervenção, no Estado Novo,[2] nas políticas de reflorestação, de forma a poder analisar a alteração das dinâmicas agrícolas, florestais e familiares.

Sendo o território da Ribeira Lima tão extenso[3] interessava encontrar um caso de estudo que pudesse servir de observatório e ser representativo desta paisagem. A escolha recaiu na freguesia da Meadela, no concelho de Viana do Castelo. Estudos anteriores sobre esta paróquia reforçam factores diferenciadores: uma maior taxa de emigração para Gibraltar em detrimento do Brasil (como era a tendência à época – início/meados do século XIX), e as características marcadamente rurais ainda presentes no território, e hoje em crescente transformação, como consequência da sua proximidade à cidade de Viana do Castelo, funcionando como uma das suas periferias-dormitório.

---

2   Designa, em Portugal, o sistema político autoritário consagrado pela Constituição de 1933. Representa o período da história da República Portuguesa em que dominou o sistema presidencialista ligado a um sistema económico e social corporativo. Foi derrubado com a revolução de 25 de Abril de 1974 (Oliveira, 1985: 262).

3   Prolonga-se, na parte portuguesa, desde a sua foz, junto à cidade de Viana do Castelo, à aldeia de Lindoso (Concelho de Ponte da Barca), onde entra em território espanhol. Nasce no monte Talariño, na província de Ourense (Galiza-Espanha).

Figura 1. Localização do caso de estudo

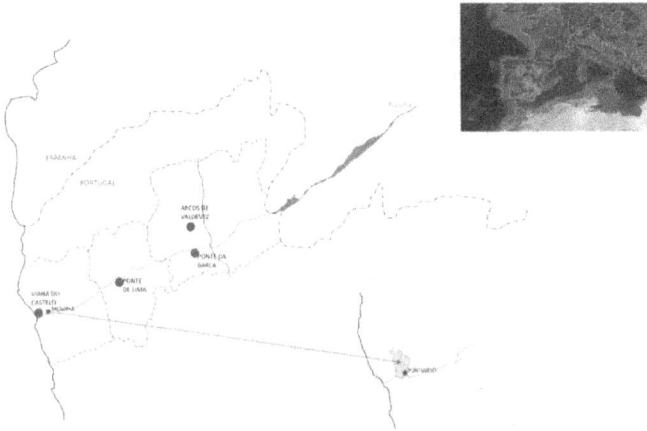

Fuente: Google Earth e esquema da autora.

Metodologicamente, a abundância e pluralidade de fontes associadas a esta paróquia justificam também a escolha. Como fontes primárias, existem registos, ao longo de dez anos durante o século XIX, dos *Róis de Confessados*, bem como o *Epílogo de Usos e Costumes*, com informações paralelas acerca de propriedades da igreja, entre os séculos XVII e XIX (APM); os processos de divisão das terras comuns em lotes privados, as *sortes* (Junta de Paróquia da Meadela); e os registos da 1ª Secção Hidráulica, onde podemos encontrar as listas de moinhos elaboradas pelos *guarda-rios*, assim como registos da construção de noras e aquedutos (ADVC). Como referências contextuais podemos encontrar estudos sociais e demográficos como "Meadela: comunidade rural do Alto Minho, sociedade e demografia (1593-1850)", livro elaborado por Glória Solé (NEPS) a partir da sua tese de mestrado, que tem igualmente associada uma base de dados paroquiais para o referido período, que será reutilizada e expandida.

A recolha sistemática de informações sobre a proprie-dade e a água que nela flui (quando esta informação exis-te), serão o resultado concreto desta pesquisa, e levarão à criação de um registo histórico, modelo a transpor para áreas de características similares à no Noroeste Português/Ribeira Lima.

1. Características geomorfológicas

O território da Ribeira Lima orienta-se ao longo do rio homónimo e constitui-se de aldeias dispersas e extensas veigas de cultivo a baixa altitude ladeadas, por um lado, por pequenos montes que abastecem de mato as populações que vivem no vale e, por outro por um sistema fluvial que inclui não só o próprio rio e os produtos que ele fornece, mas também juncais, ínsuas, salinas e outros terrenos similares, sendo diametralmente oposto às vivências de um Noroeste mais montanhoso, onde as aldeias se agrupam em aglome-rados fechados, recorrendo a socalcos escavados nas encos-tas pois a terra fértil é escassa, alternando verticalmen-te entre *brandas* e *inverneiras*. Esta paisagem característica estende-se desde a cidade de Viana do Castelo e freguesia de Darque (na margem esquerda), na foz do rio, até à paró-quia de São Jorge (Arcos de Valdevez) e Vila Nova de Muía (Ponte da Barca). Daqui para montante, a Serra da Peneda e a Serra Amarela alteram completamente a configuração paisagística e a apropriação agrícola dos assentamentos.

**Figura 2. A paisagem da Meadela junto ao rio Lima,
nos primeiros anos do século XX**

Foto de vidro pertencente a Luís de Amorim de Abreu e Lima.

Estas condições vão igualmente dar origem a aproveitamentos do solo e tipos de regadio muito diferentes. Se na montanha se privilegia a gravidade para fazer a água chegar a campos e moinhos, no vale esta gestão tem de ser feita à custa de açudes para a acumular (sendo posteriormente encaminhada por regos) e poços de onde esta se extrai com a ajuda de elaborados engenhos de elevação de remotas origens, que podemos encontrar com a mesma familiaridade tanto aqui como no norte de África ou Extremo Oriente em territórios topograficamente muito semelhantes.

2. Propriedade comum e privada

Os tipos de propriedades que se pretende estudar dividem-se sobretudo em dois grandes grupos: as comuns e as privadas. Entre estas existem ainda algumas de carácter híbrido, como os *soutos*, terrenos de logradouro comum plantados de carvalhos ou castanheiros. Como refere Alberto Sampaio em 1886,

... dividido em leiras abertas, aos donos de cada uma pertencem a lenha e os fructos das arvores, mas o logradouro, quanto à passagem, reunião entrada e saída de gado, etc., é de todos os vizinhos. Quando se fizeram os aforamentos estes terrenos ficaram sem duvida no uso colectivo: mais tarde foram divididos, ficando os lotes soltos: modernamente estão a desaparecer, ou a reduzir-se pela vedação de todas ou algumas leiras (Sampaio, 1886 [2], 155).

Também híbrida era, no caso da Meadela, a *Ínsua Cavalar*, situada no meio do rio Lima, em frente à dita freguesia, que se dividia em duas partes: o centro pertencia à Casa de Paredes, morgadio da família Bezerra cuja quinta se situava a 500 m do rio, e as extremidades divididas por marcos eram baldios incultos, todos os anos sorteadas pelos lavradores, sendo exclusivamente explorada pelos habitantes da freguesia, que aí colhiam os seus roços e adubos.

Os terrenos de propriedade comum podiam dividir-se em *baldios* e *maninhos*, residindo a diferença apenas no facto de os maninhos serem bens que ficavam para a Coroa por morte de homem ou mulher casados, sem filhos e sem testamento, não tendo parente até ao 10º grau (Viterbo, 1798: 76). Eram terrenos possuídos e geridos por comunidades locais, sendo esta o universo dos compartes (moradores de uma ou mais freguesias ou parte delas) que segundo os usos e costumes têm direito ao seu usufruto e fruição. Constituem logradouro comum para efeito de apascentação de gados, recolha de lenha ou matos, de culturas e outras fruições de natureza agrícola, silvícola, silvo-pastoril e apícola.[4]

As propriedades privadas encontram-se aqui em maior quantidade, e para além das *leiras de lavradio* encontramos a *sorte* que, segundo Alberto Sampaio, é o primeiro estágio da propriedade do monte. Estando este dividido e aforado aos vizinhos de um lugar ou paróquia, que o possuíam em comum, cada um recebeu a sua gleba ou sorte, vedando-a

---

4   Lei nº 68/93 de 4 de Setembro – Lei dos Baldios, Cap. 1, Art.º 1.

com marcos, sendo o roço do mato exclusivo mas o pastoreio livre. Ao vedar essa sorte de uma maneira contínua, com paredes, aparece então a *bouça* ou *devesa*, que estabelece definitivamente esta parcela como propriedade particular. Ao vedar essa sorte de uma maneira contínua, com paredes, aparece então a *bouça* ou *devesa*, que estabelece definitivamente esta parcela como propriedade particular. A diferença entre estas duas designações parece residir no tipo de semeadura: matos para o primeiro caso, e árvores para o segundo, sendo estas normalmente carvalhos, sobreiros e pinheiros bravos (Sampaio, 1886 [2]: 154). A *devesa* parece ser, no entanto, para o lavrador do século XX desta região, um terreno cultivável mais próximo da casa de lavoura que a bouça, sendo esta última sempre composta por terreno inculto. A *sorte* estaria, em meados do século XIX, quando foram feitos os primeiros aforamentos aos habitantes das freguesias, sempre associada a uma casa de lavoura e não propriamente a um proprietário, daí que quando o fogo era extinto, e caso o casal ou pessoa não tivesse descendentes na paróquia, esta perdia-se e passava para a posse da Junta, a não ser que o herdeiro se disponibilizasse para lá vir residir ou pagasse 12.000$000 réis como esmola para as obras da paróquia (AJM). Esta possibilidade veio fazer com que proprietários de outras freguesias pudessem ter aqui terrenos e, por outro lado, sobrepondo-se o poder económico a tudo o resto, as leiras destinadas a cada fogo acabaram por ser compradas e/ou herdadas, perdendo-se esta intenção de igualdade de distribuição inicial e a exclusividade para os habitantes das freguesias, como no início acontecia com os baldios. Outro exemplo, a *cortinha*, aproximava-se mais da habitação que a leira de lavradio (Sampaio, 1886 [1]: 24) e era normalmente cercada de paredes, sendo uma leira ou parte de um campo repartida em courelas, mais compridas que largas, albergando normalmente a horta, pomar, e/ou o jardim da casa.

Nas *veigas*, extensas planícies cultivadas e férteis onde se semeia o milho, o centeio e a vinha, situavam-se o que ainda no século XIX se chamava *agras*: conjunto de *leiras* vedadas por paredes ou valos e fechadas por um portão. Estas *leiras* eram fitas ou bandas paralelas em que se dividia a *agra*, limitadas apenas por marcos ou regos, e com um caminho comum que se abria ou fechava consoante havia ou não culturas pendentes. No tempo de repouso, o gado pastoreava ali livremente. Acreditam alguns autores que esta divisão possa ser originária das comunidades primitivas que praticariam inicialmente um sistema de gestão colectiva destes espaços (Sampaio, 1886 [1]: 24).[5] O certo é que já na Idade Média, e através das Inquirições de 1258, as leiras são sempre denominadas como fazendo parte de determinada agra, essa sempre nomeada (*"item uma leira na agra de..."*). Na Meadela, para esta época, encontramos as agras (e agrelos) das Salinas, de Susão, de Jusão, do Solhal, etc., havendo sempre referências a toda uma agra que era propriedade de um só dono (normalmente o rei), ou de uma leira (ou mais) dentro de uma agra. Nas posturas municipais de Viana do Castelo de 1717 aparece já essa referência: "q todos os Moradores assim da villa e termo, como de fora q nelle teverem erdades as tenhaõ fechadas com paredes de sette palmos (…) ou com a melhor tapagem que for possível de sorte que naõ entre gado" (AMVC).

---

5 Alberto Sampaio acreditava que a designação *agra* teria tido origem romana (*agri, ager*), por terem sido provavelmente conquistas incorporadas no domínio público – *ager publicus*.

Figura 3. Casa do Felgas, na Meadela, um típico lugar de lavoura contendo a casa de habitação, o espigueiro, a eira e outras dependências agrícolas

Foto da autora, 2014.

Quanto ao terreno onde se situa a habitação, Alberto Sampaio divide-a, em 1886, em 4 grupos:

1. A *propriedade*, constituída por uma casa ou por casa e horta e por vezes com um pequeno campo anexo, sendo sempre térrea ("a um lado a cozinha, junto um ou dous compartimentos soalhados, uma loja e um pequeno curral de porcos"[6]) e com telheiro, caso o proprietário exerça alguma outra indústria. A cultura seria quase sempre hortícola se fosse de pequenas dimensões, e com milho e centeio se for de maiores.

2. O *eido*,[7] agrupamento de 3 ou 4 glebas com uma casa de exploração, que não sustenta uma família durante o ano inteiro, e compreende 2 ou 3 hectares ao todo,

---

6   Existem igualmente casas com apenas um aposento que serve para todas as funções.

7   Como nos informa o autor, esta palavra designa igualmente o pátio interno, também chamado quinteiro ou rua. Teria sido provavelmente por extensão que se lhe deu o significado de pequeno casal, que tende a desaparecer da linguagem popular.

procurando em épocas de menor trabalho, esta família, outras ocupações. O proprietário do eido junta sempre à actividade agrícola outra profissão.

3. O *casal*, que o autor considera o património rural típico do Minho, compõe-se de uma casa de exploração, hortas, terras de lavradio (secas e regadas) e de mato: a sua extensão é variável desde 4 a 25 hectares, sendo raros os que excedem esta superfície no conjunto das suas glebas, que podem oscilar de 12 a 15 para a cultura e um número um pouco menor param as de bravio. Os muros de vedação são normalmente baixos, apenas com a altura suficiente para impedir a entrada de animais. As glebas (ou leiras) podem ser contínuas ou dispersas (sendo mais comum esta última situação), e a casa é destinada somente à habitação do cultivador, proprietário ou arrendatário.[8]

4. A *quinta* designa um casal ou alguns reunidos, diferenciando-se deste pela casa de habitação ou por não ser cultivado pelo dono. Além das construções destinadas à exploração agrícola e habitação do colono, tem uma casa maior ou menor destinada ao proprietário, ali residente ou não, mas que não cultiva: assim se diz, *casas de habitação e de caseiros*. A quinta pode ser mais pequena que o casal, distinguindo-a a casa ou cultura por arrendamento. Algumas têm muitos casais agrupados, sendo portanto constituídas por títulos de emprazamentos, raras vezes por um só e muito mais ainda pelo *vínculo*. Entre estas encontram-se as que foram solares de algumas antigas famílias nobres.

---

8 No caso da região em estudo, isto não é habitualmente verdade, já que em casas com mais de um piso, o térreo se destinava quase exclusivamente a adegas, lagares, tulhas, cortes, etc.

Este estudo foca sobretudo as propriedades que se incluem no que o autor designa como *casal*, e que é no vale do Lima designado por *lugar*, pelo que será sobretudo sobre essa matéria que nos vamos debruçar.

3. Fontes e metodologia de trabalho

Este cadastro histórico seria então o ponto de partida para a construção da base de um cadastro actual, contendo toda a informação necessária para o conhecimento de uma propriedade, desde a sua localização espacial aos proprietários, repartição e utilização na longa duração, permitindo ou dando o primeiro passo, já que este problema se tem mostrado de difícil resolução, para o conhecimento da propriedade e características do território.

A metodologia utilizada baseia-se no cruzamento de 3 bases de dados:

- Uma paroquial para o intervalo temporal de 1593-1850, que está agora a ser corrigida e acrescentada até meados do século XX;
- Uma base de dados de propriedades;
- E outra de ocorrências paisagísticas, ambas em desenvolvimento e numa fase ainda muito incipiente.

A partir deste conjunto de informações, pretende-se perceber como se organizam estas propriedades no espaço, recorrendo para isso a uma trilogia organizacional típica desta região: tendo como núcleo a *casa/lugar*,[9] onde se situa a habitação familiar, e como "apêndices" as *leiras de lavradio* e as *leiras de mato*. Partindo desta organização/conjunto,

---

9 O "lugar" é o termo usado nesta região para designar o logradouro onde se encontra a casa de família e que contém, normalmente, todos os anexos agrícolas, hortas, pomares, eiras, espigueiros, sequeiros, etc. Não confundir com "lugar" na acepção de território constituinte de uma freguesia.

e com o auxílio de documentos complementares, é nosso objectivo perceber não só como esta organização foi moldando o território dentro do período de tempo proposto, mas também como as suas características naturais foram condicionando os seus habitantes e modos de agir no que que diz respeito à partilha, herança e comportamentos sociais associados à terra.

A documentação a utilizar é vasta e encontra-se muito dispersa. No entanto, devem ser destacadas algumas fontes de extrema importância não só para a elaboração das bases de dados, como para a percepção mais concreta do que se passava neste território no período que se propõe estudar. Destaca-se o Arquivo das Finanças de Viana do Castelo (AFVC), cujo primeiro registo disponível é de 1937, pois infelizmente, poucos anos antes, um incêndio destruiu a documentação mais antiga. Em paralelo, nas actas da Junta de Paróquia da Meadela, guardadas no Arquivo da Junta de Freguesia, existe um livro de 1867 que tem registado todo o processo de divisão e distribuição dos montes que nos permite saber, para além dos trâmites legais em que a acção se desenrolou e como foi gerida posteriormente, todos os proprietários que adquiriram leiras de 1ª e 2ª classe, e os seus nomes. Ainda os Cadernos dos Guarda-Rios de 1940, e os pedidos de licenciamento e contra-ordenações da 1ª Secção Hidráulica de Viana do Castelo (ADVC) são fulcrais para a associação dos recursos hídricos a esta base.

A terceira fonte que vem complementar tudo isto são os Róis de Confessados, que existem na Meadela para os anos de 1835, 1842, 1846, 1854, 1864, 1867 (precisamente o ano em que as primeiras leiras foram distribuídas), 1880 (um ano antes de outra distribuição de leiras de monte), 1884, 1888 e 1895. Este registo tem a vantagem de nos poder situar num tempo e espaço muito preciso, já que é feito por lugar e nº de casa. Como o último registo é de 1895, ainda é possível relacionar estas famílias com as que aparecem nas matrizes prediais das Finanças em 1937. Desta forma, consegue ter-se um panorama de ocupação das casas desde o início do século XIX (1835) até ao início do XX (depois facilmente continuado para os dias de hoje).

Através dos nomes dos proprietários, e cruzando esta informação com a base de dados paroquial e, se necessário, com os testamentos disponíveis para o século XIX, teremos todo um panorama não só geográfico e territorial de como estas construções, terrenos e recursos hídricos se organizavam no espaço, mas também o que condicionava essa organização, numa espécie de radiografia familiar onde perceberemos que caminhos e opções guiavam a sucessão na casa ou a saída dela, fosse para fins religiosos, emigração, ou mesmo a construção de uma nova casa de família. A cartografia, fotografia e mesmo vídeo, vêm complementar as informações reunidas nas bases e ajudar a tirar algumas conclusões sobre a evolução dos lugares e a relação destes com os edifícios e as pessoas, sendo a maioria, no caso da fotografia, de um período transitório entre os anos finais do século XIX e inícios/meados de XX, e no caso da cartografia, um período mais extenso, do século XVIII aos dias de hoje, com maior detalhe e escala de meados do XIX para a frente.

No caso da cartografia, é de destacar o *Plano Hidrográfico do Rio Lima* (DGT), elaborado, para esta zona, entre 1864 a 1867, sob a direcção de Filipe Folque, que à escala 1:2 500, revela com assinalável pormenor um desenho rigoroso do cadastro, onde se destacam os limites das parcelas agrícolas, habitacionais (incluindo o traçado das casas e anexos agrícolas), caminhos, estradas, e microtoponímia, tornando-se numa fonte imprescindível para a reconstituição territorial rigorosa neste período.

4. Exemplos práticos da reconstituição da paisagem de um lugar da paróquia (Portuzelo)

Numa primeira fase, de forma a testar a eficácia deste método num território de menor dimensão e portanto mais fácil de controlar, seleccionou-se um dos lugares da freguesia para iniciar esta reconstituição. Como ao longo de todo o século XIX, nos Róis de Confessados, os párocos que os redigiam iam alterando o nome dos lugares, diferenciando ou incluindo, criando uns e extinguindo outros, concluiu-se que o que se manteve ao longo de todo o século sem alterações foi o de Portuzelo, no limite Nascente com a freguesia de Santa Marta de Portuzelo e a Norte com a de Perre, evoluindo de 22 casas, em 1835, para 98,[10] em 1937, segundo o registo das matrizes prediais das Finanças, sendo que 6 destas 98 casas eram casas-moinho, característica muito particular deste lugar por se situar junto de um afluente do Lima onde a implantação de moinhos de água (e até ao início do século XX, de vento) é considerável contando nesta data com 11. Para a contabilidade das habitações consideramos, para além do lugar de Portuzelo, alguns dos seus sítios:[11] Veiga de Paredes, Arcas e Ventela.

Através da análise dos dados verifica-se que, em 1937, das 98 casas registadas no lugar 32% eram térreas, 62% de r/ch e 1º andar e apenas 6% tinham estes dois pisos mais

---

[10] Este valor já exclui os registos urbanos que se referem a moinhos, fábricas, escolas, etc., contando apenas casas de habitação e casas-moinho.

[11] Em termos administrativos, a circunscrição mais pequena no contexto português é a *freguesia*, que era equivalente, até à reorganização administrativa das freguesias em 2013, à *paróquia* (circunscrição de carácter religioso). No entanto, em termos territoriais, existem mais duas circunscrições: o *lugar*, unidade do conjunto dos aglomerados habitacionais dentro da freguesia/paróquia, e o *sítio*, que é uma subdivisão dentro do *lugar*, baseado na microtoponímia. As unidades de povoamento dentro destes *sítios* chamam-se também, como já vimos, *lugar*.

um de águas-furtadas, contando, em média, com áreas, para as de r/ch de 67 m2, para as de r/ch + 1º 101 m2, e para as de r/ch + 1º + águas-furtadas, 123 m2.[12]

O número de vãos no r/ch variava de 1 a 9, no 1º piso de 3 a 20, e nas águas-furtadas de 1 a 5, perfazendo a casa com mais vãos 26 (sendo, neste caso, de r/ch e 1º) e a com menos apenas 1 (naturalmente, de r/ch), não se diferenciando aqui janelas e portas. As divisões variavam, no r/ch, entre 1 e 6, no 1º piso entre 1 e 10, e nas águas-furtadas entre 1 e 4, contando a casa com mais divisões, 16 (sendo esta de r/ch, 1º e águas-furtadas), e a com menos apenas 1, não sendo definidas as suas respectivas funções, e podendo contar-se, entre elas, com as habitacionais propriamente ditas (cozinha, salas e quartos) e as agrícolas, que normalmente se situavam no piso térreo (lagares, adegas, cortes, tulhas, etc.). Quando estas funções eram separadas da casa, eram assinaladas no registo como corpos independentes, surgindo os mais variados tipos, desde edifícios com funções muito específicas de produção e armazenamento como espigueiros, fornos de pão, lagares, adegas, pocilgas e estábulos, a espaços de ao ar livre como hortas, vinhas e jardins, bem como logradouros com as mais variadas designações: terreno, terraços, pátios, quintais, eiras, varandas e varandas-eiras, a espaços encerrados ou semi-encerrados para armazenamento de produtos agrícolas, máquinas e até de pessoas, como alpendres, cobertos, anexos, garagens, dependências (sem especificar), armazéns, casas de criados e casas de arrecadação, e mesmo espaços de recriação como mirantes.

É também curioso constatar que apenas 9 em 98 casas (cerca de 9% do total) são de propriedade fraccionada, tendo todas as outras um único proprietário. No total dos casos, o fraccionamento é apenas entre dois proprietários,

---

12 Com maior e menor área aparecem, respectivamente, as de r/ch com 106,72 m2 e 34,5 m2; as de r/ch + 1º com 236,63 m2 e 37,26 m2; e as de r/ch +1º + águas-furtadas com 196,89m2 e 57,66 m2.

e maioritariamente em parcelas desiguais (apenas 4 em parcelas iguais). Das que são divididas, apenas 4 são de r/ch e as restantes de dois pisos, sendo que as de r/ch apenas uma foi dividida em partes iguais, não parecendo que o tamanho da casa em si seja motivo para a divisão ou não entre os herdeiros.

Um exemplo das casas identificadas no terreno a partir do cruzamento das bases de dados, as quais conseguimos seguir todo o percurso de 1835 a 1937 é a POR02. Conhecida ainda hoje como *Casa do Carvalho* e dando igualmente nome ao largo fronteiro que serviu outrora para espalhar os matos da lavoura da casa, pertencia, em 1835 a Manuel Gonçalves Carvalho e esposa Vitória Antunes Parente, assim permanecendo até 1867, quando passou para o seu filho José Gonçalves de Carvalho, que adquiriu, em 1879, uma leira de mato de 1ª classe com o nº 100. Em 1884, com a morte deste, sucedeu na casa o seu filho José Gonçalves de Carvalho Jr. e, já em 1937, encontramos como proprietário o filho deste, José Cândido Gonçalves de Carvalho, que para além da casa que já anteriormente referimos como sendo a que tinha o maior número de vãos e um número considerável de divisões, contava ainda com 2 espigueiros e um coberto, e mais um casa de r/ch e um moinho. A identificação de algumas destas casas vai ajudar-nos posteriormente a estabelecer um percurso através do registo dos Róis de Confessados, colmatar as restantes falhas, e compreender qual a lógica de registo do pároco para cada ano.

Figura 4. Casa e moinho do Lages, Casa e moinho do Lages (no meio). O moinho tinha ainda um piso apenas, e a casa adjacente não tinha a configuração actual y Casa e moinho do Lages. Planta correspondente ao desenho, 20 anos antes dessa representação

Foto da autora, 2012.

João de Almeida, "Minho Pittoresco", 1886.

Plano Hidrográfico do Rio Lima, 1866.

Outro caso interessante e que podemos dar como exemplo de cruzamento eficaz de documentação é o da *Casa do Lages*, da qual temos variados registos documentais e fotográficos, podendo estabelecer uma evolução não só na construção propriamente dita, como na vida dos seus proprietários. O primeiro registo data de 1886, quando o ilustrador João de Almeida a imortaliza no primeiro volume do "Minho Pittoresco": nesta fase, conseguimos perceber que o moinho tem apenas 1 piso, e a casa se desenvolve na perpendicular em relação a este, com acesso através de um logradouro, como ainda hoje acontece. Não sabemos nesta altura quem é o seu proprietário, pois apenas há referência directa a isso 13 anos depois, em 1899, quando este, de seu nome João Soares Rodrigues, juntamente com o proprietário do moinho das Magras, seu vizinho, se queixam de dois outros por alterar a levada de um moinho a montante dos deles. Nessa passagem, percebemos que ele é proprietário não apenas do moinho, mas das "azenhas e engenho de serra do João Lopes" (ADVC, 1899), que não sabemos se teria sido igualmente um antigo proprietário cujo nome ficou para a posteridade. No entanto, através dos Róis de Confessados em cruzamento com os registos paroquiais, percebemos que o pai de João Soares Rodrigues, José Soares Rodrigues, referenciado como moleiro em 1892 no baptismo do seu filho, residia em Portuzelo pelo menos desde 1854, o que sugere que fosse na dita casa-moinho, já devendo ser seu proprietário aquando da gravura do "Minho Pittoresco". Ao seguir o rasto desta família mais uma vez através dos Róis de Confessados, percebemos que de 1835 a 1846, José Soares Rodrigues vive com seu pai, Manuel Soares Rodrigues, e posteriormente também com sua madrasta, Tomásia Fernandes Madaleno, no lugar da Costa da freguesia da Meadela, tendo ambos se mudado para Portuzelo em 1854 ou antes, para duas casas diferentes mas vizinhas. Curioso é perceber que em 1853, o mesmo José Soares Rodrigues faz um empréstimo, hipotecando "o seu lugar e casas torres sitos no lugar de Portuzelo" (ADVC, 1853) não se tratando da mesma casa, pela descrição das confrontações. 3 gerações depois, esta casa-moinho continua na mesma família, tendo funcionado como moagem até finais do século XX.

Existia na Meadela e um pouco por toda a região um sistema matrimonial que deve ser tido em conta no que diz respeito à propriedade familiar: o casamento por "Câmbia" ou "Camba", tratando-se esta prática de casamentos simultâneos duplos ou triplos, envolvendo trocas de pessoas entre famílias (Solé, 2001: 138-143; Serra, 1996: 96). Manuel Serra, no seu estudo sobre esta instituição, detectou, entre 1600 e 1622, 6 casos, e Maria Glória Solé, entre 1616 e 1835, detectou 17 entre irmãos de sexos diferentes, 10 entre irmãos do mesmo sexo, e 4 entre primos e irmãos, sendo um deles, triplo (onde um filho e duas filhas de um casal casam com uma filha e dois filhos de outro casal). Foram detectados igualmente dois casos de quatro casamentos de irmãos que casam simultaneamente com filhos de casais diferentes mas parentes entre si, neste caso primos. Maria Glória Solé adianta que estas práticas

... poderão estar relacionados com a chamada "troca de mulheres", fundamentada na reciprocidade da dádiva e na necessidade de aliança entre famílias, aliança que poderá estar ligada a razões económicas mas também entendida como uma forma de reforço do espírito de corpo numa freguesia entendida como comunidade...

"Por outro lado, o sistema igualitário de herança praticado no Alto Minho parece ter favorecido este tipo de casamento, evitando em parte a dispersão das parcelas, garantindo assim a integridade da casa" (Solé, 2001, 142).

É por isso interessante perceber que o tipo de agregado familiar que supera todos os outros, no ano de 1895, em número, é o que apresenta apenas o "Casal + Filhos", com 66,2% das ocorrências, seguido de 10,3% para o agregado "Casal + Filhos + Sogra/o"; 8,8% para "Viúva ou Solteira + Filhos"; 5,8% de "Solteiro(s)"; 4,4% de "Casal mais velho + Casal mais novo"; e com apenas um exemplar cada caso, correspondente a 1,5% "Casal + Filhos + Netos", "Casal + Irmãos" e "Vários membros".

Um bom exemplo da prática da "Câmbia" é o que encontramos numa série de 3 testamentos da mesma família, do lugar de Portuzelo, cujo agregado familiar se compunha, em 1827 (ADVC, 1827), dos avós Faustina Parente e António Fernandes Moreno, da nora de ambos, Maria Rosa Gonçalves de Amorim, viúva de um dos seus 8 filhos, Manuel Fernandes Moreno, falecido em 1825, e dos netos João, António, Pedro e Domingos, filhos do casal. Encontramos no primeiro testamento, de mão comum entre os avós, datado de 1827 (tendo António Fernandes Moreno falecido 3 anos depois), a partilha igualitária do terço disponível pela nora de ambos (com a condição de permanecer viúva na casa), e pelo neto João, caso ele case à vontade dos avós ou da mãe (já tendo estes falecido), com a obrigação de, em ambos os casos, permanecerem na casa. Maria Rosa Gonçalves de Amorim, sentindo-se doente, deixa a sua última vontade, 4 anos depois da morte de seu sogro,

num testamento onde mantém a vontade dos sogros, dei-
xando o terço disponível a seu filho João, mais uma vez
com a condição de casar na casa à satisfação da sua avó,
se esta ainda for viva, e revertendo o terço para qualquer
um dos seus irmãos que quiser ficar na casa, se este não
obedecer (ADVC, 1843).

Outra ilustração ainda mais vincada da regulamentação
da passagem e manutenção da propriedade são os dotes de
casamento que vamos encontrando entre famílias de algumas posses da freguesia e particularmente deste lugar de
Portuzelo, como a que Francisco Dias Felgueiras, da Meadela, pai do noivo, fez com Apolónia Afonso Madalena, filha
de Henrique Afonso, da freguesia de Perre, que "tinhão ajus-
tado e contratado a caza a seu filho Manoel Dias Felgueiras
(...) [e] a metade de todos os seus bens moveis e depois
havidos e por haver logo que recebidos forem e a outra
metade por suas mortes...", ficando igualmente a noiva com
a obrigação de ficar, caso enviúve, "na companhia delles
dotadores para eles a cazarem se ella quizer com quem eles
ditos dotadores lhe parecer e que o dote que se lhe dar para
o dito cazamento no caso de haver filhos ficara sempre na
caza delles dotadores"; em compensação, os pais da noiva

também davão a dita noiva sua filha e lhe davam para ajuda
dos encargos do Matrimonio huma leira labradia cita no
campo da Poupeira freguesia de Perre deste termo (...) cujo
dote lhe fazião e querião tomase pose da dita leira logo que
recebidos forem com a condição delles ditos noivos não obri-
garem a fazer Inventario delles ditos dotadores por morte de
que primeiro falecer e só por morte do último se partirão os
bens que se acharem e que então virá a colação a dita leira
dotada para se tirar o terço della e se pagara a benfeitoria que
nella se houverem feito... (ADVC, 1797).

Conclusões preliminares e continuação da pesquisa

Através deste pequeno ensaio feito no lugar de Portuzelo, que servirá de ponto de partida para a sua continuação no resto da freguesia e subsequente aplicação a outras, foi possível chegar a algumas conclusões.

Através da análise das matrizes prediais para o início do século XX (1937) temos acesso a uma série de informação que nos permite caracterizar o tipo de edificado existente nesta época e algumas das suas particularidades. Pode afirmar-se que a tipologia de habitação mais frequente seria a casa de r/ch + 1º andar, contando com mais de metade das ocorrências. Se a esta acrescentarmos a casa de r/ch + 1º andar + águas-furtadas, considerando que estas últimas são, em termos construtivos e na grande maioria dos casos acrescentos de pequena dimensão feitos em fases posteriores à sua concepção, percebemos que cerca de 70% das ocorrências podem incluir-se nesta tipologia.

Relativamente às casas de r/ch deverá ser feita uma análise mais apurada numa fase posterior da investigação, que passará por tentar perceber se estas seriam efectivamente moradias ou se teriam outra função, já que algumas delas apresentavam dimensões muito reduzidas (da ordem dos 30/40m2) e, a acrescentar a isso, possuíam apenas um vão. É importante acrescentar que a grande maioria delas apresentava, para além da habitação em si, um ou mais anexos agrícolas, o que nos permite perceber a grande importância que a agricultura tinha para esta população.

Em termos de área total as variações são enormes, o que por um lado terá de ser esclarecido, como já foi referido, quanto ao seu uso quotidiano como habitação ou não, e por outro poderá significar diferenças muito acentuadas em termos sociais e económicos entre famílias, ponto este que deverá ser esclarecido numa próxima fase.

Importante será também perceber se estas habitações são próprias ou arrendadas e, nas que funcionam como casa e moinho no mesmo edifício, tentar-se-á perceber em que medida a profissão dos proprietários se coaduna com esta função, e se ao longo dos anos, os sucessores tomam essa profissão e usam esses espaços, ou se estes simplesmente acabam por se tornar residuais.

Em termos de fraccionamento, verificamos que a grande maioria pertence apenas a um proprietário, o que vem corroborar a ideia de que a casa tinha um carácter indivisível e apenas um dos descendentes ficaria com a propriedade, ao contrário do que vai suceder com a parte rústica, onde se multiplicam as parcelas até à quase impraticabilidade. Como refere Fátima Brandão sobre Vieira do Minho,

> A posição social dos indivíduos era em larga medida determinada por estratégias familiares. Dai a prioridade dada à manutenção da unidade do casal através da escolha de um herdeiro principal. Sobre este último se dizia que casava na casa, dando assim continuidade a uma espécie de sistema familiar troncal (Brandão, 1994).

Quanto à composição do agregado familiar, que terá de ser avaliado para outras datas, são coerentes as conclusões a que chegamos para Portuzelo com estudos já realizados em outros pontos desta região: predominância de um casal que vai sucedendo na casa, obrigando os restantes irmãos a optarem por 3 vias: emigração, vida religiosa ou construção de nova habitação.

Na maioria dos casos estudados foi possível relacionar a casa/família com a respectiva leira atribuída em 1867 e/ou 1879, essa ainda por identificar no terreno, o que é intenção fazer numa próxima fase. Também em fases posteriores, ambiciona-se juntar à base toda uma série de elementos gráficos e de texto que ilustrem e complementem algumas das famílias com informações mais completas sobre o seu percurso e o percurso das suas propriedades e casa de lavoura, como fotografias, pinturas, e outras eventuais informações adicionais. Outra vertente a explorar, e como vimos acima, é igualmente a contabilidade e análise dos casamentos por "câmbia", que é de grande importância na manutenção de uma propriedade na mesma família.

Quanto à reconstituição, durante o século XIX, com a ajuda dos Róis de Confessados, dos agregados que foram surgindo e de quem foi sucedendo neles, bem como da sua localização no terreno provou ser de fácil percepção quando cruzado com informações como os registos paroquiais, os testamentos, e mesmo as matrizes prediais, ainda que mais recentes. Alguns deles poderão nunca ser identificados devido à escassez de informação ou dificuldade de cruzamento, mas a maioria servirá para nos proporcionar um panorama muito fidedigno, em posterior conjugação com outros documentos relativos a vias de comunicação e propriedades comuns e eclesiásticas, de como seriam os espaços e os usos daquele lugar quase dois séculos antes de nós.

Este é, portanto, mais um contributo para o aprofundamento do conhecimento sobre a interacção entre a casa de lavoura da região da Ribeira Lima, as parcelas agrícolas e florestais que dela fazem parte, e os consequentes comportamentos sociais dos seus habitantes. Sendo a grande maioria dos estudos desta natureza focados até agora nas regiões de montanha, pela maior facilidade de apreensão de assentamentos concentrados e maior longevidade dos usos e costumes ainda hoje em prática, urge também recolher, em espaços de mutação mais dinâmica, os elementos que ainda possam existir no terreno e na memória dos seus habitantes.

Acreditamos por isso, ser este trabalho e os dados que recolhe, um novo impulso ao estudo das comunidades periurbanas de vale que, sendo outrora vincadamente agrícolas, passam hoje por um processo de transformação profunda devido à introdução de novos habitantes e à alteração de hábitos e modos de vida até hoje estranhos a esta comunidade.

Fontes/Arquivos

Arquivo Distrital de Viana do Castelo (ADVC), *Escritura de dote que faz Francisco Dias Felgueiras e sua mulher, da freguesia da Meadela, a seu filho Manuel Dias Felgueiras, para casar com Apolónia Afonso Madalena, e esta a seus pais Henrique Afonso e sua mulher, da freguesia de Perre,* Notariais. Tabelião Joaquim António Pinheiro, 16/06/1798, fls. 157v a 159v. Cota: 4.33.3.22

Arquivo Distrital de Viana do Castelo (ADVC), *Escritura que faz Dona Ana do Carmo Amorim, desta cidade, a José Soares Rodrigues e mulher Maria Dias Rocha, da freguesia da Meadela.* Tabelião Francisco Augusto de Abreu Menezes, 14/12/1853, fls. 38v a 39, Cota 4.37.4.3.

Arquivo Distrital de Viana do Castelo (ADVC), *Multa aplicada a António Salgueiro e Joana Gonçalves de Oliveira por transgressão do Regulamento dos Serviços Hydraulicos no rio de Portuzello:* 1ª Secção da 1ª Direcção dos Serviços Fluviais e Marítimos, 1899, Cota: 2.38.4.5.

Arquivo Distrital de Viana do Castelo, *Testamentos da Administração do Concelho, Faustina Parenta e António Fernandes Moreno,* 10/08/1827.

Arquivo Distrital de Viana do Castelo, *Testamentos da Administração do Concelho, Maria Rosa de Amorim,* 30/12/1843.

Arquivo da Junta de Freguesia da Meadela (AJM), *Livro 1 de Actas da Junta de Paróquia da Meadela,* fls. 132 v.

Arquivo Municipal de Viana do Castelo (AMVC), *Posturas da Câmara de Viana,* 1717.

Arquivo Paroquial da Meadela (APM), Epílogo de Usos e Costumes desta Igreja de Santa Christina da Meadella, *Neste anno de 1819 unido aos lavradores desta frg.ª da Meadella viemos com embargos as pertençoes de Joze Caetano da V.ª de Vianna e ahi juis d'Almandega q patrocinado por Sebastião Correia pretendiao reduzir a Inçoa do meio do Rio Lima que he desta Igr.ª a seu domínio partocular,*

e alcançamos a sentença q aqui copio pois se pode perder
apropria, e he de m.to interessep.ᵃ esta Igr.ᵃ e p.ᵃ os R. Abb.es.
CopiaDes.ᵒ do Paço, 1819 , fl. 530 a 532v.
Direcção Geral do Território – Ministério do Ambiente
(DGT), Plano Hidrográfico do Rio Lima [Material Car-
tográfico]/ [Instituto Geográfico]; levantada e desenha-
da em 1866 por A.G.T. Ferreira – Escala 1: 2 500
– Lisboa: [Instituto Geográfico], 1866 – 1 prancheta:
ms, color, papel; 62x52cm – (Planos Hidrográficos do
Lima; Prancheta nº10). Cota: 19BP7-10.

Bibliografía

Brandão, M. de F. (1994), *Terra, Herança e Família no Noroeste
de Portugal – O caso de Mosteiro no século XIX*, Edições
Afrontamento, Porto.

Estêvão, J. A. (1983), "A Florestação dos baldios", Análise
Social, vol. XIX (77-79), 3º, 4º e 5º, 1157.

Machado, J. P. (coord.), *Grande Dicionário da Língua Portuguesa*, Círculo de Leitores, Lisboa, Vol. II, 1991, p. 277.

Oliveira, M.A. de (coord.), *Lexicoteca-Moderna Enciclopédia
Universal*, Círculo de Leitores, Lisboa, Vol. VII, 1985,
p. 262.

Pires, F. F. (2015), "Subsídios para o Estudo da propriedade
comum na Ribeira Lima", Revista Estudos Regionais, 2ª
série, vol. 9, pp. 107-122.

Sampaio, A. (1886) (1), "A apropriação da terra e as
classes que constituem a população campestre", Estudos d'economia Rural do Minho, Guimarães, p. 23.

Sampaio, A. (1886) (2), "A cultura do mato", Estudos
d'economia Rural do Minho, Guimarães, p. 25.

Solé, M. G. P. S. (2001), *Meadela, Comunidade Rural do Alto
Minho: Sociedade e Demografia (1593-1850)*, Núcleo de
Estudos de População e Sociedade, Instituto de Ciênci-
as Sociais, Universidade do Minho, Guimarães.

Serra, M. (1996), *O Casamento por "Câmbia" ou "Camba" no Noroeste de Portugal*, Centro de Estudos Regionais, Viana do Castelo.

Viterbo, J. de S. R. de (1798), *Elucidário das palavras, termos e frases, que em Portugal antigamente se usaram, e que hoje regularmente se ignorão: obras indispensável para entender sem erro os documentos mais raros, e preciosos, que entre nós ser conservão: publicado em benefício da literatura portugueza*, Oficina de Simão Tadeu Ferreira, Tomo II, 76.

4

Éxodo obrero y revuelta campesina

La colonia sericícola en Tenancingo, Estado de México (1886-1890)

ROMANA FALCÓN[1]

Introducción

Este caso *sui generis* explora varias temáticas propias de este libro colectivo como son los derechos diversos de propiedad y usos del territorio. Recupera la complejidad de tensiones dentro del espacio rural en una coyuntura crítica: cuando se exacerbaron los conflictos a raíz de un éxodo de obreros en huelga que partió al mundo rural para fundar una colonia sericícola de inspiración anarquista.

Se trata de una arista poco común; el flujo inverso: la migración de obreros citadinos de ideología radical a este distrito rural del Estado de México, escenario que tenía cerca de siglo y medio de conflictos entre pueblos y haciendas. El choque urbano-rural exacerbó las divisiones entre los obreros así como, del lado campesino, un despliegue de negociaciones institucionales, resistencias, amenazas y hasta una rebelión que contribuyó poderosamente al fracaso de la colonia obrera.

---

[1] Agradezco la colaboración de Nicolás Vázquez.

Los pocos años que duró dicho experimento estuvieron plagados de contiendas que, básicamente, se derivaron de la forma en que cada participante entendía lo que era justo e injusto en torno a sus derechos sobre los bienes raíces. Los obreros se ampararon en las leyes de colonización, los hacendados en formas modernas tendientes, *grosso modo*, a perfeccionar la propiedad privada y los pueblos, en una mezcla entre las formas antiguas de posesión y uso de tierras y aguas, y los nuevos marcos legales. Había contrapuntos entre antiguas costumbres y las nuevas leyes así como entre el mundo rural y los emigrados que venían de la ciudad. En líneas generales, en el porfiriato muchos problemas rurales se vieron acicalados por los procesos de modernización que, como en numerosos países de Iberoamérica, intentaron ir subordinando los derechos de posesión y de uso a los de la propiedad privada. No obstante, estos costos de la modernización no fueron particularmente importantes en Tenancingo, distrito de terrenos poco fértiles, escasamente comunicado, sin vías férreas y con haciendas relativamente tradicionales de extensión moderada. Hasta fines del porfiriato, muchos de sus pueblos conservaron parte de sus bienes (Falcón, 2015: 52-86, 140-142). Ello no invalidó la disputa por los terrenos.

Para explicar el comportamiento campesino debe resaltarse la figura clave de posesión de tierras que, como en tantos otros casos, les fue fundamental para sustentar sus derechos. Conviene pues precisar su significado: la posesión, en términos formales, se puede entender como un "estado de hecho" en el cual "la persona se conduce públicamente como propietario de una cosa mueble o inmueble", lo que supone una situación menos institucional pues, al carecer de un título de propiedad entregado por instancias gubernamentales, se coloca en una "irregularidad formal" que en buena medida depende de la buena fe del poseedor (Narvaez, 2006: 507) y de sus arreglos con vecinos y colindantes que acepten o reconozcan dicha posesión. En contraste, y según la impronta napoleónica (Código Civil,

Napoleón, artículo 544), la propiedad es "el derecho de gozar y disponer de las cosas de la manera más absoluta", derecho que "puede ser aplicado tanto a los bienes muebles como a los inmuebles. Este derecho comprende el usar la cosa, modificarla, destruirla o disponer de ella" (Narvaez, 2006: 507). Sin embargo, en la vida cotidiana del campo, el derecho de posesión, o del "dominio útil", no solo era reconocido tradicionalmente por los vecinos y autoridades locales sino que, cuando había disputas o peligraban los derechos sobre estos bienes, los poseedores solicitaban a las autoridades que se les expidieran títulos que ampararan su posesión.

Por otro lado, será necesario explorar el largo tiempo histórico en el campo mexiquense, ya que en los terrenos donde se instauró la colonia sericícola las tensiones venían, por lo menos, desde los años 1720 y se mantuvieron hasta la etapa revolucionaria del siglo XX, si no es que pervivieron aun más. Por último, la forma como interactuaron estos obreros de la ciudad de México en un espacio rural permitirá reflexionar sobre las relaciones entre el mundo agrario "tradicional" en ciertos aspectos y actores "modernos" provenientes de la ciudad.

Muchas fueron las razones que explican el desastre de este experimento obrero que iniciara en 1885: dificultades económicas y divisiones internas entre los trabajadores así como entre estos y los representantes de gobierno. Lo más definitivo, y lo que aquí más interesa, fue la exacerbación de pugnas entre colonos de ideología radical y los pueblos y rancherías que se asumían como poseedores legítimos de los terrenos donde se estableció la colonia. Las diversas expresiones se manifestaron en negociaciones formales, resistencias y también en el uso estratégico de la violencia: amenazas, revueltas menores y una breve rebelión entre 1885 y 1894. Esta conflagración de lógicas sobre el territorio desembocaría en la quiebra y el abandono progresivo de la colonia.

Mapa 1. Distritos del Estado de México en 1885

Fuente: García Cubas, "México, 1885", en Ruíz (1993), p. 138. Redibujado por el Departamento de Geografía y Estadística de El Colegio de México.

Antes de entrar en materia, cabe resaltar que este caso también pone a prueba cómo las ideologías obreras radicales y libertarias no fueron fácilmente aceptadas en ambientes rurales incluso cuando en otras partes del mismo Estado de México, en especial en Chalco y Texcoco (ver mapa 1), habían cundido el mismo tipo de ideas derivadas de la corriente anarquista propugnada por el inmigrante griego Plotino Rhodakanaty inspiradas, a su vez, en el socialista francés Charles Fourier. Rhodakanaty era un anarquista de origen griego, llegó a México en 1861. En los años 1860, fundó en Chalco, Estado de México, la Escuela del Rayo y del Socialismo. Allí enseñaba a leer a niños y campesinos, además de difundir sus ideas, siendo uno de sus alumnos Julio López Chávez, quien encabezaría entre 1867-1869 una destacada rebelión en esta región de la entidad que tuvo algunas reverberaciones en Texcoco así como en el vecino estado de Hidalgo.[2] Parte de este empuje llevó al intento por establecer colonias agrícolas de inspiración radical. En este ambiente, la búsqueda de varios pueblos por que les regresasen tierras que consideraban usurpadas llevó a estas destacadas rebeliones agraristas, las que fueron descabeza-das por las autoridades estatales y del gobierno juarista. No obstante este clima radical, el fracaso del éxodo obre-ro muestra que, por encima de los valores e ideas liberta-rias, tuvieron primacía los contrapuntos estructurales y el encono que ya existía entre pueblos y hacendados.

1. El viejo núcleo del conflicto agrario

Lo que más resalta en este escenario rural son sus largas raíces en el tiempo. Según documentos mostrados por el pueblo de San Pablo a las autoridades de la reforma agra-ria en el siglo XX, los conflictos entre pueblos y haciendas de Zumpahuacán –un municipio de Tenancingo, no bien comunicado, donde se cultivaba trigo y caña de azúcar– databan de, al menos, principios del siglo XVIII. En 1723 había ya serios problemas entre, por un lado, los "indios" de Zumpahuacán y los de San Pablo frente a la hacienda de Tlalpizalco que corrieron, en parte, por canales formales llegando incluso a celebrarse un juicio entre colindantes. Pero ya había eventos que desbordaban los caminos pací-ficos: en el evento en el que se dio al gobernador de Zum-pahuacán posesión de las tierras del pueblo y que estuvo encabezado por el alcalde mayor resaltó el hecho de que ya se habían destruido las mojoneras que dividían al pueblo

---

2 Para profundizar sobre la vida y obra de Rhodakanaty véase Illades, 2002 y 2008.

de la finca.[3] Además, salieron a relucir querellas entre San Pablo y la hacienda de Tepetzingo por el uso indebido que, según alegaba el pueblo, hacía la hacienda de sus terrenos en beneficio de su ganado. Según el alcalde mayor

> estando en este acto salieron unos indios que dijeron ser del barrio de San Pablo, sujetos al dicho pueblo de Zumpahuacán y me presentaron (…) una petición representando en ella recibía muchos agravios de los ganados y caballada de la dicha hacienda de Tepetzingo y en sus milpas y sembradíos, (…) lo cual en presencia de todos se le notificó al dicho don Domingo Huitrón, (…) comprometiéndose en meter puntas del dicho ganado y caballada al centro de dicha hacienda para que no se les hagan los daños de que se quejaron dichos naturales… [4]

Cabe resaltar que todo el siglo XIX la región siguió teniendo claros elementos indígenas y, a fines de la centuria, aún había numerosos pueblos de Zumpahuacán donde básicamente se hablaba náhuatl. En 1826 y 1827, recién rotas nuestras amarras de España, volvieron estos actores a solicitar la intervención de la justicia para asegurar la posesión de sus bienes. Otra vez los naturales e "indios" del pueblo de Santa María Asunción Zumpahuacán y de San Pablo demandaron justicia contra ciertas haciendas de Tenancingo, sobre posesión de tierras, y se quejaron de que las fincas habían tomado tierras que nos les pertenecían incluso quedándose con parte del fundo de San Pablo.[5] En el remolino que era México en 1853, volvió a subir el nivel de los altercados y la viuda de Alvear, entonces dueña de ambas fincas, se quejó de que los de los pueblos habían invadido sus tierras. En estas prolongadas disputas agrarias los de San Pablo utilizaron recursos típicos de muchos pueblos

---

3 Merced Real concedida a Zumpahuacán, septiembre 11, 1723 en AGA, exp. 23/11504, fs. 60-64.
4 Merced Real concedida a Zumpahuacán, septiembre 11, 1723 en AGA, exp. 23/11504, fs. 60-64.
5 AGN, Tierras, vol. 1600, exp. 12, 1826-1827, 7 fs.

cuando enfrentan los riesgos y astringencias de los escenarios bélicos: cambiar apoyo político-militar por beneficios concretos. De ser cierto lo que alegaron muchos años después ante las autoridades de la reforma agraria, "vecinos de este pueblo" se habían presentado ante el presidente Benito Juárez –presumiblemente a cambio de su ayuda bélica– y solicitaron "que se les diera como garantía El Llano de los Pilares" para beneficio de todo el pueblo, arreglo que se aceptó y "quedó protocolizado en el Archivo General". [6]

Cabe aquí resaltar los caminos formales de negociación que buscaban aliviar las tensiones en el campo. En efecto, un aspecto decisivo de la política agraria del siglo XIX, y que no ha recibido la atención debida, son las conciliaciones que, por ley y por costumbre en algunas entidades del país, buscaban la mediación entre actores en disputa (Falcón, 2015). Siguiendo la tónica de las autoridades del Estado de México, en 1872 se logró una concertación formal entre los pueblos de San Antonio y San Pablo y la señora Alvear, siendo testigo del hecho el propio gobernador Jesús A. García. Se trataba de un toma y daca institucional y el convenio fue bastante benéfico para los pueblos: en caso de que la hacienda recuperara en juicio las tierras ocupadas por estos, estaba obligada a venderlas a los propios pueblos, además de que se les cedía a estos las aguas que necesitaran para el riego de las tierras que poseían legítimamente, aun cuando no podrían emplearlas en los terrenos en disputa (Birrichaga y Neri, 2009: 126).

El convenio fue respetado hasta la llegada de los colonos. Su rompimiento debió convertirse en la gota que derramó el vaso de la intranquilidad. Por ello, no sorprende la oposición frontal con que los campesinos respondieron al éxodo de obreros citadinos y su instalación de una colonia justamente en algunos de los predios en pugna.

---

6   Solicitud de dotación de los vecinos del pueblo de San Pablo Tejalpa, octubre 30, 1925 en AGA, exp. 23/11504, fs. 2-3.

2. Los ríspidos sucesos de la colonia

El sábado 10 de octubre de 1885 los obreros tejedores de la fábrica "La Magdalena", en un pequeño pueblo de la ciudad capital surcado por el río La Magdalena (ver mapa 2), fueron a huelga por habérseles disminuido el jornal. Al ser despedidos, y sus familias quedar en la penuria se acercaron al Gran Congreso Obrero de la República Mexicana (GCORM), el que los orientó para buscar instaurar una colonia dedicada al cultivo de la seda.

Como muchos textileros de Contreras aún mantenían vivos sus orígenes campesinos buscaron también trabajar el campo a fin de hacer autosustentable este proyecto. Las ideas pesaban fuertemente y pensaban constituir una colonia comunitaria o falansterio marcada por principios anarquistas (Birrichaga y Neri, 2009: 130-131), según las enseñanzas de Rhodakanaty y *La Social*, organización fundada en marzo de 1871 y que se autodefinía como una "asociación, colonizadora, filantrópica y humanitaria que agrupaba a las clases pobres y desheredadas de la sociedad" (Illades, 2002: 82). En su reglamento *La Social* señaló:

> Con el fin de realizar por de pronto, al menos en un corto número de individuos las leyes humanitarias del derecho social, cuyos principios tratamos de establecer y difundir, se establecerán, tan luego como hubiere una cantidad competente de familias iniciadas en la grande idea de esta sociedad, una colonia modelo, donde se pondrán en práctica las leyes armónicas de la eterna justicia, que deben restablecer progresivamente el equilibrio societario en la humanidad (Birrichaga y Neri, 2009: 119).

Mapa 2. Localización de la fábrica La Magdalena Contreras al occidente de la ciudad de México

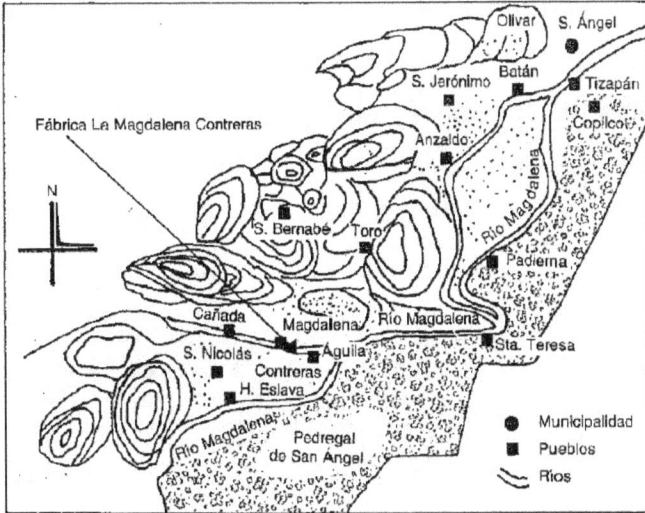

Fuente: Trujillo, "La fábrica La Magdalena Contreras", en Marichal y Cerruti (comps.) (1997), p. 248.

Para elaborar el proyecto de la colonia agrícola sericícola, los obreros conformaron una comisión integrada por dirigentes connotados: Pedro Ordoñez,[7] Carmen Huerta[8] y Fortino C. Diosdado, los tres con formación anarquista. Paradójicamente, cuando el proyecto fue presentado al presidente Díaz, este les brindó su sólido apoyo. Hacía poco había asumido su segundo mandato por lo que en esta etapa

---

[7]   Ordoñez era zapatero, miembro del *Gran Círculo de Obreros de México*, de *La Social* y presentado por el periódico *El Socialista* como candidato a regidor en el Ayuntamiento de la ciudad de México para el año 1885 (Hart, 1974: 129 y *El Socialista*, diciembre 7, 1884).

[8]   Miembro de *La Social* y presidente de la *Junta Privada de las Sociedades Mutualistas de México*, organización que sostenía el derecho de huelga y la justicia social desde mediados de 1880 (Hart, 1974: 130).

de consolidación tenía que ser mucho más cuidadoso con las demandas de todos los sectores sociales, incluidos pueblos y obreros. Díaz instruyó al secretario de Fomento de la república encargarse del éxito del proyecto y le ordenó financiar a los colonos con 36 mil pesos pagaderos en 12 mensualidades.

Desde el inicio, Fomento cometió un gran y típico error burocrático: tomar las decisiones desde el centro y desde arriba. Esta instancia decidió establecer la colonia en terrenos de la hacienda de Tlalpizalco, en el sur del Estado de México sin tomar en cuenta los intensos y añejos conflictos sociales del escenario. Acordó con la familia dueña de esta finca que el gobierno federal les compraría 300 ha y esta donaría otro tanto para su establecimiento. Como se explicará, ello empataba con una política agrícola incipiente del porfiriato que buscaba fortalecer cultivos novedosos como la seda, con una mejor tecnología y posible exportación.

Las controversias por los derechos antiguos que tenían los actores colectivos se desataron instantáneamente, incluso desde antes de la llegada de los colonos. En noviembre de 1885 ciertos pueblos empezaron a montar una revuelta en defensa de los terrenos que consideraban como legítimamente suyos. Aun cuando este tipo de preparativos dejan las menos huellas posibles, se sabe que el jefe político de Tenancingo, José Perfecto Lomelín persiguió a los alzados, capturó a cuatro cabecillas, mientras que la mayoría se remontó a los montes cercanos.[9]

La suposición del presidente Díaz sobre que pronto volvería la paz resultó errónea. La maquinaria del poder trastabilló: tres de los líderes que habían sido liberados volvieron con los rebeldes y el Ministerio de Guerra pronto retiró el destacamento que el jefe político había colocado en la región. El gobernador Jesús Lalanne se quejó

---

[9] Lomelín a gobernador Lalanne, noviembre 23, 1885 en CPD, leg. 10, doc. 9851-9853 (Beltrán, 2010: 80).

directamente a palacio nacional de que haber retirado a la caballería, sin elementos con que sustituirla, impediría "asegurar la tranquilidad pública" justo cuando se buscaban arreglos con los pueblos. Equivaldría a desatar "la revolución en esos rumbos".[10] Al menos en esta coyuntura, para las autoridades porfiristas, no era tan fácil recurrir a los "recursos últimos" del Estado. El mismo gobernador no era totalmente ajeno a los pesares de los alzados de Zumpahuacán y en abril de 1886 solicitó a Díaz, a nombre de dichos vecinos, benevolencia para algunos presos que habían sido consignados al servicio de las armas (Beltrán, 2010: 81).

Una vez controlada la revuelta, la colonia de los contrerenses parecía viento en popa mediante los trabajos de los textileros migrantes, sus familias y sus líderes, así como los del GCORM y la cadena de mando federal. Desde enero de 1886 se había formalizado el apoyo presidencial al proyecto,[11] entre otras razones, porque se empalmó con una incipiente política de modernización agrícola de cultivos comerciales que, a la larga, no fue muy exitosa. Ya había habido intentos: a mediados del siglo XIX se había creado el Ministerio de Fomento y la Escuela Nacional de Agricultura, pero en toda la centuria no hubo una secretaría específicamente encargada de gestionar los asuntos agrícolas ni agrarios; solo una dedicada a los terrenos baldíos y colonización, aspectos directamente relacionados con el experimento en Tenancingo.[12] Pero cuatro años antes de que se creara la colonia, la Secretaría de Fomento abrió una sección para asuntos agrícolas tendiente a reforzar su orientación al mercado y distribuir semillas de productos comercializables en el mercado externo, como yute, lino y

---

10 Gobernador Lalanne a Díaz, enero 10, 1886 en CPD, leg. 11, doc. 522 (Beltrán, 2010: 80-81).

11 Las mensualidades se entregarían vía el inspector de la colonia Atanasio Villaverde (Birrichaga y Neri, 2009: 115-141).

12 Sería hasta 1909 que se estableció una Dirección General de Agricultura (Zuleta, 2000: 8-9).

especies útiles para algunas industrias, como la vid, el café, frutas y, precisamente, la morera para el desarrollo de la seda (Zuleta, 2009: 8-13).

En este tenso contexto, unos diez meses después de controlado el levantamiento, el 9 de octubre de 1886, llegaron a Tlalpizalco noventa familias de textileros para fundar la colonia sericícola. De inmediato, los pueblos de San Pablo y San Antonio volvieron a protestar ante el gobernador porque se les quitaba su antigua propiedad y uso de tierras. Tenían un as bajo la manga para probar sus derechos: el juicio formal de conciliación celebrado entre pueblos y la hacienda en 1872 al que se hizo referencia -que, además, había sido más o menos respetado- y que, al ser supervisado y garantizado por el gobierno estatal implicaba un reconocimiento de sus derechos a tierras y aguas tanto por las autoridades locales como por los Alvear. Denunciaron que esta familia había "vendido" y "cedido" a Fomento, precisamente, los terrenos que hacía mucho les pertenecían y estaban en disputa. Propusieron una salida: que los obreros no se establecieran sobre "sus tierras ancestrales" sino sobre la hacienda de Tepetzingo también propiedad de Alvear.[13]

La cadena de mando que iba desde la ciudad de México hasta Tlalpizalco simplemente no varió y rápidamente intentó proceder al fraccionamiento de lotes para los colonos, dotarlos de agua y lo más difícil: trazar las líneas divisorias entre pueblos y hacienda (Birrichaga y Neri, 2009: 128). A pesar de que para suavizar la medida se sostuvo una reunión entre Díaz, vecinos de Zumpahuacán, el gobernador y el presidente del Congreso Obrero, jamás se lograron trazar dichas divisiones.[14] La realidad probó ser mucho más compleja y rijosa que estos planes. Tan solo cinco meses después, en febrero-marzo de 1887, el proyecto

---

13 Vecinos de San Pablo y San Antonio de Zumpahuacán a gobernador, octubre 20, 1886 en AHEM, caja 121.1, 1885-1899, vol. 10, exp. 4, 105 ff. (Beltrán, 2010: 81; Birrichaga y Neri, 2009: 125 y sig).
14 *El Nacional,* noviembre 30, 1886 (Beltrán, 2010: 82).

empezó a hacer agua. Al gobierno federal le urgía ponerla en operación para que no se echasen a perder las estacas de morera que había enviado la Escuela de Agricultura. Un cruce de telegramas buscó hacer más expedito el trámite llevándolas en ferrocarril y luego contratando los servicios de un arriero.[15] Fue un mal inicio y nunca tuvo gran éxito el anhelado cultivo de la seda en la colonia.

El descalabro de la colonia también tuvo que ver con las fracturas entre los obreros, o más exactamente, entre los dirigentes –un par provenía del movimiento obrero en la ciudad de México: Feliciano Ríos y Espiridión Sánchez- *vis a vis* el inspector nombrado por Fomento –Atanasio Villaverde-, quien conferenciaba directamente con la secretaría y con el gobernador y no estaba identificado con la ideología y procedimientos obreros. Según este último, Ríos era un "obrero célebre por haber concurrido todas las huelgas de las fábricas de hilados y a quien el Congreso obrero me tenía recomendado oficial y particularmente como hombre malo y turbulento mandado por otro auxiliar de nombre Espiridión Sánchez". Para septiembre de 1887 se desató una crisis y más de setenta colonos exigieron la ayuda que se les debía. De ser cierta la cadena de acusaciones entre ambos grupos obreros, habría ineficacia, así como abusos y franca corrupción, que acabaron por ocasionar la emigración de numerosas familias. Aseguró Villaverde que estas se vieron obligadas a malbaratar sus casas

> para poder desocupar pronto el lugar y conseguir con que comprar los mas precisos alimentos para que no pereciesen sus hijos y mugeres de hambre en caminos para ellos

---

15 Telegramas varios entre gobernador, fomento, jefes políticos, febrero 24 y 28; marzo 1 y 5, 1887 en AHEM, vol. 1, exp. 29 Gobierno del Estado de México, Secretaría General, Sección de Fomento. Agradezco a la Dra. Diana Birrichaga haberme facilitado este expediente que yo tenía incompleto.

desconocidos han salido por diversos rumbos hasta ahora en número de sesenta y una familias quedando en la Colonia treinta y tres (sic).[16]

El congreso obrero encontró culpable al cura del lugar, Felipe Castañeda, de azuzar a los pueblos en su contra mientras que el cura pidió, sin éxito, que se vendieran a los pueblos las tierras de la colonia para que estos pudieran empezar a cultivarlas. Se trataba de un personaje que probaría ser un gran líder en la región: encabezaría en 1894 un levantamiento armado pidiendo, precisamente, la restitución de tierras a los pueblos. No obstante las diferencias entre los tres dirigentes de la colonia, al menos en ese momento, no secundaron la andanada contra el cura Castañeda y su familia. Un par de años más tarde la colonia estaba en total decadencia y fue declarada en vías de extinción. Al empezar el siglo XX estaba totalmente abandonada (Iracheta, 1981: 22-25).

3. Itinerario de las estrategias campesinas: amenazas, revueltas y rebeliones

Las acciones soterradas estuvieron a la orden del día en este conflicto entre obreros emigrados al campo, hacendados, los pueblos de San Pablo, Santa María, San Antonio y San Gaspar así como la jerarquía completa de autoridades. La principal estrategia campesina en contra de los antiguos textileros –e, indirectamente contra la familia Alvear además de gobernantes locales y nacionales- fue el simple uso de los bienes en disputa, la ocupación *de facto* de tierras que consideraban legítimamente suyas y que les negaba el *status quo*.

---

[16] Villaverde a gobernador, noviembre 8, 1887 en AHEM, vol. 1, exp. 29.

El territorio donde más claramente se escenificaron estas controversias fue el "Llano grande" que campesinos de Zumpahuacán tenían en posesión hacía decenas de años y que utilizaban como abrevaderos para sus animales y en donde los colonos se instalaron. En octubre de 1887 cuando los del pueblo empezaron a barbechar dichos terrenos, Fomento creyó, equivocadamente, que podría imponer su control y dio la orden a las autoridades estatales de no permitirles la siembra.[17] Nadie logró imponerse, algunos colonos pronto reemprendieron el camino a Contreras y todo quedó prendido con alfileres. En los siguientes años, a pesar de los trabajos arduos para edificar las casas y otras instalaciones así como barbechar y cultivar los campos, los resultados fueron muy magros (Iracheta, 1981: 21).

Mapa 3. Conflictos agrarios en los municipios del distrito de Tenancingo
1876-1915

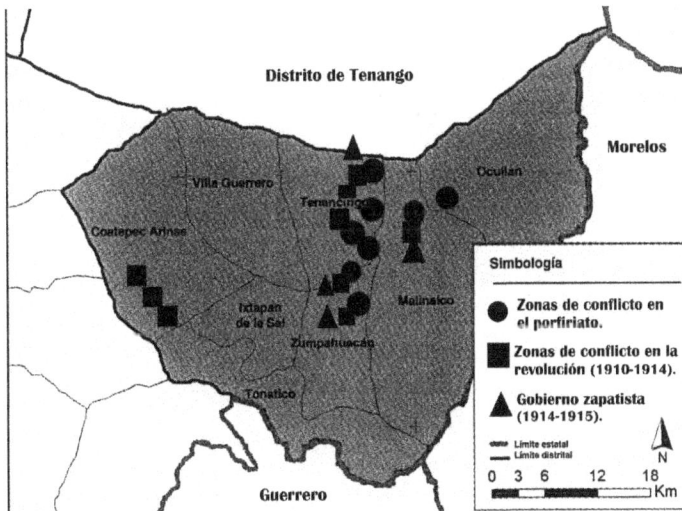

Fuente: elaborado con base en Beltrán (2009), p. 161.

17 Carta al ministro de Fomento, Toluca, octubre 19, 1887, en AHEM, vol. 1, exp. 29.

Como se señaló, los pueblos recurrieron a la intimidación armada. Hubo revueltas desde el mero inicio, en 1885, pero también se recurrió a la violencia en 1886, 1890 y de manera muy marcada en 1892. La que alcanzó más notoriedad tuvo lugar entre fines de 1893 y enero de 1894 y estuvo encabezada por quien ya había enarbolado el descontento social de la región: la familia Castañeda y, en especial, Felipe, el sacerdote católico de Zumpahuacán. Al grito de "Viva la Virgen de Guadalupe" indígenas del barrio de San Miguel de este pueblo, y con Castañeda en calidad de general en jefe del Ejército Nacional, lograron la unión de vecinos de otros poblados. Sus planes de insurrección se apoyaban en el proyecto de restitución de la propiedad agraria.

En su "Proclama de Zumpahuacán", Castañeda desconoció al gobierno de Díaz, y propuso su abdicación y suspender la Constitución de 1857 hasta que un gobierno provisional triunfante convocara a un nuevo constituyente, y este a su vez, restablecería la vigencia de la Constitución, reformándola o promulgando una carta nueva.[18] Como sucedió a tantos otros dirigentes, el sacerdote fue traicionado por un seguidor, quien lo entregó a fines de enero a cambio de su libertad y de cierta cantidad de dinero. El párroco fue aprehendido en los montes de El Platanar y llevado a la cárcel de Belem en la ciudad de México, de donde se escapó para volverse a levantar en armas en los límites entre el Estado de México y Morelos. Fue reaprehendido y fusilado invocando como manto legitimador la "Ley Fuga" (Galván, 1986: 32-34). Terminó así la etapa más visible de la insurrección, pero como ha mostrado Trinidad Beltrán, estos conflictos echarían raíces que florecerían en los eventos revolucionarios del siglo XX.

---

[18] Proclama a los conciudadanos del Presbítero Felipe Castañeda, enero 22, 1894 en AHEM, caja. 074.4, vol. 147, exp. 5, fs. 133 (Arenas Guzmán, 1966: 220; López Ponce, 1996: 132-133).

Epílogo: la era revolucionaria

Con la derrota de la rebelión de 1893-1894 no terminaron las querellas por la tierra. Tampoco, con la revolución mexicana cuando estos pueblos se incorporaron entusiastamente al zapatismo bajo el mando de jefes locales y de Genovevo de la O, nombrado en 1912 jefe del Campamento Revolucionario del Estado de México.[19] Como era lógico, los pocos colonos que aún quedaban se pusieron en contra del zapatismo. En ese año, denunciaron a Fermín Castañeda, hermano del presbítero Felipe, de estar en contacto con los alzados. Aseguraron estar temerosos de la presencia rebelde ya que estos apoyaban a los indígenas en el litigio que tenían en contra de Alvear, dueña de los terrenos donde se asentaba la colonia (Beltrán, 2010: 133-134). Los campos quedaron divididos con navaja, ya que pobladores de Zumpahuacán apoyándose en el Plan de Ayala solicitaron a los zapatistas la restitución de las tierras que les habían quitado las haciendas de Tepetzingo y Tlapizalco, enumeraron con minuciosidad los terrenos y corrientes de aguas usurpados y presentaron documentos y censos del poblado para avalar su petición (Beltrán, 2010: 169-170).

Cuando, años más tarde, los vecinos de San Pablo insistieron en la restitución de sus terrenos, aseguraron que en 1912 hubo un "completo abandonado de dicha Colonia, por lo que consideramos que ese campo es de la nación, a pesar de que esta dentro del perímetro de este Municipio de Zumpahuacán".[20] Como en tantas otras partes del país, al menos un trozo de esos terrenos fueron ocupados, de hecho, por los pueblos de manera más o menos permanente y ordenada. No obstante que los vaivenes de la revolución imposibilitaron que se atendiera esta petición

---

[19] Tal fue el caso de José L. Castañeda y Calixto Arias. Para profundizar sobre el tema véase Beltrán, 2010.

[20] Solicitud de dotación de los vecinos del pueblo de San Pablo Tejalpa, octubre 30, 1925 en AGA, exp. 23/11504, fs. 2-3.

de restitución de tierras, algunos pueblos -entre ellos Santa María y San Pablo- después obtuvieron dotaciones ejidales de terrenos que provenían de las haciendas del municipio. Aparentemente solo el ejido de Tepetzingo obtuvo bienes de esta misma hacienda y, significativamente, ninguno los obtuvo de Tlalpizalco.

En el periodo posrevolucionario algunos pueblos pudieron tomar el sartén por el mango. En 1919, y tal vez echando un manto de legalidad a lo que ya existía de hecho, la Comisión Nacional Agraria autorizó al pueblo de Zumpahuacán que tomaran posesión de la totalidad de la finca. Ante el reclamo de los Alvear, en ese mismo año el presidente municipal de Zumpahuacán justificó esta acción dentro de la tónica argumentativa que debía seguirse en la era revolucionaria. Aseguró que en la época de Díaz se habían tomado estas tierras para formar

> una Colonia sostenida por el mismo Gobierno y trayendo Colonos (...) y allí permanecieron hasta la iniciación de la Revolución, en que los mencionados Colonos abandonaron sus tierras, siendo entonces cuando sus legítimos propietarios que lo son los vecinos de Zumpahuacán, volvieron a posesionarse de las tierras que legalmente les correspondían y hasta la fecha se ha venido sucediendo esta posesión legal de padres a hijos.
>
> Así las cosas, se podrá ver que los terrenos que de manera equivocada reclama ahora la señora Vda. de Alvear, de ninguna manera corresponden pues primeramente si en alguna ocasión pertenecieron a la ex hacienda de Tepetzingo, esto fue porque los propietarios se las cogieron arbitrariamente y abusando del poder que en aquella época les concedía un Gobierno que desconocía los derechos de los pobres y pequeños agricultores.[21]

---

[21] Carta del presidente municipal de Zumpahuacán al gobernador del Estado, julio 12, 1919 en AGA, exp. 23/19689, leg. 7, fs. 13-14.

Los problemas y los argumentos siguieron yendo y viniendo. A pesar de que la familia Alvear sostuvo que el contrato firmado en 1886 con el gobierno federal había sido rescindido por lo que este último estaba obligado a devolver la superficie donada de 466 hectáreas, las tierras continuaron en posesión de los de Zumpahuacán. Todavía en 1954, Alvear solicitó al gobierno federal que comprase "la totalidad de la superficie de los terrenos" a favor de su familia "olvidando las injusticias que se cometieron y los daños que se causaron y solo con el propósito de lograr formar en el futuro un apoyo que me permita sobrellevar y resolver mi difícil situación...".[22]

Como tantos otros conflictos, ni el paso de cientos de años pareciera permitir una solución definitiva, ni satisfactoria.

Conclusiones

El éxodo de los obreros que, con apoyo federal del más alto nivel, ocuparon un territorio rural con el propósito de fundar una colonia de tintes anarquistas y dedicada a la producción de seda fue muy conflictiva y a mediano plazo, un fracaso. No hubo prácticamente ninguna colaboración entre los obreros y los campesinos de la zona y sí, en cambio, conflictos, intereses irreconciliables y hasta revueltas de los pueblos en contra de la hacienda donde se ubicó la colonia y, por tanto, también de los textileros allí asentados. En los breves años que duró la colonia (1886-1896 o 1912, o 1919 según el recuento y el aspecto con que se determine su final) chocaron dos conflictos sociales de larga duración: el del mundo laboral urbano -que utilizaba la huelga y la

---

22 Carta de Ana María Gutiérrez viuda de Alvear al presidente Adolfo Ruiz Cortines, septiembre 27, 1954 en AGA, exp 23/19689, leg. 4, fs. 150-153.

fuerza de sus ideas para paliar sus condiciones de vida- y el de los pueblos, en lucha por la posesión y propiedad de recursos que consideraban legítimamente suyos.

Los textileros no se integraron al espacio rural, la colonia naufragó y regresaron a la ciudad. Fueron como una cuña dentro de un escenario más amplio que no lograron, o acaso no quisieron, comprender. Visto a largo plazo, fue un incidente que no echó raíces. Hubo tres factores estructurales definitivos que explican la debacle: las añejas tensiones en el campo, los problemas y divisiones entre los obreros textileros así como entre estos y los funcionarios de gobierno y, en tercero, una constante en las políticas públicas: el planear desde arriba y desde el centro proyectos que difícilmente encajaban con las condiciones existentes en donde se buscaban implementar ciertos ensayos sociales.

Para alcanzar una explicación histórica satisfactoria, tanto en el mundo del trabajo como, sobre todo, en el agrario, deben tomarse en cuenta escenarios de largo tiempo. En este ejemplo en Tenancingo los conflictos entre pueblos y haciendas venían desde el siglo XVIII y siguieron vigentes hasta por lo menos la segunda mitad del siglo XX: alrededor de dos siglos y medio y probablemente más. La principal razón estructural en el agro que explica el derrumbe y abandono de la colonia fueron las muy viejas tensiones por los recursos productivos y en donde todos los actores hicieron uso tanto de resquicios institucionales como de acciones oblicuas y hasta violentas.

Otro factor del desmoronamiento de este proyecto radical se debió a los conflictos entre los mismos grupos de familias textileras, unas apoyando a los líderes tradicionales radicales (un obrero de La Magdalena y otro de la central obrera) y otros al supervisor y pagador de la colonia que respondía a Fomento y que tenía una fluida comunicación con autoridades federales y el gobernador.

Una nota paradójica en términos historiográficos fue el apoyo decidido que dio el presidente Díaz a la formación de la colonia obrera, probablemente, por la debilidad relativa en que se hallaba al asumir su segundo período presidencial, es decir, una etapa de consolidación que lo hacía oír y a veces tratar de solucionar demandas de todos los sectores sociales, incluidos trabajadores de la ciudad y del campo. El apoyo al proyecto sericícola también se inscribe en los intentos porfiristas por inventar "una agricultura próspera", entre otros medios, mediante escuelas agrícolas y la introducción de nuevos cultivos como la seda. El gobierno federal y el mismo Díaz tomaron la batuta esforzándose por fundar y hacer prosperar esta colonia mediante la compra de terrenos, el intento por deslindar los lotes, el apoyo para la manutención de los colonos, la entrega de las moreras para el cultivo de la seda, aperos, animales y el asesoramiento de la Escuela de Agricultura.

Pero estos esfuerzos fueron insuficientes para enfrentar un conglomerado de obstáculos, entre ellos, el haber planeado y ejecutado este experimento tan desde arriba y desde el centro, lo que les impidió tomar debidamente en cuenta la añeja conflictividad por este territorio. Este "olvido" debió tener mucho que ver con la actitud paternalista gubernamental y acaso, aunque ello no pasa de ser una mera hipótesis carente de comprobación, hasta con arreglos clientelísticos con los hacendados.

Como se señaló, obreros y campesinos usaron una amplia gama de recursos de contención, desde comedidas cartas institucionales hasta resistencias y revueltas. Fueron los pueblos los que, por ser los más agraviados, por enfrentar la problemática dentro de su propio territorio y por estar históricamente acostumbrados a la utilización estratégica de las armas, elevaron la escalada y organizaron una serie de revueltas entre 1885-1894. Por un breve momento, una de ellas alcanzó mayor exposición pública: cuando el presbítero Castañeda llamó a los pueblos a derrocar a Díaz con las armas para que les regresasen sus bienes naturales usurpados. Pero la insurreccion no prendió.

Resalta una paradoja ideológica. La confluencia entre los grupos populares de la ciudad y del campo no fue empresa fácil, aun cuando había ideas que habían cundido en ambas regiones y que, en principio, parecían poder unirlos: ideología anarquista, en concreto bajo la influencia de Rhodakanaty. Al fin y al cabo, las fallas estructurales y de largo plazo tuvieron mayor preponderancia.

A fin de cuentas, y como suele suceder, ninguno de los actores tuvo una victoria definitiva, probablemente lo más fallido fue el intento obrero-presidencial concertado desde palacio nacional de establecer la colonia. Ni los obreros, ni sus agrupaciones radicales, ni la cadena de mando que se iniciaba con el general oaxaqueño, ni la familia de hacendados alcanzaron un verdadero control del territorio en disputa. A pesar de que la colonia tenía el apoyo federal nunca logró una delimitación exacta, ni menos, salvar la hostilidad y resistencia de los pueblos contiguos que desde hacía décadas peleaban estas tierras. Al menos algunas partes de los bienes en disputa fueron usadas por los del pueblo, aparentemente, por largo tiempo. La familia propietaria tampoco quedó conforme con el gobierno federal (siempre estuvo buscando entrevistas con el presidente Díaz y más tarde con funcionarios de reforma agraria) por su incapacidad de imponer un arreglo que eliminase el golfo entre las formas tradicionales campesinas de uso de los terrenos y lo que las leyes y la lógica de la Secretaría de Fomento buscaban imponer. Todo ello demuestra la debilidad relativa que caracterizaba a los gobiernos de estos años, incluído el de Porfirio Díaz, que ha pasado a la historia como uno eficiente y de mano dura (Falcón, 2015: 601-603).

En esta era porfirista tampoco los campesinos de San Pablo, San Antonio, Santa María y San Gaspar lograron un verdadero control del territorio. Sin embargo, cuando la revolución desató las riendas del dominio algunos aprovecharon el vacío de poder y el apoyo de ciertas autoridades para apropiarse de los bienes que consideraban suyos. El programa ejidal entregó a los pueblos tierras de las haciendas de la región, incluido la de Tepetzingo, aunque paradojicamente, no se dieron terrenos provenientes de Tlalpizalco que probablemente ya estaba dividida desde 1909. Sin duda, los acontecimientos de la era revolucionaria cambiarían los pesos relativos de todos estos actores.

Archivos

AGA Archivo General Agrario.
AGN Archivo General de la Nación.
AHEM Archivo Histórico del Estado de México.
CPD Colección Porfirio Díaz, Universidad Iberoamericana.

Hemerografía

El Nacional
El Socialista

Bibliografía

Arenas Guzmán, D. (1966), *Cincuenta retablos de la vida porfiriana*, México, Costa-Amic, pp. 220-226.

Beltrán, T. (2010), *Problemas de tenencia de la tierra durante el porfiriato y la revolución (1876-1915). Dos zonas zapatistas del Estado de México*. Zinacantepec: El Colegio Mexiquense, A.C. (Fuentes para la historia del Estado de México, 10).

Birrichaga, D. y Porfirio Neri, J. (2009), "Un experimento agrario. La colonia Modelo de Tlalpizalco, Estado de México (1886-1890)", en Ávila, A. O.; Gómez, J.; Escobar A. y Sánchez, M., *Negociaciones, acuerdos y conflictos en México, siglos XIX y XX. Agua y tierra* (pp. 115-141).

México: El Colegio de Michoacán-Centro de Investigaciones y Estudios Superiores en Antropología Social-Universidad Autónoma de Aguascalientes.

Falcón, R. (2015), *El jefe político. Un dominio negociado en el mundo rural del Estado de México. 1856-1911.* México: El Colegio de México-El Colegio de Michoacán-Centro de Investigaciones y Estudios Superiores en Antropología Social.

Galván, L. E. (1986), "Estado de México", en Katz, F.; Lloyd, J.-D. y Galván, L. E., "Porfirio Díaz frente al descontento popular regional (1891-1893)". *Antología documental* (pp. 23-58). México: Universidad Iberoamericana.

Hart, J. M. (1974), *Los anarquistas mexicanos: 1860-1900.* México: Secretaría de Educación Pública (SEP).

Illades, C. (2002), *Rhodokanaty y la formación del pensamiento socialista en México.* Barcelona, México: Anthropos, Universidad Autónoma Metropolitana.

Illades, C. (2008), *Las otras ideas: estudio sobre el primer socialismo en México, 1850-1935.* México: Ediciones Era, UAM.

Iracheta, M. del P. (1981) La colonia sericicultora de Tenancingo (1886-1910). Un fracaso de la política colonizadora del Porfiriato, *Boletín del Archivo Histórico del Estado de México*, núm. 7, enero-abril, 15-24.

López Ponce, N. (1996), *Los pueblos campesinos y la lucha por la tierra: 1867-1920.* Tesis, El Colegio Mexiquense, A. C.

Narváez Hernández, J. R. (2006), "De la posesión y la propiedad en la historia del México decimonónico (una breve reflexión desde la justicia)", en Adame Goddard, J. (coord.), *Derecho civil y romano, Culturas y sistemas jurídicos comparados* (pp. 501-524). México: UNAM-IIJ.

Ruíz Naufal, V. M. (1993), *Atlas general del Estado de México. Cartografía histórica del Estado de México*, vol. 1. Toluca: Gobierno del Estado de México.

Trujillo Bolio, M. (1997), "La fábrica La Magdalena Contreras (1836-1910). Una empresa textil precursora en el Valle de México", en Marichal, C. y Cerruti, M.

(comps.), *Historia de las grandes empresas en México, 1850-1930*. México: Universidad Autónoma de Nuevo León, Fondo de Cultura Económica.

Zuleta, M. C. (2000), "La Secretaría de Fomento y el fomento agrícola en México, 1876-1910: La invención de una agricultura próspera que no fue", en *Mundo Agrario. Revista de Estudios Rurales*, núm. 1, julio-diciembre, disponible en https://goo.gl/BR8X49 (consultado: 20 mayo 2015).

5

Caza y cerramientos de tierras en la Cataluña del siglo XIX[1]

LLUÍS SERRANO JIMÉNEZ

Introducción

La investigación desarrollada en el presente artículo se expuso de forma extensa en un capítulo de una tesis doctoral que toma y se encuadra en una línea de renovación historiográfica que propone superar enfoques rígidos y lineales para aproximarse a las dinámicas sociales del contexto histórico, en frente del relato que principalmente ha tenido en cuenta la emergencia del Estado liberal y la legislación de la misma organización política. En España, a partir de los años 90, se puso en evidencia la necesidad de salir de ciertos paradigmas historiográficos, como la "Revolución liberal", y unos modelos institucionalistas que dificultaban un análisis amplio (Congost, 1990). Esta perspectiva ha sido compartida y socializada por diferentes historiadores (Congost y Lana, 2007). En este pulso para la renovación historiográfica el *Grup de Recerca d'Història de les Societats Rurals de la Universitat de Girona* ha destacado en la revisión de los estudios sobre la propiedad de la tierra y en el estudio de la clase social de los hacendados, los propietarios agrarios –algunos ennoblecidos– que protagonizaron un proceso de acumu-

---

1 Proyecto HAR 2014-54891-P, financiado por el Ministerio de Economía y Competitividad

lación de tierra y de diferenciación social dentro de las comunidades rurales catalanas. Entre estos autores podemos citar a Congost (1990), Saguer (2005), i Gifre (2009). En Catalunya los cerramientos de tierras fueron planteados por Vilar (1966, 245-253) y Badosa (1984, 149-161) y, para el estudio del bando, en tanto que instrumento y práctica de propiedad del individualismo agrario, las primeras investigaciones fueron de Bosch, Gifre, Congost (1997, 65-88 y 1999, 299-328) i Pellicer (2003 y 2007, 249-292). Marc Bloch (1930 y 1978), Eduard Palmer Thompson (1975 y 1991) y Pierre Vilar (1966), así como Allen (1992) que cuestionó la publicación de las *Enclosure Act* como causa principal de los cerramientos ingleses, son los referentes historiográficos clásicos de la historia social.

La tesis doctoral *Els tancaments de terres a la Catalunya del segle XIX*, leída en enero de 2015,[2] trata de los cerramientos de tierras –la prohibición de entrada en las mismas– a través del estudio de dos fuentes documentales: 1º, los bandos de la Real Audiencia de Cataluña, de 1800 a 1835 (para la etapa de Antiguo Régimen), que previa solicitud –y memorial de perjuicios al alto tribunal–, donde normalmente no se indicaban la superficies ni los límites de las fincas, se concedía la capacidad de multar a los contraventores que entrasen en las tierras de los mansos descritos; y 2º, los anuncios en los boletines oficiales de la provincia (dentro del contexto jurídico del Estado liberal) de las cuatro circunscripciones catalanas (provincias de Gerona, Barcelona, Tarragona y Lérida). En estos anuncios –detectados a partir de 1851–, se hacía pública la prohibición de entrada para practicar en tierras privadas, algunas recientemente privatizadas, diferentes aprovechamientos como los pastos, leñas, caza y pesca. Estas proscripciones se justificaban con la cita de algunas leyes liberales y se solía avisar de la aplicación del Código Penal vigente para los contraventores.

---

2 Para ver la tesis doctoral: https://goo.gl/dBHN3c.

Estas dos fuentes citadas han sido la base empírica para poder analizar y ver diferentes prácticas de propiedad, más allá de las leyes. El nordeste catalán y la Catalunya de los mansos nos han aparecido como el área dónde se produjeron y se reprodujeron los conflictos y relaciones sociales problemáticas alrededor de la redefinición de los derechos de propiedad. En este sentido, nos han interesado las condiciones de realización de la propiedad: el carácter plural de los derechos de propiedad es el resultado de un proceso dialéctico entre diferentes grupos sociales, una realidad en permanente cambio y construcción. En la investigación no tuvimos en cuenta los procesos desamortizadores sino las prácticas de propiedad para consolidar y excluir a los demás de todo tipo de aprovechamientos colectivos.

Entre estos usos, la investigación ha hecho emerger la importancia cotidiana de la caza, una actividad económica de primer orden, básica y omnipresente en el mundo rural catalán. Fundamentalmente, como suplemento dietético y alimentario de gran parte de la población, y como fuente de ingreso complementaria de familias e individuos para la venta, para carne, de los animales cazados, como también de las pieles y plumas destinadas a diferentes usos y tipos de industria. Estas prácticas chocaban con la idea de propiedad como disfrute exclusivo de las heredades, un derecho (el de propiedad) que llevaba incorporado, conceptualizado, el derecho de caza. Las leyes, como veremos, lo recogieron y lo tuvieron en cuenta.

La historiografía de la caza en Cataluna es relativamente pobre y la cuestión no ha sido tratada a fondo desde una perspectiva de la historia social y económica. Ha estado enfocada desde ópticas como la cultura culinaria (Lladonosa, 2005) y la historia local (Fucho, 1998, entre otros). También hemos tenido en cuenta las fuentes literarias contemporáneas, como las narraciones costumbristas de Carles Bosch de la Trinxeria (Bosch, 1987 [1897]) y de Marian Vayreda (Vayreda, 1980 y 1984 [1904]).

La historiografía española tampoco cuenta con demasiados estudios sobre la caza. Entre los pocos artículos relacionados, muchos citan la caza, solamente, como una actividad más en terrenos comunales (Ortega, 2001: 191-212), destaca el artículo de Jesús Izquierdo y Pablo Sánchez sobre la caza y sus conflictos en la finca real de El Escorial durante el Antiguo Régimen (Izquierdo y Sánchez, 2001: 123-151). La delimitación de un bosque para la caza representaba un acto de creación de derechos de propiedad. En este erial historiográfico destaca, también –sin lugar a dudas–, la tesis doctoral de Raquel González Pellejero (González, 1993). La autora estudió la lucha por la propiedad del recurso, la redefinición de la caza durante el siglo XIX. Otras referencias de estudios sobre la caza serían el monográfico de la revista *Agricultura y sociedad* (AA.VV., 1991), y, recientemente, el estado de la cuestión del geógrafo Antoni Barceló (Barceló, 2011).

Para la historiografía internacional la caza no ha ocupado demasiado la atención de los historiadores económicos y sociales.[3] Ahora bien, es obligado citar el clásico *Whigs and Hunters* de E. P. Thompson, una obra sobre el conflicto y la génesis de la "Ley Negra" de 1723, desde una perspectiva histórica que tiene en cuenta la intervención de los procesos sociales y culturales en la configuración de las estructuras jurídicas de la sociedad. Lo que estaba en cuestión eran los hábitos de acceso a las tierras de una economía forestal en un momento de giro en la manera de entender y conceptualizar los derechos de propiedad. El objeto de castigo era el delito contra la propiedad y la "Ley Negra" se podría entender como un instrumento represivo de clase para las prácticas y usos comunales consuetudinarios (Thompson, 2010 [1975]).

---

[3] La revista francesa *Études rurales*, en 1982, publicó el número especial sobre la caza y la recolección desde el punto de vista de la etnología y la sociología. El estudio planteaba cuestiones sobre estas actividades en la sociedad moderna (AA.VV, 1982).

1. Derecho de caza y derecho de propiedad

La actividad cinegética en Cataluña, en el siglo XIX, fue fuente de conflictos y confrontación de dinámicas sociales que giraban en la órbita y en el ejercicio de dos derechos, el derecho de caza y el derecho de propiedad, que se podían presentar como naturales. El trabajo principal ha sido la exploración de diferentes fuentes históricas, básicamente, los bandos de la Real Audiencia y los anuncios de los boletines provinciales para explicar las dialécticas entre estos dos intereses y ver el recorrido de la propiedad y los recursos, prácticas y estrategias de los titulares de este derecho para someter al control privado actividades económicas como la caza. Veremos, en resumen, las diferentes formas de entender y conceptualizar la pertinencia de los animales objeto de potencial captura y las medidas punitivas para castigar conductas que vulneraban unas leyes establecidas.

Antiguamente, las *Constitutions de Catalunya* fijaban las temporadas cuando se podían cazar las aves (*Constitutions*, 1995: 252-253) y la *Novísima Recopilación de Leyes de España* aplegaba todas las disposiciones legales en el título treinta del libro séptimo, "De la caza y pesca". La Ley XI, de 1804, describía la ordenanza sobre el "modo de cazar y pescar", que regulaba el modo de cazar en los reinos y fijaba, por estamentos, las personas que tenían derecho de caza y las temporadas de veda por especies. Además, para tiempos de transición y de construcción del estado constitucional, es necesario citar el Real Decreto de 3 de mayo de 1834, norma que asumió la abolición de los privilegios y las jurisdicciones y delimitó los lugares donde se podía cazar con base en la propiedad de la tierra y sus titulares. Esta norma sufrió modificaciones a consecuencia del restablecimiento, el 6 de septiembre de 1836, del Decreto de Cerramientos de 8 de junio de 1813; y por el Real Decreto de 13 de septiembre de 1837, que modificaba la Ley de 23 de noviembre de 1836, y que establecía que el goce de la caza en los terrenos cerrados y acotados "corresponde privativamente a sus dueños, y nadie podrá cazar ni pescar en ellos sin su previo permiso". La Real Orden de 25 de noviembre de 1847 aclaraba, contra las pretensiones de cazadores, que estaba prohibida la invasión de todo terreno de propiedad particular que estuviera acotado o cerrado, sin exigencia de pared continua. La otra gran Ley de Caza fue la de enero de 1879, citada en muchos anuncios de los boletines provinciales para vedar tierras y que también adscribía el derecho de caza a la propiedad de la tierra (Pérez, 1991: 177). Esta ley estuvo vigente hasta la nueva Ley de 1902, esta última en vigor hasta 1970.

El diccionario de Escriche define la caza como el "modo más antiguo de adquirir el dominio o la propiedad de las cosas" y el primero que la naturaleza "enseñó a los hombres para buscar el sustento". En este sentido, apelando al derecho de gentes, todos los hombres tienen la facultad de cazar porque la naturaleza había criado los animales para los hombres sin que nadie tuviera "el derecho exclusivo". Este sería uno de los aspectos jurídicos del derecho romano que reconocía la caza como *res nullius*, "cosa de nadie", y podía ser objeto de apropiación para todos. Pero continuaba diciendo que en las sociedades "civilizadas" en las cuales la agricultura había hecho grandes progresos y en las que la mayoría de tierras habían recibido la "marca de la propiedad", la libertad absoluta de practicar la caza tenía diferentes limitaciones (Escriche, 1847: 511).

El *Diccionario de agricultura práctica y economía rural* conceptualizaba la caza como "producto secundario de las propiedades rústicas". Este producto secundario era de gran valor y necesitaba al propietario como cuidador, para conservar y reproducir la caza, y a la administración para proteger y amparar "esta parte el derecho de propiedad". Continuaba citando la preocupación de los propietarios así como las "infracciones y los abusos" que cometían los cazadores, los daños y las pérdidas que ocasionaban a la agricultura, pues se veían "arrasados los campos, estropeados los sembrados, rotas las vides". También citaba la caza con artes ilícitas como el uso de lazos, redes y hurones. El discurso del *Diccionario* es, en este sentido, defensor de los derechos privativos inherentes a la propiedad y se convierte en un clamor que alertaba de una situación de práctica continua de la caza con intrusiones constantes y pedía una legislación más dura para reprimir unas prácticas que disminuían los productos –la caza– y los ingresos de los propietarios (Esteban y Alfaro, 1852: 159-160).

2. La caza en los bandos de la Real Audiencia

En los memoriales de los bandos de la Real Audiencia detectamos relatos sobre los daños y perjuicios que causaban los cazadores en las tierras y en los mansos en la práctica de persecución de las piezas cinegéticas. Estas descripciones cualitativas presentan escenas de enfrentamientos con unos cazadores que nos son descubiertos como ordinarios, mal educados, peligrosos y rudos. Pablo y Jaime Rovira, padre e hijo, "labradores" (o *pagesos*) de la parroquia de Santa Magdalena del Pla, corregimiento de Vilafranca, poseían dos heredades: una en la misma parroquia del Pla; y la otra en Sant Marçal de Terrassola. Entre otros agravios en 1800 denunciaban, a través de Domingo Mozés (el procurador), que no eran

> de poca consideración los que les infieren los casadores quienes de sus perros malbaratan con el mayor descomedimiento los frutos pendientes, introduciéndose en todo género de sembrados, haciéndose temibles, unos por gozar de privilegio de independencia de los bailes y todos por ir armados quando cometen estas tropelías y excesos.[4]

---

4   ACA. R.A. "Firmarum et obligationum", núm. 1231 (3r), f. 52r-53v, 18 agosto 1800.

Joseph Salvat, alias "Jerós", labrador de Reus con piezas de tierra en el mismo Reus y Riudoms, y propietario del manso Pujols de Tarragona, en 1801, se quejaba delante del tribunal que entraban pastores y que los

> casadores se meten con sus perros por medio de viñas y sembrados atropellando todo y comiéndose y llevándose lo que más les acomoda y no haviendo podido mediarlo con mandarlas guardar porque a un hombre solo le hacen cara las más de las veces amenazándole con las escopetas y obligándole a huir a pedradas y como de otra parte a la inacción de las justicias por ser regularmente del común los ganados o la cortedad de las penas con que los amenasaban sean de ningún valor para expedir los graves daños que acarrean al suplicante.[5]

El derecho de caza era entendido y conceptualizado como un derecho privativo inherente a la propiedad. Así lo entendía en 1825 José de Viñals, hacendado y vecino de Flaçà, en el corregimiento de Gerona, cuando exponía y especificaba que tenía en el mismo lugar dos mansos "con el derecho y privativo de regar y cazar en la partida nombrada antiguamente 'La mitjana' y [h]oy la Illa, así como pacer las hierbas y pastos".[6] Si bien era una cuestión preocupante para los actores históricos, en esta fuente solamente hemos detectado siete casos explícitos.

3. Caza, anuncios y boletines

La caza fue, sin duda, un motivo de preocupación para los propietarios. Así lo entendían y así, luego, lo conceptualizaron las diferentes leyes. Las diferentes noticias localizadas en los boletines sobre las entradas en fincas particulares

---

5 ACA. R.A. "Firmarum et obligationum", núm. 1231 (3r), f. 130r, 1 abril 1801.
6 ACA. Real Audiencia. "Firmarum et obligationum", núm. 1433, f. 116v, 19 enero 1825.

corroboran el ejercicio de unas prácticas y usos sociales que nos anuncian el constante incumplimiento de las normativas legales. En este sentido podemos recordar que el estudio de las leyes puede ayudar a entender la realidad histórica, pero raras veces es suficiente para explicarla correcta y completamente (Congost, 2002: 125).

En 1850, el gobierno civil de Barcelona publicó un bando en el que advertía los "daños que pueden originarse á las propiedades particulares" por la no observancia de la veda de caza, reconociendo a la vez la caza como "objeto de honesta diversión para sus habitantes". Se recordaba el Real Decreto de Caza de 1834 y los artículos del Código Penal de 1848. Con base en las citadas normativas legales dictaba que ninguna persona de "cualquiera clase ó categoría" podía cazar en las tierras que no fuesen de propiedad particular del primero de marzo hasta el primero de agosto y, durante los demás meses, tampoco estaba permitido hacerlo los demás "días de nieve y de fortuna". Igualmente se prohibía cazar con hurones, lazos, redes y reclamos machos, exceptuando las codornices y demás aves de paso. También se desautorizaba la "reunión de gentes por cuadrillas corriendo las perdices, como se ha verificado en algunos pueblos". El edicto acababa recordando que el decreto se tenía que cumplir y que los encargados de la vigilancia y el cumplimiento eran la Guardia Civil y los Mozos de Escuadra.[7] En Gerona y en Lérida encontramos circulares similares entre 1852 y 1855.[8] Estas circulares se fueron reiterando a lo largo de los años. La ley no se cumplía.

Ciertamente emergía un problema de orden público, y así es como se presentaba, y la materialización de una fracaso de unos determinados mecanismos de control político y social que pretendían discriminar en función de la propiedad, en tanto que elemento que proporcionaba rentas

---

[7] BOPB. Miércoles 20 de marzo de 1850, núm. 34, p. 1.
[8] BOPG. Miércoles 17 de marzo de 1852, núm. 33, pp. 1-2; y BOPL. Lunes, 26 de marzo de 1855, número 37, p. 4.

y posición económica dentro de las sociedades rurales, situando fuera de la ley los que se resistían, por diferentes motivos, a cumplir las normativas que regulaban la caza.[9]

4. Los anuncios

En los anuncios de acotamientos y vedados de los boletines oficiales, comparado con los bandos de la Real Audiencia, la caza nos aparece como la primera práctica prohibida con 1461 de los 1781 anuncios detectados. Una cifra que representa el 82,03% de los casos. Y era este el motivo principal de preocupación de los primeros anuncios en los boletines. La voluntad era excluir a los demás de esta actividad y quedarse con el control y los réditos de unos productos considerados inherentes a la propiedad. El 1851, en el primer anuncio detectado en Barcelona, diversos propietarios se unieron para publicarlo e hicieron constar, con el marqués de Alfarrás como representante, que los bosques y heredades sufrían la "fraudulenta y continua estracción de leña y estermino de la caza que en ellos procrea".[10]

---

9   Asimismo, en la documentación consultada detectamos procesos de diferenciación social en los cuales los individuos podían adquirir la licencia de armas para la defensa propia y de sus propiedades. Las personas que obtuvieran la licencia de armas no podían dedicarse al ejercicio de la caza en terrenos abiertos, aunque fueran de propiedad particular, sin estar en poder de la correspondiente licencia de caza. En cambio, sí que tenían la prerrogativa de poder cazar solamente con el permiso de armas en terrenos cerrados y acotados, siempre, eso sí, con el permiso de los dueños.

10 BOPB. Viernes 18 de julio de 1851, núm. 85, p. 4.

Tabla 1. Citas a la caza en los anuncios de acotamiento y vedado

Provincia	Caza	Caza %	Sobre total %
Girona	483	79,18	27,12
Barcelona	825	82,01	46,32
Tarragona	136	95,10	7,64
Lleida	17	77,27	0,95
	1.461		81,97

Fuente: boletines provinciales, elaboración propia.

Los anuncios, inmediatamente posteriores, venían encabezados, significativamente, con el título exclusivo de "aviso a los cazadores" o con la variante de "aviso al público", y en cada uno de ellos se remarcaba que "desde hoy en adelante prohíbe cazar" en las heredades que se consignaban.[11] Así también constaba en el primer anuncio de Gerona, en 1854. Casimiro Pons, residente en Hostalric y con mansos entre Sils y Tordera, reclamaba las penas establecidas por ley a los "violadores de los sagrados derechos de propiedad e inobservadores de este anuncio". De esta manera, quedaba privado a "todas las personas de entrar á cazar desde esta fecha en los terrenos y bosques vedados de las fincas mencionadas sin licencia especial y por escrito del que suscribe".[12]

---

[11] BOPB. Viernes 15 de octubre de 1852, núm. 124, p. 4.
[12] BOPG. Miércoles 8 de agosto de 1854, núm. 95, p. 6.

5. Las prácticas prohibidas

En 1862 Joaquín de Cors y Guinart anunciaba el acotamiento de diferentes mansos situados en Bordils, Celrà y Taravaus. En este aviso se percibe, de manera muy clara, el combate y la pugna para erradicar prácticas atávicas y hábitos ilegales de caza como los lazos, trampas y hurones.[13] Estas prácticas estaban especialmente prohibidas por el Real Decreto de 3 de mayo de 1834, junto con el uso de lazos, trampas y reclamos, unas artes vetadas y detalladas ya en la *Novísima recopilación*.[14] La limitación de la caza a las armas de fuego, ya que no todo el mundo tenía el poder adquisitivo para hacerse con una, y la prohibición de las otras artes, presentadas como viles, serían un intento de discriminación social para la práctica de la caza. Diversos ejemplos de estas tácticas los encontramos en otros avisos como en el anuncio particular de Joaquín Armet, con tierras y mansos en la Jonquera, Agullana, Bosquerós y Capmany, en los cuales prohibía la entrada en sus propiedades para "cazar, tanto con escopeta como con perros, lazos, trampas y demás".[15]

Vedar o acotar las tierras apelando a la Ley de Caza de 1879, independientemente de que constituyera un vedado con arreglo a la misma ley, podía representar la instrumentalización de una normativa para conseguir el cerramiento o prohibir la entrada en las fincas. Ciertamente, nos encontramos ante una auténtica lucha para excluir a los no

---

13 BOPG. Miércoles 11 de junio de 1862, núm. 70, p. 3.
14 Ley II. D. Carlos I y el Príncipe D. Felipe en Madrid por pragmática de 11 de marzo de 1552, cap. 4 y 5. *"Prohibición de lazos, y otros instrumentos y arbitrios para cazar.* Mandamos, que no se pueda cazar con lazos de arambre, ni con cerdas ni con redes, ni con otro género de instrumento, ni con reclamos ni bueyes, ni con perros nocherniegos, so pena de seis mil maravedís; y que sea desterrada la persona que lo contrario hiciere por medio año del lugar donde fuere vecino: y que no puedan tener ni tengan perdigones para cazar, ni los tengan en sus casas, so pena de tres mil maravedís, y que le maten el perdigón; las cuales penas se repartan en la manera suso dicha".
15 BOPG. Viernes 13 de marzo de 1863, núm. 31, p. 4.

titulares de la propiedad y privar la concurrencia de unos usos y prácticas que gozaban de una vitalidad extraordinaria, lo que se evidencia cada vez que se publicaba un anuncio para prohibir la caza y la entrada en las fincas.

6. La caza como "diversión"

Revisando los anuncios de acotamiento y vedado, nos llamó la atención la presentación de la caza como "diversión". Una diversión es una actividad extra y auxiliar, ornamental, un pasatiempo de cierta distinción y prestigio social. La caza como "diversión" cuenta con multitud de referencias y está inscrita en diversos contextos documentales. La ordenanza de caza de 1804, con un tono marcadamente de clase y de acuerdo con los códigos de la sociedad de Antiguo Régimen, fundamentaba que solamente podían "cazar con escopeta y perros los nobles, eclesiásticos y las personas honradas de quienes no pudiera recelarse en exceso", de manera que jornaleros y trabajadores de oficios "mecánicos" solamente podían cazar "por pura diversión los días de fiesta de precepto, antes o después de la misa". En la Real Orden de 18 de febrero de 1818, por la que se hacía pública la obligación de tener licencia de caza, la palabra aparece en dos ocasiones.[16] En 1858 el gobernador civil de Gerona publicaba una circular encargando a alcaldes, Guardia Civil y guardas rurales que se respetara la legalidad, una comunicación debida a "varias las quejas que he recibido de que algunos sujetos infringiendo lo mandado se dedican á la caza y pesca en la actual época en que está vedada dicha diversión".[17]

En los anuncios de vedado, sobre todo en la provincia de Barcelona, encontramos numerosas referencias a la "diversión" de la caza, a las cuales, en algunos ejemplos, se

---

16 ACAE. Col·lecció d'impresos, núm. 2408, 1818.
17 BOPG. Viernes 26 de marzo de 1858, núm. 37, p. 3.

añade la noción de "aficionados", significativamente a partir de 1881. José Pujol, alcalde constitucional de Dosrius (Maresme), firmaba un edicto donde publicaba el vedado de caza del manso Brugaràs "para que los aficionados á dicha diversión" se abstuvieran de penetrar en la heredad gestionada por unos vecinos de Barcelona, cesionarios del derecho de caza.[18] En paralelo a la caza tradicional, con un tono marcadamente económico y utilitario, motivada por la necesidad y los precios de mercado –a veces del mercado negro–, surgió la caza deportiva, urbana, no utilitaria, la "afición" y la "diversión", unas modalidades que, a medida que nos acercamos a finales del siglo XIX, suelen minimizar la primera. A finales del ochocientos, a más, existía una conceptualización que diferenciaba entre los "dañadores", quienes perseguían la caza con trampas, hurones y artes tradicionales, y los "furtivos", que utilizaban la escopeta como método legal pero no respetaban la propiedad ajena ni la época de veda. Los pastores solían ser acusados de practicar la caza ilegal.

Relacionados con esta actividad podemos citar a los cazadores de oficio, profesionales, experimentados y conocedores excepcionales del medio que, en ocasiones, podían ser solicitados por labradores y trabajadores del campo para eliminar los animales considerados nocivos, incompatibles con los cultivos, de los cuales podían obtener ingresos por la recompensa o por la venta de pieles. Estas diferentes tipologías de caza se mezclaban, coexistían y colisionaban en los mismos ámbitos espaciales. A lo largo del ochocientos se fueron acrecentando las actividades de ocio que desde el ámbito urbano se dirigían hacia los espacios rurales, unos modelos que explican en gran parte el auge de los cerramientos de tierras y los vedados de caza en particular, como modelo específico de prohibición y exclusión. Esto se percibe de una forma muy notable desde la aprobación de la Ley de 1879. Los encuentros asociados con el ejercicio de la

---

18   BOPB. Martes 15 de agosto de 1882, núm. 194, p. 2.

caza daban pie a una serie de relaciones sociales complejas y la creación y refuerzo de vínculos de clase. Estos nuevos cazadores cambiaron las formas y las lógicas de la caza tradicional, solían cazar durante el año y sin licencia en los terrenos vedados (González, 1993: 332).

7. Las sociedades de caza y la conformación de nuevos vedados

En el transcurso del siglo XIX, y especialmente en el último cuarto de siglo, detectamos la creación de vedados de caza por parte de elementos que provenientes del mundo urbano constituían una sociedad para poder cazar. En algunas ocasiones son estos interesados los que a través de una persona jurídica o de personas físicas se convertían en arrendatarios del derecho de caza. Las sociedades de caza se convirtieron, en paralelo a este fenómeno, en elementos importantes para la difusión y la defensa de sus miembros, y los vedados y acotamientos, en destacados espacios de sociabilidad.[19]

El asociacionismo fue un fenómeno urbano contemporáneo a la Ley de 1879. Y la proliferación de estas asociaciones tuvo un doble efecto, si bien se aprovecharon de las leyes que protegían la propiedad privada para cerrar y vedar las fincas, se crearon corrientes de opinión contrarias a los privilegios que la ley otorgaba a los propietarios para poder cazar todo el año y no estar obligados a respetar la veda (González, 1993: 368). La cesión de derechos para la caza respondía a diferentes intereses y casuísticas, fuesen económicas, gracias y favores, prestigio o para no gestionar

---

[19] Las asociaciones de caza hicieron de correa de trasmisión de ideas con los asociados para reivindicar diferentes aspectos para la mejora y la defensa de la caza. Para su publicidad y propaganda, aparte de los canales particulares de las propias entidades, contaron con diversas publicaciones, periódicos locales y revistas especializadas.

directamente este ramo de los patrimonios. En las fuentes documentales no solían constar las cláusulas ni los pactos que amparaban estos actos jurídicos.

Mapa 1. Proyección geográfica de la caza como práctica "contraria al derecho de propiedad"

Fuente: recuento sobre la base de los boletines provinciales.

Los acuerdos entre propietarios residentes y forasteros no son extraños en la totalidad de anuncios para la prohibición de entrada. Se trata de uno de los modelos más habituales para la creación de vedados de caza. Fue el caso, por ejemplo, de la unión de unos cuantos vecinos de Sant Martí Vell y otros "hacendistas forasteros" que, citando la Ley de 6 de septiembre de 1836, real orden de 25 de noviembre de 1847 y el artículo 18 de la Ley de 1879, hacían público que "quedan vedados en común los terrenos que poseen".[20] Otro ejemplo interesante fue el de Manuel Fina Puig, quien en 1892 instaba al gobierno civil para constituir un vedado en una finca arrendada recientemente. Este vecino de Palafrugell, más adelante socio del casino *La Alianza*,[21] juez municipal[22] y socio de la *Asociación de Propietarios de Palafrugell*,[23] consiguió la adjudicación a través de una subasta y para el "disfrute de la caza" la montaña de Caramany de Pals.[24]

En la provincia de Barcelona, uno de los primeros ejemplos de vedados de caza que constan en la documentación consultada fue la finca nombrada la "Casa de los Cazadores" del Prat de Llobregat, propiedad de José Bosch y Juan Sisteré, vecinos de Barcelona. Estos dos señores en 1880 consiguieron, a más, la cesión del derecho de caza, "con el asentimiento á favor de los mismos" de Pedro Batllori, la heredad de las "Monjas Magdalenas", con resonancias de desamortización; y de los hermanos Badals, que transfirieron "Las Marinas de casa Monés", terrenos palustres ricos en aves y cercanos al delta del Llobregat.[25] En las zonas húmedas del Prat de Llobregat la caza era una actividad al alza, un territorio en el que, con Gavà, Viladecans, Sant Boi y Sant Feliu, constan numerosos anuncios relativos a la constitución de vedados y acotados. Descubrimos un verdadero puzzle de vedados, unos acotados que eran limítrofes los unos con los otros, un hecho que constituye la localización de uno de los focos más importantes para la práctica de

---

20 BOPG, Miercoles 15 de agosto de 1888, núm. 98, p. 424.
21 AMP, Fons Fina-Rocas, Títol de soci del *casino La Alianza* a nom de Manel Fina, 1898, capsa 651.
22 *La Publicidad*, Miércoles 14 de junio de 1899, edición de noche, año IV, núm. 1177, p. 3.
23 AMP, Fons Fina-Rocas, Títol de soci de l'*Asociación de Propietarios de Palafrugell* a nom de Manel Fina Puig (junt amb rebuts i Reglamento de l'associació), 1921, capsa 660.
24 BOPG. Miércoles 27 de enero de 1892, núm. 12, p. 37.
25 BOPB. Jueves 23 de diciembre de 1880, núm. 306, p. 5.

la actividad cinegética. Su proximidad a la capital catalana
hizo que esta zona se convirtiera en una auténtica área de
ocio y de negocio.

En Sant Just Desvern aparece una importante asociación cinegética de la que han aparecido cinco anuncios de
vedado. Se trata de la *Sociedad de caza La Fatchona*, un club
selecto y exclusivo que, como veremos, articulaba una serie
de relaciones sociales entre vecinos e industriales de Barcelona alrededor de Can Fatjó, una masía situada en el camino
de Vallvidrera. El primero, un edicto municipal de 1891,
nos informa de una ampliación del vedado. Con base en las
disposiciones de la Ley de Caza, y a instancia de la nombrada asociación, representada por los señores Miguel Mallol
Raventós, el juez municipal de Sant Just,[26] José Oliveras y
Federico Pedrosa, se declaraban vedados los terrenos cedi-
dos por Jaime Grau y los de la viña de Juan Farrés y "los
mansos can Vila, can Oliveras y can Padrosa". Reiteraban
la "absoluta prohibición de entrar en los mismos á cazar"
sin la autorización de los dueños y con la advertencia de
las penas señaladas por la ley y el Código Penal.[27] Precisamente, una edición de *La Vanguardia* de dos años antes nos
daba una noticia relativa a *La Fachona*. Era para elogiar la
vigilancia de los guardas particulares jurados del vedado y
el buen servicio que habían hecho ayudando a la Guardia
Civil para capturar a tres "malhechores que merodeaban
por allí teniendo en jaque á los propietarios".[28] Estos furtivos, tratados como bandoleros o ladrones, eran proscritos
y marginados en los discursos dominantes y legalistas. Tres

---

26 *La Vanguardia*, martes 7 julio 1891, núm. 2087, p. 3.
27 BOPB. Jueves 17 de diciembre de 1891, núm. 301, p. 3.
28 Leemos en *El Diario Mercantil*: "Los guardas jurados particulares del vedado
    conocido por *La Fatxona*, Sarria, han prestado un buen servicio ayudando á
    la guardia civil de aquel puesto en la captura de dos ó tres malhechores que
    merodeaban por allí teniendo en jaque á los propietarios. Se nos hacen gran-
    des elogios de los referidos guardas, por su constante vigilancia y su activi-
    dad en secundar la del benemérito cuerpo de la guardia civil allí acantonada,
    mereciendo unos y otros el aprecio del vecindario". *La Vanguardia*, sábado 7
    septiembre 1889, núm. 1074, p. 2.

años después, el vedado de *La Fachona* ampliaba la superficie agregando la heredad "Llavallol" de Anna Maria Ximenis
y una viña nombrada "de la Creu".[29] La solicitud a la alcaldía de Sant Justo la firmaba el conocido Carlos Godó Pié,
presidente del vedado a la vez que empresario y cofundador
en 1881 del diario *La Vanguardia*. Un buen ejemplo, este, de
la dimensión y la función social y política de los vedados y
las sociedades de caza. Días después del primer anuncio de
Carlos Godó como presidente de la sociedad, encontramos
dos referencias más a ampliaciones del vedado en el vecino
término municipal de Sarriá.[30]

Descubrimos pues, otra vez, notables lazos de clase,
encontramos la asociación y la coincidencia de la burguesía
barcelonense en amplios espacios de ocio para encontrarse,
relacionarse, compartir aficiones y disfrutar de la "diversión" de la caza. Otro caso interesante sería la constitución
de un vedado de caza por parte de dos magnates de la
industria catalana en Castellnou de Bages. Los fabricantes
y vecinos de Barcelona José Portabella Cots y Manuel Bertrand Salsas, a través de su procurador, el 1894 declaraban
vedadas y acotadas seis heredades que "poseen en arriendo
de sus propietarios".[31] El 1896 en Castellar del Riu (Bergue-
dà) detectamos la constitución de un vedado de 1481 hectáreas. Los hermanos Ramón y Pere Pujol y Ramón Minoves,

---

[29] BOPB. Martes 6 de marzo de 1894, núm. 55, p. 3.

[30] BOPB. Jueves 8 de marzo de 1894, núm. 57, p. 3; y BOPB. Sábado 14 de abril de 1894, núm. 89, p. 4. Otras noticias de la sociedad *La Fachona* son de 1899, cuando era presidida por Federico Herrero González. Entonces se amplió con dos mansos más, "casa Carbonell" y "casa Marlés". BOPB. Martes 12 de septiembre de 1899, núm. 218, p. 3. Cinco años después, según edicto de alcaldía, José Gelabert Fatxó, propietario de la "casa Fatxó", acotaba los terrenos del manso de acuerdo con la nueva ley y reglamento. BOPB. Viernes 19 de agosto de 1904, núm. 199, p. 2.

[31] BOPB. Miércoles 11 de julio de 1894, núm. 164, p. 3. De la afición por la caza de José Portabella tenemos noticia a través de dos anuncios más: por el manso Morera de Manresa, BOPB. Domingo 23 de junio de 1889, núm. 150, p. 2; y de la costa de Collbaix en Sant Joan de Vilatorrada, una "porción de tierra de reciente adquisición" del manso "San Juan", BOPB. Domingo 20 de abril de 1902, núm. 95, p. 2.

vecinos de Berga y "hacendados forasteros de este pueblo", acotaban y destinaban a vedado el patrimonio "de Riu", constituido por diferentes fincas hasta los *Rasos de Peguera* y la heredad "Tarsá" que limitaba al sur con la heredad Solana o "Emprivios del pueblo de Capolat".[32]

8. La Ley de 1879

La Ley de Caza de 1879 fue la gran meta legislativa, en esta materia, del siglo XIX. No solo reguló la caza sino que el derecho de propiedad fue, nuevamente, la piedra angular. En efecto, la propiedad fue la institución que estructuró los lugares y territorios donde se podía practicar esta actividad. La normativa se implementaba en plena restauración monárquica[33] y respondía a los intereses de las clases dirigentes y su base agraria como fundamento de su poder. La caza, pues, jugará una doble función, como recurso natural y como diversión a ciertas clases sociales en un contexto de cambios de la titularidad de la tierra y la disminución de espacios donde poder practicarla (González, 1993: 137).

Los "vedados de caza" tenían que tributar con base en la cuarta regla del artículo 65 del Reglamento de "Contribución territorial de 30 de septiembre de 1885". La obligación de contribuir y la carga tributaria correspondiente podrían hacer desistir de ser el titular de un vedado de caza. En los anuncios de los boletines la diferencia entre los vedados de caza, objeto de tributación y actividad principal, y las prohibiciones o simples acotamientos para la caza suelen ser, generalmente, difíciles de dilucidar. Para señalar los

---

32 BOPB. Viernes 24 de abril de 1896, núm. 99, pp. 2-3.
33 La Restauración monárquica, o borbónica, para aclaración a los lectores de fuera de España, es como se conoce el período de la historia –de cierta estabilidad institucional– comprendido entre el pronunciamiento del General Martínez Campos (1874), que puso fin a la Primera República, y la proclamación de la Segunda República Española (1931).

vedados se instalaban postes con inscripciones, una práctica que consta en 240 anuncios, un 13,5% de los ejemplos, a lo cuales podemos sumar los 33 (1,8%), solamente, donde se informa que están pendientes de colocación. Esta práctica, la de delimitar y amojonar los límites de fincas vedadas, no constaba, explícitamente, ni estaba desarrollada en la Ley de 1879. En cambio en la Ley de Caza de 1902 constará de manera detallada y, en el Reglamento de 1903, a más, se hizo una clara subdivisión entre diferentes modalidades de vedados. La referencia a señales materiales y visibles para indicar la propiedad y la voluntad de uso exclusivo consta de forma colateral, a modo de práctica de propiedad común, pero no reglamentada en la Real Orden de 25 de noviembre de 1847 (*Manual de policía rural*, 1913: 338-339; *Colección legislativa*, XLII: 363). En este caso aparecerá, como hemos dicho, en la Ley de Caza de 1902 y su reglamento.

Gráfico 1. Recuento y cronología de las citas de la Ley de Caza de 1879

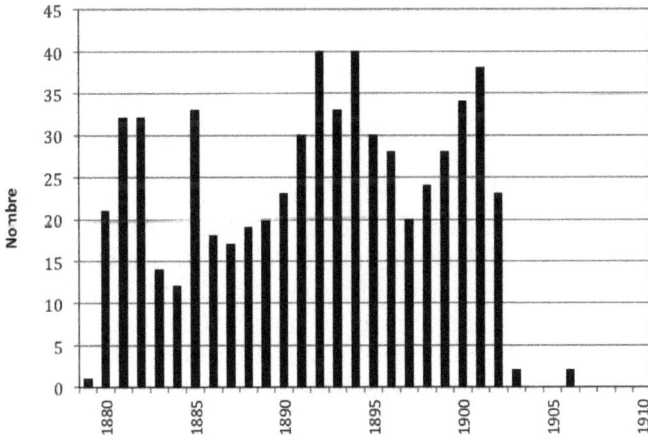

Fuente: boletines provinciales, elaboración propia.

El total de anuncios que justificaban el cerramiento y la prohibición de la caza o la constitución de un vedado de caza con base en la Ley de 1879, teniendo en cuenta que en un gran número añadían otras normativas relativas a los acotamientos, es de 614. Este número representa un 34,5% de los casos. El diccionario Alcubilla aportaba una reflexión dura y crítica a la ley, sobre todo por las limitaciones a los propietarios, por poder entrar a las fincas para recoger las piezas muertas en las fincas vecinas. Según Pellejero, muchos cazadores estaban insatisfechos porque, entre otros, los titulares de la tierra o de los vedados no estaban obligados a cumplir la veda y podían cazar todo el año, un aspecto diferencial que consideraban como un privilegio inaceptable (González, 1993: 176).

9. La Ley de Caza del 16 de mayo de 1902 y su Reglamento de 1903

Esta ley, tan pronto fue promulgada, tuvo una repercusión inmediata en la publicación de anuncios de vedados. Para el año 1902 se registran un total de 78 avisos de los cuales 47 son justificados con la nueva legislación, justo a partir del 8 de junio, casi un mes después de su entrada en vigor.[34] El repunto, más de la mitad de los acotamientos hechos públicos en un año, representó un nuevo impulso para cerrar y vedar las tierras en el marco de una normativa que aportaba algunas modificaciones respecto a la anterior. También reconocía los vedados y ampliaba las definiciones de los artículos precedentes y el Reglamento de 1903 determinó y clarificó las clases. Entre los años 1902 y 1910, última anualidad de la investigación, encontramos 121 anuncios con citas de la nueva Ley de Caza.

---

[34] BOPB. Domingo 8 de junio de 1902, núm. 137, p. 2.

Gráfico 2. Número de citas de la Ley de Caza de 1902
y su Reglamento de 1903

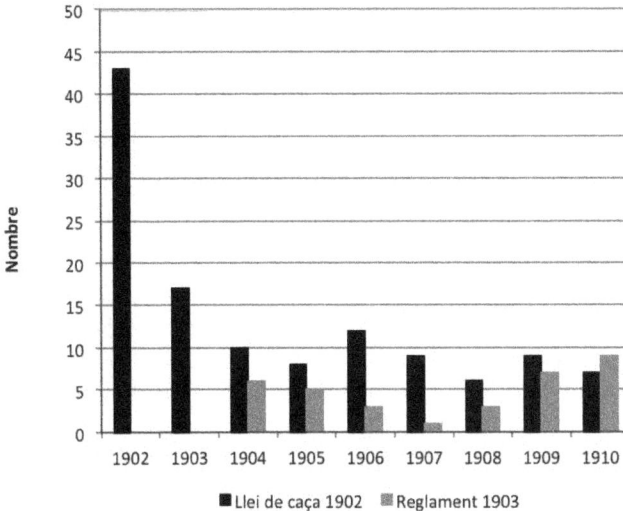

■ Llei de caça 1902   ■ Reglament 1903

Fuente: boletines provinciales, elaboración propia.

La ley detallaba la condición de rotular en madera o piedra la expresión "vedado de caza" –unas prácticas de propiedad no recogidas antes en ninguna legislación anterior–, y acogerse a las disposiciones sobre tributación. En octubre de 1902 se publicó, en los boletines provinciales, una circular de la Dirección General de Contribuciones que hacía pública la resolución de una duda legal suscitada por el artículo 9, de si los vedados tenían que satisfacer alguna contribución especial para el aprovechamiento de la caza.[35] La Dirección General insistía en que la caza era un elemento de riqueza, "que cada día va tomando mayor

---

[35] BOPG. Viernes 3 de octubre de 1902, núm. 119, p. 485; y BOPL. Miércoles 8 de octubre de 1902, núm. 150, p. 648.

importancia", y recordaba que esta actividad estaba obligada a tributar sobre la base de la cuarta regla del artículo
65 del Reglamento de la "Contribución territorial de 30 de
septiembre de 1885" (Martínez Alcubilla, 1886: 501).

El artículo 12 del Reglamento de la Ley regulaba que
los propietarios de los terrenos declarados "vedados de
caza" con anterioridad tenían seis meses para notificar a la
alcaldía competente la voluntad de continuar como vedados las fincas que correspondiesen. Después de un proceso
administrativo los vedados debían matricular si esta era la
actividad principal. Después tenemos los "terrenos cerrados
o cercados", que estuvieran cerrados físicamente, también
se consideraban vedados al público; los "terrenos acotados o
amojonados" que tuvieran "cotos o mojones" visibles en los
límites y estuvieran dedicados a cualquier explotación agraria o industrial y con la caza como actividad secundaria;[36]
y los "terrenos sembrados, en tanto no estén levantadas las
cosechas", se consideraban cerrados a los efectos de entrar a
cazar sin permiso del dueño siempre y cuando no se hubiera hecho la recolección. Así pues, todo propietario podía
cerrar y acotar los terrenos sin permiso o intervención de
la autoridad, según el artículo 7 del Reglamento[37] y el 388
del Código Civil,[38] reservándose el derecho de caza.

Para la provincia de Gerona en 1904 tenemos un caso
interesante en el que pusieron mucho énfasis en la consideración de un terreno acotado y no en la de un "vedado de

---

[36] La circunstancia de ser un terreno agrícola o industrial se presumía mientras no se demostrase lo contrario (Sentencia del Tribunal Supremo de 27 de
abril de 1912, Gazeta del 16 de octubre de 1912). "Ley de Caza de 16 de
mayo de 1902, reformada por la de 26 de julio de 1935", *Revista técnica de la
Guardia civil*, suplemento al núm. 308, primera parte, octubre 1935, p. 11.

[37] *Gazeta de Madrid*, 9 de julio de 1903, núm. 190, p. 1411.

[38] En los años siguientes a la promulgación de la Ley de Caza de 1902 y su
Reglamento de 1903 el artículo 388 CC se convertía en una referencia sólida
de jurisprudencia, así como el artículo 7 del citado Reglamento. "Es terreno
amojonado todo lo que tiene mojones", "Reglamento de 3 de julio de 1903,
para la aplicación de la Ley de 16 de mayo de 1902", *Revista técnica de la
Guardia civil*, suplemento al núm. 308, segunda parte, octubre 1935, p. 55.

caza". Con esta diferenciación, el gobierno civil, a la solicitud del propietario interesado, José María de Sarriera y de Milans, eximía de la tributación y clarificaba las condiciones de las fincas nombradas "Torres de Palau", "Casa nova" y "Casa petita" en el antiguo término de Palau-Sacosta, actualmente integrado a la ciudad de Gerona.[39] Estas fincas, "actualmente propiedad del recurrente", hacía veinte años que habían sido declaradas "vedados para la caza, corta de leñas y aprovechamientos de pastos", y por eso en virtud del Reglamento de 3 de julio de 1903, para la aplicación de la Ley de Caza de 1902: "deben conceptuarse las expresadas fincas como terreno acotado ó amojonado para los efectos de la caza, y nunca pueden considerarse como comprendidas en el artículo 9.º del Reglamento, ó sea 'Vedado de caza' porque la caza no constituye su principal explotación". Todo esto, para acabar recordando que no se podía vulnerar el derecho del recurrente de "evitar que en tiempo legal, se cace, corten leñas ó se aprovechen los pastos".[40]

Con la nueva ley los gobernadores civiles tenían que informar, en enero de cada año, a los jefes de distrito forestal provincial, de las fincas y terrenos declarados vedados de caza durante el año anterior y enviar una estadística a la Dirección General de Montes, Pesca y Caza que se tenía que publicar en la *Gazeta de Madrid* y los boletines oficiales.[41] En los años consultados, de principio del siglo XX, no hemos encontrado ninguna referencia, pero en el diario oficial central hemos recuperado la relación de vedados del curso 1906-1907 publicada por el Ministerio de Fomento.[42] En este documento, por la *Región agronómica de Cataluña*,

---

[39] BOPG. Miércoles 20 de agosto de 1884, núm. 100, p. 1.
[40] BOPG. Miércoles 12 de octubre de 1904, núm. 123, p. 493.
[41] *Gazeta de Madrid*, 9 de julio de 1903, núm. 190, p. 1411.
[42] "Ministerio de Fomento, Dirección General de Agricultura, Industria y Comercio, Relación de los terrenos que han sido declarados 'Vedados de caza' y términos municipales á que corresponden, y de los que, habiendo tenido tal condición, han dejado de serlo desde Agosto de 1906 á igual mes de 1907, en virtud de lo prevenido en el art. 13 del Reglamento de 3 de Julio de 1903". *Gazeta de Madrid*, 3 de enero de 1908, núm. 3, p. 36.

solamente nos aparecen tres vedados por la provincia de
Barcelona que no nos constan en los boletines oficiales.[43]
Este hecho probablemente nos explicaría la apuesta generalizada para declarar "acotamientos" o "terrenos acotados",
siguiendo la fórmula legal que permitía prohibir el acceso
y la caza a terceros pero sin las concesiones o gracias de
unos vedados gravados por la hacienda pública.[44] Pero el
fraude no fue extraño o como afirma González Pellejero,
"en pocas ocasiones se tramitaron legalmente los vedados
y era muy frecuente que los propietarios pusieran los car-
teles de 'vedado' sin declarar a Hacienda y denunciaran a
los cazadores que entraban en ellos no para cazar, sino por
allanamiento de la propiedad" (González, 1993: 402). Los
anuncios de cerramiento de tierras justificados con las diferentes leyes de caza (1834 y, sobre todo, 1879) fueron un
instrumento más para reiterar la prohibición de entrar en
las fincas, como una extensión o reproducción de lo dispuesto en el Decreto de Acotamientos de 1813.

---

[43] Se trata de los vedados de caza establecidos, sin ningún dato de los titulares,
de "Roca Muradera" (Palafolls), "Pineda" (Castelldefels) y "Malet", "Sayó",
"Patriol" y "Colonia Casanovas" (Prat de Llobregat). *Gazeta de Madrid*, 3 de
enero de 1908, núm. 3, p. 36.

[44] En las montañas y bosques públicos del Estado, comunales o de propios que
se subastaran para la caza, el rematante o licitador, una vez obtenida la adjudicación, tenía la potestad de pedir la declaración de vedado de caza. Art. 14
del Reglamento. *Gazeta de Madrid*, 9 de julio de 1903, núm. 190, p. 1411.

Gráfico 3. Citas de legislación española para justificar
acotamientos y vedados

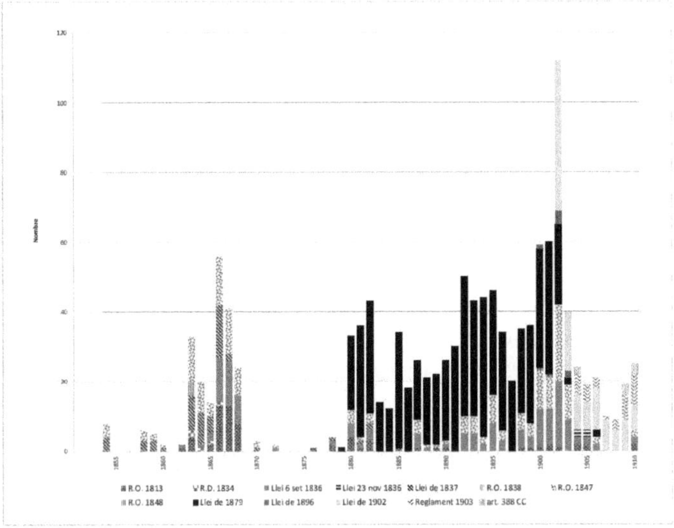

Fuente: boletines provinciales, elaboración propia.

Conclusiones

La caza emerge como la práctica prohibida más citada y significativa en los cerramientos de fincas de la segunda mitad del
siglo XIX. La cita de esta actividad supera el 80% de los anuncios
en todas las provincias. Sobre el total, Barcelona representa el
46,32% y Gerona el 27,12%. En este sentido, la constitución de
vedados y la prohibición de la caza es mucho más importante en
la provincia de Barcelona, probablemente por influencia demográfica de la capital y por la afluencia al medio rural de personas residentes en esta ciudad. En esta circunscripción, destacaron –entre otras– las áreas de caza del Delta del Llobregat.
La caza, conceptualizada como un derecho más de los derechos

de propiedad, se convirtió en preocupación y también en un negocio (especialmente en el último cuarto de siglo en un contexto de crisis y depresión económica) para unos terratenientes que practicaban (o arrendaban las tierras para practicar) lo que denominaban una "diversión" o "afición".

La prohibición de la caza sin permiso en tierras particulares y la privatización de tierras comunales provocaron que la actividad fuese controlada de *iure* por los titulares. Pero, de *facto*, también era practicada por otras personas (por hábito cultural, necesidad alimentaria o económica) y por diferentes métodos (algunos expresamente prohibidos como la utilización de hurones, lazos y trampas). Los vedados y las sociedades de caza, asociadas a estas áreas de recreo gestionadas por propietarios y personas provenientes del mundo urbano, ayudaron a que el conflicto entre las prácticas y usos en determinadas zonas de captura (mansos y zonas palustres) se mantuviera con fuerza. La caza, a través de las sociedades de caza y los vedados, se convertía en un acto social y de encuentro. Espacios importantes para esta sociabilidad de clase. La privatización de la caza y la prohibición de entrada son un elemento importante para comprender los cerramientos de tierras en la segunda mitad del siglo XIX. La diferente legislación de caza fue un instrumento útil para justificar el acotamiento de tierras, aunque la actividad cinegética no fuera la actividad principal.

La emergencia de los anuncios de los boletines como práctica de propiedad y la inclusión de informaciones relacionadas con la guardería rural y particular sugieren que no se cumplían las leyes que, teóricamente, protegían la propiedad. La reiteración de esta práctica –la publicación repetida de acotamientos y vedados– es la manifestación del fracaso en el intento de una imposición legal e ideológica, pero a la vez un éxito para la clase propietaria por tener, a su disposición, la maquinaria del Estado y una serie de mecanismos de represión específicos a su servicio y en defensa de sus intereses. Pero estos aparatos tampoco funcionaron a la perfección y se mostraron incapaces de contener las prácticas y costumbres de aprovechamiento en unas tierras donde la caza toma especial protagonismo.

Las prácticas de propiedad para contener las entradas (los usos sociales de la información y los discursos dominantes) son las que nos han interesado en tanto pulsiones que, con el tiempo, se convierten en las aceptadas e incorporadas a las leyes. Los anuncios para la prohibición de entrada en las tierras, los acotamientos y vedados son, en este sentido, un ejemplo extraordinario. Las citas de la diferente legislacion, incluida la de caza, son el exponente de unas prácticas de propiedad más, la utilización de leyes siempre y cuando fueran beneficiosas para los propietarios y sus intereses, adaptándolas a diferentes casos y situaciones.

Las leyes de caza fueron un instrumento para vedar las tierras para la caza, pero con el objetivo global de prohibir la entrada para ejercer todo tipo de aprovechamientos colectivos. En este sentido hemos visto cómo esta legislación (sobre todo la de 1879) fue utilizada para privar el paso y vedar las tierras, independientemente de que la caza fuese, o no, la actividad principal, una situación que por ley imponía una tributación que difícilmente se cumplía. Esta legislación fue una herramienta más para reiterar la prohibición de entrar en las fincas, establecida por el Decreto de Acotamientos de junio de 1813, restablecido en 1836.

Abreviaturas

ACA (Arxiu de la Corona d'Aragó)
ACAE (Arxiu Comarcal de l'Alt Empordà)
AMP (Arxiu Municipal de Palafrugell)
BC (Biblioteca de Catalunya)
BOPB (Boletín Oficial de la Provincia de Barcelona)
BOPG (Boletín Oficial de la Provincia de Gerona)
BOPL (Boletín Oficial de la Provincia de Lérida)
BOPT (Boletín Oficial de la Provincia de Tarragona)

Bibliografía

Allen, R. C. (1992), *Enclosure and the yeomen*, ed. Clarendon Press, Oxford.

AA.VV. (1991), *La caza en España, Agricultura y sociedad*, núm. 58.

AA.VV. (1982), *La chasse et la cueillette aujourd'hui, Études rurales*, núm. 87-88.

Badosa, E. (1984), "El cercamiento de tierras en Cataluña (1770-1820)", *Revista de Historia Económica* núm. 3, pp. 149-161.

Barceló Adrover, A. (2011), *La caça com a objecte d'estudi de la geografia: estat de la qüestió*, Memòria del projecte d'investigació emmarcat en el Programa de Doctorat en Geografia de la Universitat de les Illes Balears.

Bloch, M. (1930), "La lutte pour l'individualisme agraire dans la France du XVIII siècle", *Annales d'Histoire Économique et Sociale*, núm. 7, pp. 329-383.

Bloch, M. ([1933] 1978), *La historia rural francesa*, Barcelona, Crítica.

Bosch, M.; Congost, R. y Gifre, P. (1997), "Los bandos. La lucha por el individualismo agrario en Cataluña: Primeras hipótesis (siglos xvii-xix)", *Noticiario de Historia Agraria*, núm. 13 (1997), pp. 65-88.

Bosch, M.; Congost, R. y Gifre, P. (1999), "Els bans. La lluita per l'individualisme agrari a Catalunya. Primeres hipòtesis (segles XVII-XIX)", en Congost, R. I To, Ll. (dirs.), *Homes, masos, història. La Catalunya del Nordest (segles XI-XX)*. Girona, Institut de Llengua i Cultura Catalanes, UdG i Barcelona, Publicacions de l'Abadia de Montserrat, pp. 299-328.

Bosch de la Trinxeria, C. (1987 [1897]), *Records d'un excursionista*, Barcelona, Selecta.

Colección legislativa de España (1849), tercer cuatrimestre de 1847, tomo XLII, Madrid, Imprenta nacional.

Congost, R. (1990), *Els propietaris i els altres*, Vic, Eumo editorial, 1990.

Congost, R. (2000), *Els darrers senyors de Cervià de Ter. Investigacions sobre el caràcter mutant de la propietat (segles XVIII-XX)*, Girona.

Congost, R. (2002), "La llengua dels notaris. Notes sobre l'us social del català (i del castellà) a la Girona de mitjan segle XIX", *Estudi General*, núm. 22, Revista de la Facultat de Lletres de la Universitat de Girona, pp. 125-147.

Congost, R. (2007), *Tierras, leyes, historia, estudios sobre "la gran obra de la propiedad"*, Barcelona, Crítica.

Congost, R. i Lana, J. M. (2007), *Campos cerrados, debates abiertos. Análisis histórico y propiedad de la tierra en Europa (siglos XVI-XIX)*, Universidad Pública de Navarra.

Constitutions y altres drets de Cathalunya, compilats en virtut del capítol de Cort LXXXII de las Corts per la S.C. y R. Majestat del Rey Don Philip IV. nostre senyor celebradas en la ciutat de Barcelona, any M.DCCII, introducció de Josep M. Pons i Guri (1995), "Textos jurídics catalans. Lleis i costums", IV/2, Barcelona, Generalitat de Catalunya. Departament de Justícia.

Escriche, J. (1847), *Diccionario razonado de legislación i jurisprudencia*, Madrid, Librería de la Señora viuda e hijos de D. Antonio Calleja, Vol. I.

Esteban Collantes, A. y Alfaro, A. (1852), *Diccionario de agricultura práctica y economía rural*, Tomo I, Madrid.

Izquierdo, J. y Sánchez, P. (2001), "Racionalidad sin utilitarismo. La caza y sus conflictos en El Escorial durante el Antiguo Régimen", *Historia agraria, revista de agricultura e historia rural*, núm. 24., pp. 123-151.

Fucho, F. (1998), *El Llibre de la caça: els sistemes de caça a la Fatarella*, Barcelona, Columna.

Gifre, P. (2009), *En la prehistòria dels hisendats. De senyors útils a propietaris (Vegueria de Girona, 1486-1730)*, Tesi doctoral, Girona, Universitat de Girona.

González Pellejero, R.. (1993), *La actividad cinegética en la España contemporánea: transformaciones sociales y espaciales de un recurso natural*, tesis doctoral, Santander, Universidad de Cantabria. Departamento de Geografía, Urbanismo y Ordenación del Territorio.

Lladonosa, J. (2005), *El gran llibre de la caça*, Barcelona, Empúries.

Manual de policía rural (1913), *por la redacción de El Consultor de los Ayuntamientos y los juzgados municipales*, Madrid.

Martínez Alcubilla, M. (1886), *Diccionario de la Administración Española*, Tom III, Madrid.

Neeson, J. (1993), *Commoners: Common Right, Enclosure and social change in England, 1700-1820*, ed. Past and Present publications, Cambridge.

Ortega Santos, A. (2001), "La desarticulación de la propiedad comunal en España, siglos XVIII-XX. Una aproximación multicausal y socioambiental a la historia de los montes públicos", *Ayer*, núm. 42, pp. 191-212.

Pellicer, M. (2003), *Els tancaments de terres a Catalunya: fonts per a l'estudi d'una revolució silenciosa: 1714-1783*, Treball de recerca de doctorat, Girona, UdG.

Pellicer, M. (2007), "Los cercamientos de tierras en Cataluña. Fuentes para el estudio de una 'revolución silenciosa' (1714-1785)", en Congost, Rosa i Lana, José Miguel, *Campos cerrados, debates abiertos. Análisis histórico y propiedad de la tierra en Europa (siglos XVI-XIX)*, Universidad Pública de Navarra, pp. 249-292.

Pérez Vicente, I. (1991), "Legislación cinegética en España: Evolución y actualidad", *Agricultura y Sociedad*, núm. 58, pp. 173-185.

Saguer, Enric (coord.) (2005), *Els últims hereus: història oral dels propietaris rurals gironins, 1930-2000*, Barcelona, Generalitat de Catalunya, Departament de Cultura (Temes d'etnologia de Catalunya, núm. 10).

Serrano Jiménez, Lluís (2015), *Els tancaments de terres a la Catalunya del segle XIX*, tesis doctoral, Girona, Universitat de Girona.

Thompson, E. P. (2000 [1991]), *Costumbres en común*, Crítica, Barcelona.

Thompson, E. P. (2010 [1975]), *Los orígenes de la Ley Negra. Un episodio de la historia criminal inglesa*, Buenos Aires, Siglo XXI ed.

Vayreda, Marià (1984), *Obres completes*, Barcelona, Selecta

Vayreda, Marià (1980 [1904]) *La punyalada*, Barcelona, Selecta.

Vilar, Pierre (1966), "Pastura i closa", *Catalunya dins l'Espanya moderna*, vol. III, Edicions 62, Barcelona, p. 245-253.

6

Especulación, conflicto y fiscalidad en torno a los ejidos

Córdoba (Argentina), 1800-1860

ANA INÉS FERREYRA

Introducción

Como se sabe, desde los primeros tiempos de su fundación, la ciudad de Córdoba tuvo asignados espacios públicos dentro y fuera de la traza urbana, a semejanza de lo que ocurrió en la mayor parte de las ciudades fundadas por los españoles en América. En el exterior de la traza urbana, se le asignaron diferentes tipos de terrenos comunales como dehesas, pastos comunes y ejidos. Estos últimos primero fueron administrados por el cabildo de la ciudad a través de un funcionario, el recaudador del "ramo de egidos". Luego, cuando la ciudad se convirtió en cabecera de la provincia federal del mismo nombre, en 1824, se suprimieron los cabildos por el ministro de Hacienda provincial y en 1857, por la municipalidad. Finalmente fueron suprimidos en las últimas décadas del siglo XIX, cuando los terrenos comunes de la periferia debieron ser "redimidos" por sus tenedores o vendidos a particulares por el fisco.

De las aéreas públicas citadas, nos centraremos en los ejidos, terrenos de gran importancia, no solo para el desarrollo de la ciudad sino también desde el punto de vista estratégico, político, social y económico. No existen muchos trabajos sobre el tema y hasta el momento, se ha puesto la atención solo en ciertos aspectos que se refieren esencialmente a su conformación y distribución, sobre todo durante los primeros siglos de la colonización. Resta analizar otras cuestiones que se generaron en torno a estos sitios comunales y que son específicas de la realidad cordobesa. Con ese propósito, en este capítulo abordamos aspectos quizás menos transitados pero reveladores de comportamientos sociales, conflictos políticos dentro y fuera de la institución e incluso de las finanzas públicas provinciales. Esto implica estudiar las tierras ejidales como factor de especulación y conflicto entre quienes detentaban la propiedad útil de los predios y los que representaban a los intereses de la ciudad, como manifestación de relaciones de poder y prestigio y como herramienta de fiscalidad del poder político.

Como hemos dicho, no son muchos los trabajos específicos sobre tierras ejidales en la Argentina. Se puede decir que es bastante reciente el interés por esas cuestiones, producto no solo de una renovación metodológica sino temática, que buscó complejizar algunas explicaciones a través del análisis de nuevas cuestiones como la formación de los pueblos, las áreas de labranzas y las formas de acceso a la tierra. La producción historiográfica respectiva muestra una marcada preferencia por el análisis de dos espacios bastante diferentes en cuanto a sus trayectorias de ocupación, poblamiento y organización de la propiedad: la provincia de Buenos Aires y la provincia de Córdoba. La primera en el litoral atlántico, con una historia de ocupación tardía de la mayor parte de su suelo, y la segunda en el centro del país, con una historia de temprana ocupación y poblamiento en la zona norte y oeste.

Dadas las diferencias señaladas, la evolución de los ejidos tuvo características específicas en cada punto y en consecuencia los análisis al respecto siguen derroteros distintos. En el primero, los trabajos están más orientados al rol desempeñado por los ejidos en la conformación de los pueblos del interior provincial (Banzato, 2005; Barcos, 2007, 2012, 2013a, 2013b; Barcos y Lanteri, 2015). En el segundo, la producción apunta más a la creación y evolución de los ejidos en la ciudad de Córdoba, cuya existencia fue importante y significativa desde los primeros años de su fundación. Para la ciudad de Córdoba, la primera publicación significativa es un valioso trabajo de compilación de documentos sobre ejidos que contiene reglamentos, escrituras de censos enfitéuticos, redenciones o compras y algunos listados de enfiteutas desde 1773 hasta la segunda mitad del siglo XIX, que sirvió de base para trabajos posteriores (S.J. Grenon, 1931). Más elaborado y completo es el trabajo de C. Luque Colombres que analiza el origen y la evolución institucional de esas tierras comunales (Luque Colombres, 1958). Años más tarde apareció otro trabajo que se ocupa del tema con el acento puesto en la evolución de la traza urbana (Peage, 2004).

1. Los terrenos comunales o ejidos en Córdoba

Dijimos que la provincia de Córdoba tiene una historia de ocupación temprana de una buena parte de su actual territorio. Fue fundada para vincular la región de los minerales con el ancho Río de la Plata, que conducía al amplio mar océano y finalmente, llegar a España por una vía más directa y menos costosa que la complicada vía de Porto Bello – Panamá – El Callao – Lima – Alto Perú. Favorecida por esta circunstancia, muy pronto se convirtió en la ciudad más importante y desarrollada del Tucumán, al menos a lo largo del siglo XVII y hasta una buena parte del XVIII.[1] Fue el

---

[1] En el virreinato del Perú se organizaron tres gobernaciones independientes pero vinculadas al virrey que residía en Lima: la del Paraguay, la del Plata y la del Tucumán. En esta última, incorporada en 1567 al Perú, nunca se definieron los límites, pero, aproximadamente, comprendía los territorios

centro redistribuidor del tráfico de esclavos y de efectos de Castilla y productora de ganado y de sus derivados, con los que abastecía a las regiones del norte, del litoral e incluso llegaba a Brasil, especialmente con sus tejidos rústicos.

Pero a pesar de la importancia que desempeñaba la ciudad de Córdoba, no salió de sus 70 cuadras iniciales hasta la reactivación económica y el aumento poblacional de mediados del siglo XVIII. Fue fundada el 6 de julio de 1573, días antes que la corona española dictara las *Ordenanzas sobre descubrimiento nuevo y población* que mandaban que una vez trazada la planta de la ciudad se debían señalar ejidos "en tanta cantidad que aunque crezca la población, haya bastante espacio para recrear, sembrar y salir los ganados" (Torres de Mendoza, 1867: 527-528). Como no existía tal obligación, en el acta de fundación no se mencionan los ejidos; pero algunos autores señalan que al año siguiente el propio fundador designó un espacio a la salida de la traza urbana para prados o ejidos (Luque Colombres, 1958: 98). Más allá de la discusión acerca de si fue el propio fundador o el gobernador que le sucedió, muy pronto quedaron determinados los espacios para los suelos comunes o ejidales por fuera de la traza urbana, rodeando a la ciudad y por los cuatro puntos cardinales: ejidos del sur, del norte, del este y del oeste. Estas propiedades comunales permanecieron despobladas hasta mediados del siglo XVIII, cuando se produjo un paulatino desarrollo como efecto de que algunas de las reformas borbónicas comenzaron a hacerse sentir en estas latitudes, complementadas, sin dudas, por el siempre presente comercio intérlope. Transformaciones que no solo

---

actualmente argentinos pertenecientes a las provincias de Salta, Tucumán, Santiago del Estero, Catamarca, La Rioja y Córdoba. Hasta fines del siglo XVII, Santiago del Estero fue la sede de las autoridades. Posteriormente, hacia 1776, se creó el virreinato del Río de la Plata y en 1782 la Real Ordenanza de Intendentes organizó en la nueva entidad virreinal, una división administrativa de ocho intendencias. Una de ellas fue la de Córdoba del Tucumán con capital en Córdoba, que comprendía las jurisdicciones de La Rioja, San Juan, San Luis y Mendoza.

se manifestaron en un notable aumento de la población y en una demanda de tierras para laboreo, sino que las arcas estatales necesitaron contar con ingresos superiores que les posibilitaran hacer frente a las mayores demandas de atenciones y servicios públicas.

Como los ejidos eran bienes privativos del "común" -representado por el cabildo de la ciudad- no se podían vender, al menos en la letra de las normas. Por este motivo, se decidió colocarlos a censo enfitéutico, como se venía haciendo con los terrenos de los "propios" en los solares urbanos. El mecanismo de concesión fue simple: comenzaba con la denuncia que realizaba un particular ante el cabildo sobre la existencia de una tierra baldía a la salida de la *traza de la ciudad,* que pretendía *poblar y edificar.* El cabildo, luego de corroborar su existencia, designaba un perito para que estimara su valor.[2] Efectuada la tasación, sobre el monto resultante, el enfiteuta debía pagar anualmente el 5% en calidad de censo o alquiler. Una vez aceptada en estos términos la operación, el interesado ratificaba ante el escribano de hacienda su voluntad de *poblar y edificar* el ejido y reconocía expresamente que no recibía los derechos de propiedad directa, puesto que estos seguían perteneciendo al cabildo, sino la utilidad del dominio. Asimismo reconocía que si en el término de 2 años no cumplía con algunos de los requisitos señalados, el titular del dominio directo podía

---

2   No resulta fácil conocer los valores a que se tasaban los terrenos de ejidos porque, por lo general, la documentación solo consigna el monto del canon abonado pero muy pocas veces la superficie del terreno y el precio tasado. Más aun, los precios variaban según la calidad de la tierra y su ubicación, que en la mayoría de los casos, tampoco se aclaran; por esta razón, entre otras, es difícil hacer relación de precios. Por ejemplo, en 1773, en el norte se tasaron algunos sitios: a 20 pesos plata (en adelante ppl) de a 8 reales (r) la vara;[2] a 5 ppl y a 20 ppl 7 r la vara,[2] todos en el mismo sector, sin especificar la calidad del suelo cedido en dominio útil (Grenon P., 1931: 13). Para darnos una idea aproximada de lo que significan estos valores, recordemos que en las últimas décadas del siglo XVIII un peón ganaba entre 2 y 3 ppl mensuales, según fueran sus responsabilidades; un capataz de la estancia de Caroya, 6 ppl; 1@ de yerba costaba 2 ppl y 6 la de azúcar; un poncho entre 1 ppl y 1 ppl 2 r; 1 @ de carne salada, 1 ppl (Ferreyra, 2013).

quitarle sus derechos y cederlos a otro. Como no se esti-
puló en ningún momento el término de la cesión sino solo
la pensión anual por su usufructo, la concesión quedaba
adjudicada *sine die*; es decir, sin plazo o fecha determinados,
circunstancia que dio lugar a las especulaciones y conflictos
que veremos posteriormente.

El aumento en la demanda de las tierras de ejidos
obligó al gobierno de la ciudad a ejercer un mayor control
sobre la existencia y funcionamiento de los mismos, y a
partir de 1773 se confeccionaron listas con los enfiteutas
con el monto abonado (Grenon, 1931). Pero no todos los
espacios ejidales tuvieron similar evolución (Luque Colombres, 1958: 109). La topografía de los ejidos del sur de la
ciudad, barrancosos, con montes y sin aguadas, no fueron
los preferidos. En cambio, los del norte y este, próximos al
río, se ocuparon primero y otro tanto ocurrió con los del
oeste, sobre todo a partir de las obras de riego construi-
das en la gestión del gobernador marqués de Sobremonte.[3]
Como hemos adelantado en la introducción de este texto,
el cabildo siguió administrando y cobrando las rentas de
los ejidos hasta que se suprimieron los cabildos en todo el
territorio provincial; el 30 de diciembre de 1824 y en abril
del año siguiente, fondos, impuestos y bienes municipales
pasaron a la Tesorería de la provincia, por lo tanto, también
los ejidos (Compilación… 1ª: 22-23.)

---

[3] Existen varios planos de la ciudad de Córdoba en los que se puede observar
la paulatina ocupación de los ejidos. Al respecto ver: Márquez Miranda F.
(1932); Outes F. (1930), Grenon P. (1931). Citados por Luque Colombres C.,
1958: 99 y 105. Al final de este capítulo incluimos los planos de 1809 y 1875.

2. Los ejidos: negocios de pocos y conflictos de muchos

Los escasos controles ejercidos por quienes tenían la responsabilidad de administrar los ejidos –tanto el cabildo como luego el Estado provincial- hicieron posible contravenciones de todo tipo, desde tasaciones subvaloradas, tráfico de influencias, diversas situaciones de privilegios hasta el pago irregular de los cánones. A esto se le sumaba el hecho de que las concesiones no tenían término fijo, ni menos aun se aplicaban las disposiciones con el rigor que exigían los reglamentos. Este descontrol por parte de las autoridades posibilitó, entre otras cosas, una notable especulación en torno a ellos. A través de operaciones denominadas de "traspaso" se efectuaron numerosas transferencias del dominio útil a precios elevados, cercanos al valor tasado al entregarlo en enfiteusis.[4] A lo largo del período estudiado hemos ubicado muchas operaciones de este tipo, con un llamativo aumento de su valor en la década de 1840, época de graves conflictos políticos y de gran escasez de fondos en las arcas públicas.[5]

El sistema de *traspaso de ejidos* no solo continuó por los beneficios fáciles que obtenían los enfiteutas titulares, sino también porque fue rentable para la institución que ocasionalmente representaba los intereses del "común". En cualquiera de los casos, el fisco se

---

[4] A pesar de la falta de datos, hemos podido reconstruir aproximadamente algunos valores de traspaso como para dar una idea del negocio que esto significó: un ejido tasado originalmente en 60 ppl se traspasó a 130 ppl mientras que otro que había sido tasado en 460 ppl al primer enfiteuta, se traspasó a 300 ppl. Obviamente, el canon que pagaba el nuevo titular seguía siendo el mismo, es decir, el 5% de su tasación original de 60 ppl. Archivo Histórico de la provincia de Córdoba (AHPC), Registro 2, 1805-1826, t. 11; Registro 2, 1839-54, t 13.

[5] Entre otros, AHPC, Registro 2, 1805-1826, tomo 11, fs. 1, 4v., 6v, 10, 11, 13, 21, 23, 24; tomo 13; Registro 1, 1831-1836; Registro 2, 1930-1854.

beneficiaba con un ingreso extra, para nada despreciable, por cada operación de este tipo. En el caso de que el traspaso se hiciera con solicitud de permiso y presentación de la escritura ante las autoridades pertinentes, el fisco cobraba en calidad de impuesto, la vigésima parte del valor de la operación a quien cedía el derecho, mientras que del nuevo beneficiario del ejido, obtenía el pago de otro canon por el año en que se llevaba a cabo la venta. De esta forma, en el año en que se realizaba el traspaso, por el mismo terreno obtenía 2 cánones. El pago se debía hacer en el momento de la operación como requisito necesario para que fuera reconocida la operación. De esta forma, el Estado se aseguraba el pago del canon y por añadidura, doble que, como hemos dicho, no siempre se efectuaba con la regularidad que necesitaban las deterioradas finanzas públicas. Por cierto, estas operaciones de especulación no estaban contempladas en ninguna reglamentación sobre ejidos, y por el contrario, diferían bastante de los objetivos que se habían fijado para conceder en enfiteusis dichos terrenos. Pero la práctica se hizo de uso y costumbre durante el largo período de existencia de los ejidos y dio lugar a gran cantidad de controversias, reclamos y conflictos, donde se pueden observar claramente relaciones de poder e intereses de todo tipo de un grupo que integró o tuvo acceso fácil a los niveles de decisión.

Hemos localizado varios de los conflictos señalados pero nos detendremos en dos que, por su complejidad y duración, nos parecieron más demostrativos de lo que venimos analizando. El primero se origina en 1796 a raíz del traspaso del ejido que lleva a cabo el titular, Francisco Malbrán, a los pocos meses de habérselo otorgado el cabildo en enfiteusis. El conflicto se desarrolla en el seno de la Sala Capitular, entre el síndico procurador José García Piedra, el asesor designado en la causa, Victorino Rodríguez y el denunciante, alcalde Ambrosio Funes, rico comerciante del medio y

hermano del deán Gregorio Funes. Los demás intervinientes también son destacadas figuras del medio. El
alcalde A. Funes se opone al traspaso porque dice que
no ha dado conocimiento al cabildo de la operación y
responsabilizó al síndico García Piedra de actuar inco-
rrectamente al pasar por alto el hecho. Y aquí viene lo
más sustancioso de la disputa: el síndico le replica que
es sorpresivo el arrebato de Funes puesto que cuando,
poco tiempo atrás, en 1791, fue síndico procurador de
la ciudad, en el momento en que muchos ejidos pasaban
de mano en mano no objetó absolutamente nada. Es
más, agrega García Piedra, el mismo alcalde A. Funes
recibió una quinta de ejido que le traspasó Antonio
Díaz, sin dar cuenta al cabildo, y aún la sigue ocupan-
do sin problemas. Concluye su alegato con una firme
declaración: "basta con ver que no todas las quintas
situadas en el egido de esta ciudad se hallan en poder
de los primeros arrendatarios y esto no despierta las
sospechas del alcalde Funes..." (Grenon, 1931: 66-70).
Las acusaciones continúan y finalmente el expediente
se resuelve favorablemente para Malbrán, aunque Funes
consigue desplazar al asesor Rodríguez y poner en su
lugar un partidario suyo.

Lo que interesa del conflicto que acabamos de
relatar son esencialmente dos cosas. Una, comprobar
la frecuencia de una práctica de traspaso que no está
consignada en las reglamentaciones pero que es práctica
instalada tanto entre los particulares como entre los
administradores del ramo de ejidos. Otra cosa que se
observa es la disputa por el poder dentro de la Sala
Capitular entre dos bandos rivales, funesistas y sobremontistas, que no es otra cosa que el reflejo de lo que
ocurre en el escenario más amplio de la gobernación

intendencia, conducida por Rafael de Sobremonte; es decir, una reacción al régimen intendencial y al centralismo que representaba[6] (Ferreyra, 2005: 5-13).[7]

El negocio de los traspasos siguió en la época independiente con la misma fuerza y vigor. En 1824, el síndico Manuel de la Lastra denunció en el cabildo las maniobras fraudulentas que se realizaban en estos términos: "es público y notorio que hay muchos enfiteutas que no necesitan los grandes espacios de terrenos que pidieron en los arrabales donde ni los edifican, ni los cultivan y que entonces los arriendan a otros...",[8] y sugiere que el cabildo debiera ponerles término a esas concesiones enfitéuticas que se deben pasar a comiso o vender directamente. De este modo concluye de la Lastra, "se evitará una especulación porque hay quienes se aprovechan y hacen negocios con estos contratos privados de excesivas ganancias...".[9] Al parecer, el síndico Lastra no tuvo mayor éxito con sus reclamos porque meses más tarde vuelve a insistir: "el Cabildo debiera ponerle fin a esos abusos en alivio a tantos infelices que

---

6 Durante la gobernación intendencia del marqués Rafael de Sobremonte en Córdoba, 1783-1796, se conformaron dos bandos opuestos: los que apoyaban la política virreinal –los sobremontistas- y los funesistas, presididos por los hermanos Funes –Ambrosio, fuerte comerciante local y el deán Gregorio, de destacada actuación en los primeros años de la revolución por la independencia-, que se oponían fuertemente a la política virreinal y a su marcado diseño centralista, expresado en el orden político administrativo del régimen intendencial. Esta conformación provocó la reacción de los localismos del interior, claramente establecidos desde un comienzo en las ciudades y sus jurisdicciones. Su caja de resonancia fueron los cabildos, especialmente el de Córdoba. No obstante, el régimen intendencial prosiguió más allá de la Revolución de Mayo de 1810, a lo largo de la primera década emancipada, y concluyó en el estallido general de 1820, en que fue sustituido por un nuevo orden político administrativo, las provincias del orden federal.

7 Para ampliar el tema de funesistas y sobremontistas, véase Converso, 1980 y González, 1972.

8 AHPC. Registro 2, 1805-1826, t. 11, f. 2-3.

9 AHPC. Registro 2, 1805-1826, t. 11; Registro 2, 1839-54, t. 13.

viven en los suburbios como arrendatarios de los primeros enfiteutas, sin poder acceder directamente a los beneficios del sistema...".[10]

Pero también se generaron otros conflictos que no tenían mucho que ver con los mencionados traspasos. Recordemos que las concesiones de ejidos se fueron dando sin mayores precisiones en cuanto a la superficie otorgada y luego bajo las mismas condiciones se fueron redimiendo. Tanto el cabildo como el gobierno provincial no contaban con los recursos humanos ni con los instrumentos necesarios para mensurar los terrenos debidamente. Recién pasado el medio siglo XIX pudo intervenir en el control de las mensuras, cuando en diciembre de 1863 se creó el Departamento Topográfico (DT), que tuvo la función de examinar a los agrimensores, el nivel de sus capacidades, controlar y aprobar las mensuras que se practicaran y archivar una copia de los planos de todas las mensuras visadas.[11] A su vez, el DT era el único autorizado para asesorar a los jueces

---

[10] AHPC. Registro 2, 1805-1826, t. 11, f. 2-3.

[11] En Argentina, el avance territorial sobre las zonas llamadas "vacías", o bien sobre los espacios bajo dominio aborigen, no se dio en forma simultánea y uniforme en todo el país. En algunas jurisdicciones como en la provincia de Buenos Aires, desde la misma revolución por la independencia su historia estuvo marcada por una continua expansión hacia el sur y el oeste de la superficie, fomentada por una sostenida demanda internacional de productos ganaderos. En otros espacios del país la expansión fue más tardía y bastante diferente. En la provincia de Córdoba, si bien la ocupación de gran parte de su territorio norte y oeste fue bastante más temprana y significativa que en la provincia de Buenos Aires, la expansión territorial hacia la llanura del este y sur comenzó a incrementarse recién hacia mediados de la década de 1860, en que el país experimentó grandes transformaciones tanto en lo político como en lo social. Surgió la necesidad de un mayor control catastral y para ello se tomó en parte lo que ya había definido la provincia de Buenos Aires: la creación de un Departamento Topográfico. Esta provincia había encarado tempranamente la organización de la propiedad porque, como hemos señalado, la historia de ocupación de su territorio fue diferente. La expansión territorial y los conocimientos referidos a la topografía, geografía y geodesia en aquella provincia fueron necesarios no solo para los particulares sino también para el propio Estado provincial, que debía contar con la información necesaria acerca de la cantidad y calidad de las tierras fiscales para establecer su política.

en los litigios por tierras (Ferreyra, 2011). De modo que surgieron numerosos conflictos entre los enfiteutas por las superficies de terrenos que correspondían a unos y otros, y una vez redimidos estos, conflictos con los colindantes.[12]

3. La suerte de los ejidos sujeta a los vaivenes políticos

A partir de 1820, tras la disolución del gobierno central se abrió en el país una nueva etapa, donde las antiguas gobernaciones intendencias desaparecieron para dar lugar a nuevas jurisdicciones políticas administrativas, formadas a partir de las ciudades y sus zonas de influencia: las provincias del orden federal. Córdoba, como capital del orden intendencial que había sido, tenía experiencia institucional que aprovechó para su futura organización. Así, tras declarar su separación del poder central por medio de un cabildo abierto, en marzo de 1820, casi de inmediato arbitró los medios para conformar la asamblea provincial que, entre otras cosas, elaboró la norma fundamental de la provincia, el Reglamento Provisorio sancionado en enero de 1821. Dicha norma organizó la *cosa pública* de acuerdo con las características generales del Estado liberal, pero muchas de las cosas que se expresaban en aquel ordenamiento quedaron solo en la letra de la norma y el Estado funcionó en gran parte, como un embrión de organización, acosado por la escasez de fondos. Es que caído el poder central, cada nueva jurisdicción provincial debió procurarse sus propios recursos para financiar los gastos (Ferreyra, 1994; 1996).

En esa realidad la provincia de Córdoba tuvo sus propias urgencias presupuestarias acosada permanentemente por la escasez de recursos y conflictos bélicos internos y externos, y se vio obligada a tomar medidas extremas.

---

12 Entre otros, AHPC, Esc. 1, 1826, Leg. 46, Exp. 10; Esc. 4, 1846, Leg. 93, Exp. 1; Esc. 4, 1823, Leg. 59, Exp. 6.

Es más, hasta pasada la mitad del siglo XIX, la provincia atravesó una época de inestabilidad, de frecuentes cambios de alianzas políticas y de recurrentes crisis económicas[13] (Ferreyra, 1999: 238). En consecuencia, la suerte de los ejidos quedó atada a las coyunturas políticas.

Veámoslo un poco en detalle. Vuelta al pacto general que reunía de alguna manera a las Provincias Unidas del Río de la Plata, la provincia de Córdoba integró el Congreso de 1824, que tenía la intención de lograr una organización más formal; no obstante, su permanencia en el pacto no fue por mucho tiempo. Pero en el corto período que estuvo ligada se vio alcanzada por las decisiones generales. Así cuando a comienzos de 1826 el Congreso Nacional consolidó la deuda pública y afectó al pago de la misma las tierras y demás inmuebles de propiedad pública, prohibiendo que se los enajenara (Registro Oficial…: 111-112, 114), se planteó la cuestión del suelo fiscal y la facultad que tenía el gobierno nacional para disponer de él dentro de los límites de las provincias. El rechazo de las provincias era previsible desde el momento que la tierra constituía una abundante fuente de recursos, por lo que el Congreso terminó aplicando sus facultades. En los primeros meses de 1827 completó la disposición, determinando que también los recursos provenientes del arrendamiento de esas tierras declaradas no enajenables pertenecían a la nación. Pero Córdoba, por razones de fondo que superan el marco de las disposiciones

---

13 El déficit crónico de las finanzas cordobesas, producto de un paulatino y constante endeudamiento, se mantuvo en los mismos niveles a lo largo de la primera mitad del siglo XIX y aun en los años posteriores, pese a las reformas financieras que comenzaron a instrumentarse a partir de 1855. Recién se advierte una disminución en 1858, en que descendió el déficit un 48%, aunque esto no significa una tendencia estable porque en 1859 se recuperó un 16%. El descenso no se debió tanto a la capacidad de amortización sino a que disminuyeron los montos tomados; en alguna medida, debido a los esporádicos subsidios que el gobierno nacional otorgó a la provincia a partir de 1854.

sobre tierras del Congreso, ya había decidido su separación del pacto federal a fines de 1826. Volvía, por lo tanto, a disponer de sus tierras.

Como hemos señalado, los apuros financieros del erario provincial no cesaron y por el contrario, desde 1825 en adelante se profundizó el déficit. A ello se sumó la escasez general de circulante y a comienzos de 1827, una aguda crisis de inestabilidad política. Frente a esta grave situación, el gobierno procuró reforzar los organismos de seguridad acrecentando los efectivos y armamentos y por ese objetivo solicitó los recursos necesarios a la Asamblea Legislativa. En diciembre de 1826, la Sala lo autorizó a levantar un empréstito del vecindario por 15.000 pesos. La garantía de dicho empréstito fue el cobro de una contribución directa sobre los panaderos y vendedores minoristas y la venta de tierras públicas. Por esta razón, el 20 de marzo de 1827 se aprobó la *venta de ejidos y pastos comunes* y se autorizó al Ejecutivo a presentar la reglamentación por la que se procedería. Pero en junio de 1827, como no hubo acuerdo entre los legisladores sobre el alcance de la reglamentación presentada, la Sala tomó la decisión de facultar al Poder Ejecutivo para que directamente procediera a vender los ejidos y pastos comunes, dejando opción a los enfiteutas para que, en el término de dos meses, pudieran adquirirlos por el precio que se les había estipulado; es decir, redimirlos por el precio de su "investidura" (Brussa, Cánovas y Prósdócimo, 2001: 11-13 y 30-33).

Aquella disposición, que sin dudas fue fruto de las acuciantes necesidades financieras del gobierno, favoreció a los sectores más pudientes que contaban con el capital suficiente para la compra de los terrenos y dejó fuera a un considerable número de enfiteutas de menores recursos. Precisamente, volvían a quedar excluidos del sistema aquellos a que aludía Manuel de la Lastra en 1824. La Ley de 1827 propició numerosos traspasos de tierras de propiedad del Estado a la propiedad privada. Es decir, se produjo lo que se denominó *consolidación del dominio útil* en *dominio directo.* El

Poder Ejecutivo elaboró un reglamento que determinaba la forma en que se debía realizar la aludida consolidación. Una comisión compuesta por el ministro Juan Pablo Bulnes, el subintendente de policía y el fiscal de Estado, doctor Pablo Pastor, y el escribano de Hacienda, José Baños de Flores, tuvieron a cargo la revisión de todo el trámite. A tal efecto se abrió un *Cuaderno de Escrituras de Traza de ciudad* donde se asentaron la mayor parte de las escrituras de compra de los tenedores de ejidos.[14] Son en total 45 ventas de ejidos que se realizaron a lo largo del año 1827; aunque los trámites concluyeron bastante tiempo después y fueron registradas entre enero y febrero de 1829, todas las escrituras invocan los términos de la Ley de 1827.

Los recursos obtenidos de la redención de ejidos no fueron tan significativos para las finanzas públicas, pero constituyeron una opción para conseguir ingresos genuinos y reducir en alguna proporción las tradicionales formas de endeudamiento consistentes en préstamos de comerciantes, conventos y contribuciones forzosas sobre la población. Pero no es menos real que fue un modo de activar un patrimonio escasamente rentable, dado que el canon que se obtenía no solo era bajo sino que su cobro era muy relativo. Como ya hemos dicho, fueron frecuentes los casos de tenedores de ejidos que demoraban el pago de sus obligaciones, o que sencillamente no lo hacían nunca porque el Estado ejercía poco control al respecto. En realidad, carecía de instrumentos legales y fuerza de coacción para ejercer un poder efectivo. Otro elemento a destacar es que en las redenciones hubo una marcada preferencia por los ejidos mejor ubicados y con posibilidades de riego de la zona oeste de la ciudad, seguidos por los del norte y este, y en menor medida, por los de la zona sur con condiciones menos

---

14 AHPC. Registro 2, 1828-1850, t. 186.

atractivas. En general, las tierras ejidales se vendieron a precios más bajos que los que se manejaban en el mercado de tierras y aun en las ventas de tierras públicas.[15]

4. Cambios políticos y nuevos criterios sobre los ejidos

En abril de 1829 se abre una nueva etapa política en la provincia, tanto o más complicada que la anterior. El primer año de gobierno del general José María Paz estuvo dedicado a homogeneizar el frente interno, a coaptar nuevas alianzas en el plano externo y a demostrar a los demás gobiernos provinciales sus buenas intenciones. En este marco se explica el proyecto que el gobierno de Paz elevó a la Sala, en setiembre de 1829, recordando las restricciones existentes para enajenar las tierras públicas. El proyecto fue aceptado y sirvió de base a la Ley del 6 de octubre de 1829 que reconocía la vigencia de la ley en lo dispuesto en noviembre de 1827 (Compilación..., 1888: 47). Nuevamente las tierras de propiedad del Estado no debían enajenarse de manera alguna pero podían darse en arriendo. La ley determinaba que las mejoras por parte de los futuros arrendatarios serían evaluadas y reconocidas a su favor, llegado el momento de enajenarlas para el pago de la deuda nacional. En esa ocasión se le reconocería también al arrendatario prioridad en la compra y el derecho de adquirirlas por el monto en que se habían evaluado al establecer el canon. Meses más tarde, la Sala Legislativa completó lo que había dispuesto por la ley

---

15 Ya hemos señalado que no resulta fácil establecer una comparación porque no siempre los datos son suficientes y varían de acuerdo con la superficie y las condiciones del terreno. De todos modos podemos señalar algunas diferencias. Así mientras F. Recalde en enero de 1829 redime un ejido en la zona oeste de 999 varas^2 (v^2) a 50 ppl; en 1824, L. Ramos vende un sitio también en el oeste de 231 v^2 a 130 ppl. En 1825, P. Molina vende un sitio de 260 v^2 en la misma zona a 143 ppl, en tanto J. Ramallo redime 50v^2 de ejido en 81 ppl. AHPC, Registro 1, 18028-1830, t. 186; Registro 2, *1805-26*, f. 28v., 106v, 114.

de octubre, con la sanción del 15 de diciembre de 1829, por la que autorizaba al gobierno para que fijara el canon que debían pagar los que arrendaran los terrenos de la provincia afectados a la deuda nacional.

Sin dudas las nuevas disposiciones de 1829 que restringían la enajenación de la tierra fiscal tuvieron alguna incidencia, al menos por el tiempo efímero que duró la estrategia de Paz no se produjeron ventas de ejidos en cantidad significativa. A partir de 1830 se volvió paulatinamente a la práctica anterior de redención. Al respecto Grenon transcribe una lista de los ejidos redimidos hasta el año 1834 que suman 59 ventas (Grenon, 1931: 139-142).

Años más tarde se registraron otras redenciones a nombre de empleados de la administración del gobernador Manuel López, que solicitaban abonarlas por cuenta de sus *devengados*.[16] Esta forma de pago fue frecuente también en operaciones sobre las tierras públicas de la campaña. Este hecho agrega otro elemento importante a tener en cuenta. La venta de ejidos sirvió al Estado de *moneda de la tierra* para saldar sus deudas sobre todo para el pago de sueldos atrasados. La redención de ejidos continuó muy esporádica en los años subsiguientes, entre 1837 y 1845 se registraron solo nueve ventas (Grenon, 1931: 149-151). Pero esta disminución en las operaciones tiene que ver en buena parte con el desorden administrativo con que se tomaron y registraron. Al respecto hubo repetidas quejas y denuncias de los propios enfiteutas contra los funcionarios responsables, que no asentaban debidamente sus pagos y que luego los acosaban con amenazas de comisos. Esto ocasionó otra serie de conflictos, muchos de los cuales terminaron en costosos juicios.

---

16 AHPC, Hacienda. Libro Comprobante de Hacienda Nº 440,1837, comprobantes Nº 74, 74 v. y 186; Hacienda, Libro Manual, 1847, f. 41, Hacienda, Libro Comprobante de Hacienda, 1847, comprobante Nº 547; Hacienda, Libro Comprobante de Hacienda Nº 560, 1848, comprobante Nº 312; Registro 3, 1850-1856, t. 19.

5. Los nuevos tiempos y el fin del régimen de enfiteusis sobre ejidos

Con la firme intención de poner fin a todas las situaciones descriptas anteriormente, la Sala de Representantes dictó la Ley del 27 de junio de 1856 por la que suspendía la pena de comiso y los juicios pendientes sobre denuncia o traspaso, redención o traspaso del dominio útil de los terrenos de enfiteusis hasta que se dictara una nueva reglamentación. No obstante, conservaba el sistema con el mismo canon del 5% sobre el valor del ejido y sin límite de tiempo; se delinearon, en cambio, algunos reajustes tendientes a mejorar las condiciones generales del sistema, sobre todo a regularizar el pago del canon (Compilación..., 1890: 17).

En setiembre de 1856 se estableció el régimen municipal, y meses después, el 9 de julio de 1857, comenzó a funcionar. En consecuencia, la ciudad recuperó de manos del gobierno provincial la administración de sus bienes y sus recursos, entre ellos, las rentas enfitéuticas, que pasaron a integrar su presupuesto (Compilación..., 1890: 18-22).

Posteriormente, como el Código Civil de 1869 no permitió nuevas enfiteusis, la municipalidad no tuvo otra salida que liberar los terrenos concedidos bajo ese gravamen, a cuyos efectos dictó una ordenanza el 4 de setiembre de 1874, reiterada en 1882, por la que obligaba a los tenedores de ejidos a redimirlos y si así no lo cumplimentaran, serían pasados a comisos (Digesto..., 1896: 86).

Si bien concluyó de esta forma el sistema de ejidos enfitéuticos, al tiempo en que fue suprimido ya había cumplido con creces con uno de los objetivos más sentidos por los que fue creado: el de fomentar la población de la ciudad de Córdoba más allá de la traza urbana originaria, como se puede observar en el mapa de 1875, confeccionado por C. Braly, donde figuran los ejidos ya urbanizados en las postrimerías de la vigencia del régimen enfitéutico, que se consignan al final de este texto (Luque Colombres, 1958: 113).

Conclusión

Gran parte de las ciudades fundadas por los españoles en América tuvieron asignados espacios públicos y de uso común en el interior y en el exterior, rodeando la traza urbana. No obstante, su tratamiento no fue similar y dependió de las características de cada lugar y de las circunstancias que acontecieron en el transcurso de su historia. En México, expresa D. Marino (2016), el ejido colonial que fue parte de las tierras constitutivas de pueblos de indios, de ciudades y de villas mantuvo existencia jurídica aun después de la Reforma liberal de mitad del siglo XIX, régimen que promulgó un nuevo sistema de propiedad. La revolución desde 1915-1917 estableció un nuevo ejido como motor de desarrollo campesino. De modo que el ejido colonial llegó a coexistir con el nuevo ejido revolucionario, a pesar de las distintas concepciones jurídicas y los diferentes sistemas de usos y propiedad de la tierra. Obviamente estas características no se mantuvieron en muchos espacios de lo que fue el inmenso imperio español. Es más, las diferencias se hacen presentes incluso entre las propias jurisdicciones que conformaron la república Argentina.

Para la provincia de Buenos Aires, F. Barcos (2007) explica que durante la colonia se dictaron normas específicas para ordenar la situación legal de poseedores y propietarios de terrenos de pastoreo y labranza. Producida la revolución, en la primera década independiente los gobiernos siguieron la misma política y objetivos: asentar poblaciones y cultivos en zonas que circundaban los pueblos. Pero a mediados de la segunda, durante la presidencia de Bernardino Rivadavia, 1826-1827, se determinó que las tierras baldías de los ejidos fueran incluidas en el régimen enfitéutico. En el gobierno de Manuel Dorrego, 1827-1828, se establecieron las disposiciones sobre la forma de obtener esas tierras y se autorizó a los comandantes militares a entregar en donación suertes de tierras, quintas y chacras, a los pobladores de los fuertes de fronteras. En 1830 otro gobernador, Juan Manuel de Rosas, ordenó entregar en arrendamiento las tierras de quintas y ejidos; años más tarde, en 1858, fueron puestas en venta. Pero el ordenamiento legal recién se dio a partir de 1862 y en 1870 se sancionó la Ley de Ejidos, cuando ya quedaban muy pocas porque la mayoría se había vendido.

En la ciudad de Córdoba, el derrotero de los ejidos fue sustancialmente diferente: estuvieron administrados y controlados primero por el cabildo, hasta su supresión en 1824, por la hacienda provincial, en el resto del período conocido como de las *autonomías provinciales*, y finalmente en 1857, por la municipalidad de la ciudad. Estas propiedades comunales permanecieron despobladas hasta mediados del siglo XVIII, cuando algunas de las reformas borbónicas comenzaron a hacerse sentir en estas latitudes y produjeron un paulatino desarrollo. Como consecuencia, hubo un aumento de la población y una demanda de tierras para laboreo. Conjuntamente con esta reactivación, crecieron también las demandas de atención y servicios públicos de modo que los responsables de las arcas estatales se vieron precisados a incrementar los ingresos. Pero como los ejidos eran bienes privativos del "común" y no se podían enajenar, al menos en la letra de las normas, se decidió entonces colocarlos a censo enfitéutico. Con diversas modalidades, el sistema se mantuvo desde fines del siglo XVIII hasta que, para cumplir con las disposiciones del Código Civil, por medio de las resoluciones de 1874 y 1882, tuvieron que ser "redimidos" por sus tenedores o vendidos a particulares.

A través de las marchas y contramarchas a que se vio forzado el sistema de ejidos enfitéuticos se pudo observar que estos terrenos comunales no pocas veces fueron la caja de resonancia de conflictos políticos mayores, que superaban la cuestión de los ejidos. Como se pudo observar en 1796, con la disputa entre el alcalde Ambrosio Funes, el síndico procurador García Piedra y el asesor designado en la causa, Victorino Rodríguez. Más allá de las acusaciones hechas por ambos lados, lo que se observa es la disputa por el poder dentro de la Sala Capitular entre dos bandos rivales, funesistas y sobremontistas, como reflejo de lo que ocurre en el escenario más amplio de la gobernación intendencia, conducida por Rafael de Sobremonte.

Pero además, los ejidos revelaron otras cuestiones no menos significativas como fueron los negocios que ambos sectores intervinientes -enfiteutas y fisco- hicieron a través de complicadas operaciones de traspaso del dominio útil del ejido a un tercero. Los traspasos se hicieron por montos bastante superiores a los que se les habían concedido y solo lo podían concretar aquellos que poseían un capital importante y fuertes vinculaciones políticas que les posibilitaran el acceso a los ejidos. Por su parte, también la institución administradora hizo negocio porque cobraba, en forma inmediata, doble canon por un mismo ejido. Si bien la práctica de traspaso no estuvo consignada en las reglamentaciones, al menos estuvo instalada en la práctica tanto entre los particulares como en los administradores del ramo de ejidos.

Hubo también otros conflictos que se generaron con los ejidos. Las concesiones de ejidos se fueron dando sin mayores precisiones en cuanto a la superficie otorgada y luego, bajo las mismas condiciones, se fueron redimiendo. Tanto el cabildo como el gobierno provincial no contaban con los recursos humanos ni con los instrumentos necesarios para mensurar los terrenos debidamente. Recién pasado el medio siglo XIX pudo intervenir el Estado provincial en el control de las mensuras, cuando en diciembre de 1863 se creó el Departamento Topográfico, que tuvo la función de examinar a los agrimensores, el nivel de sus capacidades, controlar y aprobar las mensuras que se practicaran y archivar una copia de los planos de todas las mensuras visadas. De modo que surgieron numerosos conflictos entre los enfiteutas por las superficies de terrenos que correspondían a unos y otros, y una vez redimidos estos, más conflictos con los colindantes.

A su vez, si bien las arcas del Estado no recaudaron ingresos importantes con la redención de los ejidos, al menos la venta fue más conveniente que el dificultoso cobro de los cánones, debido, esencialmente, a la falta de efectividad del Estado que no pudo implementar un buen sistema de cobro, ni mucho menos hacer cumplir las obligaciones pactadas con el enfiteuta. Lo que se logró, sin dudas, fue ampliar la jurisdicción de la traza urbana con una serie de quintas y comercios que constituyeron un nuevo espacio periurbano por sobre terrenos rurales.

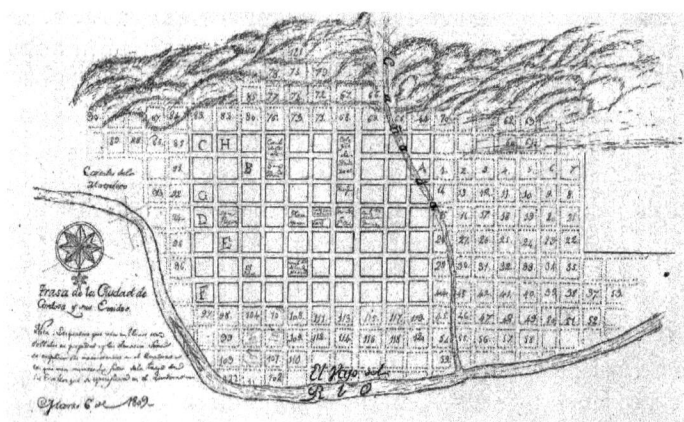

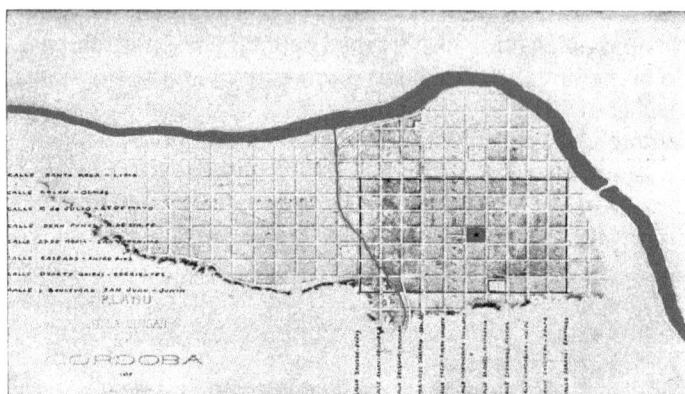

Bibliografía

Banzato, G. (2005), *La expansión de la frontera bonaerense. Posesión y propiedad de la tierra en Chascomús, Ranchos y Monte, 1780-1880*. Bernal: Universidad Nacional de Quilmes.

Barco, F.M. (2007), "Los ejidos de los pueblos de campaña: ocupación y acceso a la propiedad legal en Montes, 1829-1865", *Mundo Agrario*, 7 (14). Disponible en https://goo.gl/cWw4DV.

Barcos, M. F. (2012), "El influjo del Derecho Indiano en la legislación sobre ejidos de la Provincia de Buenos Aires, 1782-1870", *Revista de Indias*, LXXII (256), pp. 687-716. DOI:10.3989/revindias.2012.22.

Barcos, M. F. (2013), *Pueblos y ejidos de la campaña bonaerense. Una historia socio-jurídica de los derechos de propiedad y la conformación de un partido: Mercedes, 1780-1870*. Rosario: Prohistoria Ediciones, Col. Historia Argentina, 22.

Barcos, M. (ene. 2013), "Los derechos de propiedad ejidal en el contexto desamortizador iberoamericano. La campaña de Buenos Aires, siglo XIX", *América Latina en la Historia Económica* de América Latina, 20, pp. 98-125.

Barcos, M. F. y Lanteri S. (2015), "Poblamiento y derechos de propiedad sobre pueblos, campos y ejidos en la frontera de Buenos Aires (siglo XIX): criollos e indígenas en Azul y Tapalqué". Rural History Conference, Girona.

Brusa, C.; Cánovas, V. y Prosdócimo, C. (2001), *La tierra y el mundo agrario a través de su legislación. La provincia de Córdoba en el siglo XIX*. Serie documental XIV. Córdoba: Centro de Estudios Históricos.

Compilación de Leyes, Decretos, Acuerdos de la Excelentísima Cámara de Justicia y Demás Disposiciones de Carácter Público Dictados en la Provincia de Córdoba desde 1810 a 1870 (1890). 1856-1862, Córdoba: edición del Estado.

Converso, F. (1980), "La facción funesista en Córdoba", *Revista del Centro de Estudios Históricos*, año 1, N° 1, pp. 3-8.

Digesto de Ordenanzas, Acuerdos y Decretos de la Municipalidad de la ciudad de Córdoba (1857 a 1894) (1896). Córdoba.

Ferreyra, A. I. (1994), *Elite dirigente y vida cotidiana en Córdoba, 1835-1852.* Córdoba, Centro de Estudios Históricos.

Ferreyra, A. I. (1996), "Grupo de decisión y poder legislativo en Córdoba, 1835-1852", Junta Provincial de Historia de Córdoba, *Jornadas de Historia de Córdoba entre 1830 y 1950.* Córdoba, pp. 11-33.

Ferreyra, A. I. (1999), "Las finanzas públicas de la provincia de Córdoba, 1820-1855", *Investigaciones y Ensayos*, 49, pp. 225-286.

Ferreyra, A. I. (2005), *Un intento de organización desde el Interior del país. José María Paz en Córdoba, 1829-1831.* Córdoba, Centro de Estudios Históricos, Prof. C.A. Segreti.

Ferreyra, A. I. (2011), "La organización de la propiedad en la provincia de Córdoba: de la etapa de las autonomías provinciales al Estado nacional. Argentina, siglo XIX", *América Latina en la Historia Económica* de América Latina, 35, pp. 179-207.

Ferreyra, A. I. (2013), *Un mercado de tierra incipiente en la provincia de Córdoba. Argentina, 1780–1855. XIV* Congreso de Historia Agraria. Asociación Española de Historia Agraria. Disponible en https://goo.gl/M45g1o.

González, M. (1972), *Ambrosio Funes*, trabajo de Licenciatura. Universidad Nacional de Córdoba, Facultad de Filosofía y Humanidades, Escuela de Historia. Córdoba (inédito).

Luque Colombres, C. (1958), "Los ejidos de Córdoba y la enfiteusis", *Revista del Instituto de Historia del Derecho,* Facultad de Derecho y Ciencias Sociales de la Universidad de Buenos Aires, 9, pp. 97-107.

Luque Colombres, C. (ene. 1985), "La Real Instrucción de 1754. Su aplicación en Córdoba del Tucumán", *Revista Chilena de Historia del Derecho*, 11, pp. 43-51. Doi:10.5354/0719-5451.1985.25001 (fecha de acceso: 28 oct. 2015).

Marino, D. (2016), "El ejido colonial mexicano, revolucionario: rural o urbano", V Encontro Rural RePort – XV Congreso de Historia Agraria de la SEHA, Lisboa, disponible en DOI 10.15847/CIESUL/2016.

Márquez Miranda, F. (1932), "Cartografía colonial del virreinato del Río de la Plata", *Boletín del Instituto de Investigaciones Históricas*, XV (35).

Peage, C. A. (2004), "Los ejidos como espacio comunal de la ciudad de Córdoba del Tucumán", *Revista de Indias*, LXIV (232), pp. 635-650.

Outes, F. (1930), *Cartas y planos inéditos de los siglos XVII y XVIII y el primer decenio del XIX*. Buenos Aires, Lamina XXIX.

Registro Oficial de la República Argentina que comprende los documentos desde 1810 1870 (1880). Buenos Aires: La República, t. 2º, 1822-1852.

Tell, S. (ago. 2010), "Expansión urbana sobre tierras indígenas. El pueblo de La Toma en la Real Audiencia de Buenos Aires", *Mundo Agrario*, [S.l.], 10 (20). Disponible en https://goo.gl/HycXmS (fecha de acceso: 28 oct. 2015).

Torres de Mendoza, L. (1867), *Colección de documentos inéditos relativos al descubrimiento, conquista y organización de las antiguas posesiones españolas de América y Oceanía*. Madrid: Imprenta de Frías y Cñia.

7

El protectorado español del norte de Marruecos (1912-1956)

Colonización agrícola, transformaciones territoriales y modernización rural

JESÚS MARCHÁN

Introducción: el colonialismo español en Marruecos y la revalorización agrícola

A principios del siglo XX se implantó en Marruecos un doble protectorado, francés y español, bajo el pretexto de la necesidad de modernizar el país alauita. Este acto de ocupación colonial se enmarca en el proceso de expansión imperial hacia África, que se intensificó a partir de la segunda mitad del siglo XIX. También en el de la penetración europea en el Magreb, iniciada con la toma de Argel en 1830, y especialmente favorable para el imperio francés, que extendió su influencia sobre Argelia, Túnez, Mauritania y la mayor parte de Marruecos, incluyendo sus zonas más ricas en recursos naturales. Italia y España se repartieron el resto. La primera se hizo con Libia, mientras que la segunda, a pesar de reivindicar insistentemente unos derechos históricos, consiguió una pequeña franja de territorio en el sur, y otra en el norte de Marruecos, de unos 20.000 km2, pobres en recursos. En esta última fue donde se desarrolló la mayor parte de la acción colonial española (Wesseling, 1999; Rogan, 2010: 174-229; Madariaga, 2013).

Hasta finales del siglo XVIII Marruecos y España mantuvieron una vecindad histórica salpicada de conflictos, especialmente en lo concerniente a la conquista de varios enclaves del litoral norteafricano por parte de la potencia europea. El factor religioso, la disparidad cultural y cuestiones de orden geoestratégico fueron causantes de numerosos enfrentamientos. Esta falta de comprensión mutua contribuyó a que a lo largo del siglo XIX perdurara un sentimiento de recelo en la península ibérica que se transformó en una actitud imperialista. Los relatos de viajes y descripciones del país alauita así lo atestiguan, ofreciendo una imagen de atraso, de una sociedad dominada por la barbarie y el fanatismo, que en su mayor parte vivía en la miseria y era totalmente refractaria a cualquier influencia europea (Martín, 2002a; Marín, 2015: 25-55). A principios del siglo XX se inició un proceso de penetración colonial como consecuencia del cerco diplomático y económico iniciado varias décadas antes y comandado por Francia, que provocó una gran desestabilización del país y forzó la instauración de los protectorados a finales de 1912 (Burke, 1976; Pennell, 2000; Miller, 2015 [2013]).

El gobierno español presentó la nueva aventura colonial como una gran oportunidad para modernizar Marruecos, engrandecer el prestigio nacional y para invertir capitales. Anteriormente, a finales del siglo XIX la agitación colonial había promovido la llamada "penetración pacífica", es decir, a través del comercio y la inversión financiera y contraria a la conquista violenta. Pero en ese momento las autoridades gubernamentales dieron más prioridad a otros intereses, centrados en las posesiones coloniales del Caribe y el Pacífico. Unas pocas décadas más tarde, una vez puesto en marcha el cerco sobre Marruecos, se recuperó esta visión de la acción colonial para iniciar la penetración económica. La labor propagandística fue iniciada por los centros comerciales hispano-marroquíes, fundados en 1904 por empresarios y políticos interesados en la colonización y el fomento de intereses económicos españoles, cuyo objetivo era "crear una opinión favorable al desarrollo de una expansión comercial, industrial y nacional en Marruecos, con el fin de que aquel imperio constituyera un mercado de venta para los productos españoles" (*Centros*, 1922: 4). Dichos centros fueron los organizadores de los Congresos Africanistas, celebrados entre 1907 y 1910 para debatir la penetración colonial española en Marruecos y en Guinea. En estos foros se discutió el modo de llevar a cabo la colonización para favorecer la explotación de los recursos naturales, entre los cuales la minería era el que más rendimientos ofreció (Rodríguez, 1996; Madariaga, 2008 [1999]; Díaz, 2015).

A pesar de las intenciones "pacifistas" de los impulsores de este tipo de colonización la población del norte de Marruecos no tardó mucho en reaccionar contra la penetración española, a la que veían como una injerencia extranjera que aspiraba a imponer su voluntad y apropiarse de su país. Fue así como en el verano de 1909 estalló un levantamiento armado, cuyo principal foco de acción era el mundo rural (en el que vivía más del 70% de la población del norte de Marruecos). El primer ataque fue contra los trabajadores españoles que estaban construyendo la línea de ferrocarril que unía la zona minera del norte de Marruecos con Melilla, ciudad española del norte de África, cuyo puerto sirvió posteriormente como plataforma para la exportación de minerales. La resistencia armada de los rifeños (los habitantes del Rif, la región oriental de la zona de influencia española) no terminó con el establecimiento del protectorado. Se alargó hasta 1927, y fue especialmente dura a partir de 1921, cuando la *harka* (es decir, tropas irregulares marroquíes) comandada entonces por Mohamed ben Abdelkrim el Jattabi, líder de la resistencia en el norte de Marruecos, causó una severa derrota entre las tropas españolas, en el episodio bélico conocido como el Desastre de Annual.

Hasta finales de los años 20, pues, las autoridades coloniales se centraron en dos asuntos cruciales para el funcionamiento del protectorado: el despliegue de la política colonial en todo el territorio y la derrota definitiva de la resistencia armada rifeña, que bloqueaba el primero (Villalobos, 2004; Madariaga, 2005; Madariaga, 2009).

Además de la minería existían otras actividades que suscitaron el interés de algunos hombres de negocios y promotores del nuevo proyecto colonial español, sobre las cuales se discutió en los Congresos Africanistas. Una de ellas era la agricultura. En el siglo anterior no fueron pocos los viajeros españoles que a lo largo de su camino observaron con detenimiento y magnificaron la calidad de las tierras marroquíes y su idoneidad para el desarrollo agropecuario. Pero al mismo tiempo criticaban el atraso del campo, debido a la tecnología obsoleta con la que se trabajaba y la indolencia de los marroquíes, los cuales, según estos relatores solo cultivaban con el fin de obtener lo que necesitaban para subsistir. Con el tiempo, la calidad de las tierras marroquíes y las "malas prácticas agrícolas" de sus habitantes se convirtieron en un doble motivo para justificar la injerencia colonial, ya que desde el punto de vista occidental se estaban desaprovechando una gran cantidad de terrenos que podrían ser más productivos (Marchán, 2014: 25-58). En 1910, el entonces ministro de Fomento español, Rafael Gasset, visitó Melilla y parte del Rif para evaluar su potencial económico. Su comitiva contaba con un ingeniero agrónomo, José Vicente-Arche y López, que realizó una breve memoria sobre la situación agrícola de la región. En su opinión la población autóctona utilizaba unas técnicas y unos medios muy rudimentarios, lo cual no permitía aumentar la productividad de la tierra. Estos problemas de subsistencia obligaban a muchos varones a emigrar periódicamente, de forma estacional, a la vecina Argelia francesa para trabajar en las explotaciones de los colonos. Vicente-Arche también propuso algunas medidas para que la agricultura progresara y aumentara su producción, la utilización de medios y técnicas más eficientes y modernas, la realización de un estudio sobre el modo de llevar a cabo la colonización, el establecimiento de granjas experimentales (para ensayar la introducción de nuevos cultivos) y la creación de un Servicio Agronómico.[1] Este informe es el primer documento oficial español conocido sobre las condiciones agrícolas del Marruecos precolonial y constituye el punto de partida de la política agraria del protectorado.

Dada esta situación la acción colonial se centró en la revalorización del campo. De esta manera se alcanzaría la suficiencia alimentaria de una región pobre, que practicaba una economía que en gran medida era de subsistencia y sus modos de vida conservaban un estilo tradicional, y en la que a principios del siglo XX el capitalismo y los modos de vida occidentales apenas habían penetrado (El Abdellaoui y Chikhi, 1997: 261-265; Michel, 1997: 205-207). Una vez garantizado el bienestar de la población marroquí el siguiente paso consistía en la producción de excedentes para su colocación en el mercado nacional, en el español y en el internacional. En definitiva, la modernización del mundo rural marroquí que preparaban las autoridades coloniales españolas pasaba por una profunda transformación, focalizada especialmente en el aspecto económico, cuyo modelo debía pasar de uno de subsistencia a otro de mercado. Para tal fin se emprendió una política agraria que introdujo en el protectorado los organismos metropolitanos que canalizaban la innovación agrícola, como había propuesto Vicente-Arche (Marchán, 2015). Asimismo, la administración del protectorado puso en marcha la colonización agrícola, es decir, la ocupación y explotación de

---

[1] Vicente-Arche, 1910, "Condiciones agrícolas de nuestras posesiones del Rif", *El Progreso Agrícola y Pecuario*. El Servicio Agronómico fue un catalizador de la modernización agrícola en España gracias a la introducción de novedades técnicas y al control de calidad de simientes, fertilizantes y de la producción. Se esperaba que tuviera también un papel clave para el progreso del agro marroquí. Pan-Montojo, 1995: 67-88; Fernández, 2007: 38-130. Sobre la emigración marroquí a Argelia, véase Hart, 1997: 33-34.

tierras por parte de colonos europeos (especialmente españoles). Según el discurso oficial, esta actividad contribuiría a la difusión de técnicas de cultivo modernas entre la población autóctona, gracias a la adjudicación de terrenos a colonos, que trabajarían con la ayuda de campesinos marroquíes.

Antes de empezar se debían establecer mecanismos para facilitar el acceso a la tierra, que entrañaba algunas dificultades. Por un lado no se podían incautar propiedades de manera arbitraria para entregarlas a los colonos. La forma de protectorado no permitía este tipo de acciones, dado que su finalidad no era una ocupación permanente y sin condiciones, sino que era temporal (aunque sin definir la fecha de finalización), con el consentimiento de la mayor parte de las potencias occidentales y con el compromiso de respetar las leyes y las tradiciones autóctonas.[2] Por el otro lado, desde el punto de vista de las autoridades coloniales la población marroquí no estaba dispuesta a desprenderse de sus propiedades, o bien incluso se denunciaron estafas en operaciones de compra-venta, lo cual obstaculizaba la inversión y el desarrollo de los intereses económicos. Tras la celebración de la Conferencia de Algeciras de 1906, que en un principio salvó el *statu quo* de Marruecos, pero que dio lugar al reparto de zonas de influencia entre Francia y España (que unos años más tarde conformarían ambos protectorados), no fueron pocos los que se desplazaron a Marruecos con el propósito de adquirir propiedades a bajo precio para venderlas y obtener beneficios rápidamente, contribuyendo de esta manera a un aumento del precio del suelo (Tomás, 1935: 154-155; Marina, 1942: 11-12). Para

---

2 No sucedió lo mismo en Argelia, una colonia de mandato directo, sin mediación de otras potencias, en la cual las autoridades entregaron a los colonos más de siete millones de hectáreas de tierras agrícolas, entre las que se encontraban las de mejor calidad. Ageron, 1979: 71-117, 480-495.

disipar dudas entre los extranjeros se creó un marco legal que diera garantías a los nuevos propietarios y abriera otras vías para la explotación de tierras.

1. El derecho de propiedad marroquí y los usos de la tierra

El derecho marroquí estaba fundamentado en dos tradiciones jurídicas. Por un lado la majzeniana, inspirada en el derecho musulmán y nacida tras la expansión del islam en el norte de África. Era especialmente hegemónica en el ámbito urbano. Y por el otro la consuetudinaria, basada en el derecho *amazigh* o bereber, presente en el norte de África con anterioridad a la expansión árabe, practicada especialmente en el mundo rural.[3] El régimen de la propiedad de este ordenamiento jurídico mezclaba ambas tradiciones y distinguía diversas clases de propiedades. En primer lugar existían las tierras particulares, o *milk*, de libre disposición para sus titulares, y en consecuencia con un estatus muy similar al que tienen en el mundo occidental. El resto de tipologías se caracterizaba por su condición inalienable, debido a su uso tradicional o a que eran propiedad del Estado. Las tierras del Majzén cumplían esta última condición. Eran de dos tipos: las de uso público (como calles, puentes, costas, ríos, etc.) y las de uso privado del Estado (cuyo acceso no estaba abierto a la población, como las dependencias militares o del gobierno, pero también propiedades rústicas). Existía la posibilidad de que en caso de finalización de su uso,

---

[3] El marco jurídico marroquí se completaba con las leyes hebraicas, con un seguimiento mucho más minoritario, pues dicha comunidad constituía menos del 5% de la población del país (Kenbib, 1994: 1). Para el derecho de Marruecos del periodo precolonial y del protectorado español véase Rodríguez-Aguilera, 1952; Cañabate, 2011. Según Yolanda Aixelà la tradición jurídica majzeniana, que ofrecía una visión del Estado más arabizada y marginaba el componente *amazigh* de la sociedad marroquí, fue la más favorecida por las autoridades coloniales españolas (Aixelà, 2015).

la propiedad pudiera ser enajenada, aunque no era habitual y se necesitaba la autorización gubernativa. El Habús, institución pía musulmana dedicada a la beneficencia y el mantenimiento del culto, financiaba los gastos derivados de sus funciones con los rendimientos del patrimonio que poseía, acumulado a lo largo de los siglos gracias a las donaciones particulares. Finalmente, la propiedad comunal era aquella ligada al derecho consuetudinario y al ámbito rural, muy ligada a los modos de vida tradicional. Su uso estaba vinculado a las cabilas (nombre con el que se conocía a las tribus marroquíes, con independencia política entre sí, y su ámbito geográfico[4]), ya que una parte importante de la población dependía de sus usos para subsistir. En estas tierras pastaban los rebaños y se recogía leña, frutos y plantas silvestres. También se aprovechaban como terrenos de cultivo, pero nadie podía apropiarse de una parcela, sino que se repartían periódicamente según las necesidades y el poder adquisitivo de las familias (Madariaga, 2008 [1999]: 299-307; Marchán, 2014: 80-94).

Esta estructura de la propiedad mantenía una parte importante de las tierras fuera del mercado, motivo por el cual los publicistas del colonialismo manifestaron su contrariedad, en atención a los intereses económicos españoles. A pesar de desconocer el régimen de la propiedad marroquí y los usos de la tierra, algunos autores se inclinaron por un cambio en la normativa para autorizar la enajenación y poder desarrollar con más facilidad la acción colonial. A modo de ejemplo, se pedía que se autorizara la privatización de los bienes del Majzén sin ningún tipo de limitaciones. Es el caso del periodista y escritor Luis Antón del Olmet:

---

4   Hart, 1997. El espacio de la cabila es similar al de la comarca española, el *county* irlandés o el *bezirk* austríaco, aunque con diferencias de extensión y de poder político.

¿No es monstruoso que duerman sueño secular tierras y tierras estériles, entregadas en las manos yertas de un cadáver? (...) Lo que no me explico es que esos bienes [del Majzén] sean inalienables, ¡Qué se le paguen al Estado moruno! Pero ¡dejarlos allí, como eternos fósiles, orantes, pétreos, infecundos! (Olmet, 1916: 91-92).

En una línea similar, el político republicano José Zulueta reclamaba que se iniciara un proceso de desamortización, medida liberal que se había aplicado en España en el siglo XIX para privatizar las propiedades que pertenecían a las iglesias y a los municipios (Zulueta, 1916: 105). Por otra parte, para el ingeniero agrónomo Rafael Font de Mora, que trabajó en los años 20 y 30 en el protectorado, la falta de disponibilidad de tierras particulares podía sustituirse con la explotación de tierras del Majzén y comunales, a pesar de los obstáculos legales que comportaban (Font de Mora, 1928: 28-29).

El necesario respeto a las leyes y tradiciones locales que imponía el acuerdo del protectorado impedía, *a priori*, que se pudieran hacer cambios como los que pedían Olmet y Zulueta. La explotación del Habús y del patrimonio comunal entrañaba diversos problemas legales debido a su carácter inalienable, que no era reversible. Pero el gran impedimento eran los usos tradicionales que les daba la sociedad marroquí, que podían despertar fuertes recelos en caso de ocupación. Respecto al caso de los bienes del Majzén, dado que no tenían una función social tan arraigada (al menos así era con las fincas agrícolas), la población no se opuso abiertamente a que fueran utilizados con fines coloniales. Además, la responsabilidad de su gestión recaía sobre el jalifa, el representante del gobierno jerifiano en la zona española, que estaba supervisado, controlado, por la

Alta Comisaría, la máxima autoridad colonial, que en última instancia tomaba las decisiones.[5] De esta manera no existirían trabas legales insalvables para su explotación.

Como veremos, las autoridades coloniales introdujeron diversas medidas de inspiración liberal para facilitar el establecimiento de una política colonial de enfoque capitalista que permitiera la explotación de los recursos naturales (lo cual dio paso a una mayor conexión de Marruecos con la economía global), más que para abrir las puertas de la modernidad material occidental, elevando la calidad de vida, según el discurso oficial. En lo concerniente a la colonización agrícola y derecho de propiedad estas normas estaban encaminadas a asegurar la disponibilidad de tierras. Este proceso de liberalización a medias, pues se introdujeron medidas para orientar cambios económicos (que no siempre funcionaron) pero no políticos, contrastaba con la metamorfosis que experimentó Europa a lo largo del siglo XIX. En el caso de Marruecos se pretendía imponer por la fuerza. Según Josep Cañabate se trató de una contradicción, pues si bien en Europa se luchó contra el Antiguo Régimen y el liberalismo se impuso gracias a la voluntad popular, en Marruecos fue un poder extranjero el encargado de imponer a la fuerza un nuevo orden, lo cual, como veremos, generó rechazo[6].

---

5   Sobre el jalifa, la Alta Comisaría y la organización política del protectorado, véase Villanova, 2004.
6   Cañabate, 2011: 204. El escritor de origen iraní Navid Kermani expresó esta idea de manera similar: "A diferencia de Europa, donde la modernidad –a pesar de sus fracasos y crímenes– pudo experimentarse en última instancia como un proceso emancipatorio y se consolidó poco a poco a lo largo de muchas décadas y muchos siglos, en Oriente Medio [también en el Magreb y el resto del mundo musulmán colonizado] constituyó en gran medida una experiencia violenta. La modernidad no quedó asociada a la libertad, sino a la explotación y el despotismo". "Amor y muerte en Siria", *La Vanguardia*, 30-11-2015, disponible en https://goo.gl/1GS4Ra. En Marruecos la recuperación de la idea de la "penetración pacífica" de principios del siglo XX fracasó, pues a partir de 1909 fue necesaria la permanente presencia y vigilancia del ejército español.

2. La colonización agrícola y el patrimonio del Majzén

Generalmente se distingue entre dos tipos de colonización agrícola. En primer lugar la llamada libre o privada, a cuenta y riesgo de los individuos que la llevaban a cabo. Y en segundo la oficial, dirigida por las autoridades públicas, las cuales repartían tierras a los colonos, les daban orientaciones técnicas, incluso determinaban los cultivos que se debían realizar. Para asegurar los derechos de propiedad, especialmente los de los extranjeros, se creó el Registro de Inmuebles, organismo encargado de inscribir propiedades y de expedir sus correspondientes títulos, lo cual lo convirtió en el fundamento legal de la colonización. Estaba inspirado en organismos europeos análogos y era muy similar al que se había establecido en el Marruecos francés. Su importancia radicaba en las garantías que ofrecía a los colonos, aunque no siempre fue eficaz. El deslinde de terrenos generó una gran cantidad de impugnaciones debido al desacuerdo de los propietarios colindantes sobre los límites de los predios, que muy a menudo terminaban en pleitos que alargaban el proceso de inscripción de muchas propiedades. Al final del protectorado se habían deslindado unas 75.000 hectáreas agrícolas particulares, menos del 4% de la superficie del protectorado, una cifra más bien irrisoria. Este sistema registral fue duramente criticado por su procedimiento, entre otras cuestiones. La inscripción no era obligatoria, lo cual en cierta medida desincentivó a los propietarios, especialmente por el peligro de que el proceso se alargara, pero también debido al alto coste de los trámites. Asimismo, se respetó y mantuvo vigente la legislación inmobiliaria marroquí, de manera que ambas coexistieron. En consecuencia la mayor parte de los propietarios marroquíes no se acogieron a la llamada jurisdicción colonial o hispano-jalifiana. Muchos, especialmente en el mundo rural, probablemente no sabían de la existencia del Registro de Inmuebles, o bien disponían de muy poca información (Marchán, 2014, caps. 2 y 3).

Para llevar a cabo la colonización oficial se emprendieron varias iniciativas encaminadas a explotar propiedades
inalienables, primero facilitando su arrendamiento y más
adelante su enajenación. En 1930 se estableció de manera definitiva la condición jurídica de los bienes inmuebles,
similar a la del periodo precolonial. Se mantuvo la posibilidad de enajenación de fincas del Majzén, mientras que
la propiedad comunal pasó a ser tutelada por el gobierno
marroquí. Esta circunstancia podía facilitar la explotación
de ambos tipos de tierra por parte de extranjeros o ajenos a
la cabila, debido a la presión del poder colonial.[7] El primer
objetivo fueron las fincas del Majzén, cuya explotación no
despertaba grandes recelos entre la población autóctona.
Durante el periodo inmediatamente anterior a la ocupación
española hubo graves problemas en la gestión de este patrimonio que llevaron a una pérdida del control de muchas
propiedades. A partir del establecimiento del protectorado se iniciaron tareas de reconocimiento y catalogación de
fincas para restaurar la potestad del Estado y revalorizar-
las, aunque no fue posible llevarlo a cabo hasta el fin de
la guerra colonial.[8]

Este problema no fue obstáculo para que hasta 1921,
año de los sucesos de Annual, que obligaron a paralizar la
acción colonial, las autoridades arrendaran 4.200 hectáreas
agrícolas repartidas entre seis fincas (de las cuales se distribuyeron 113 parcelas) a colonos y empresas españolas
(véase tabla 1). Ello fue posible gracias a la promulgación en
1914 del Reglamento para el Arriendo de Bienes del Majzén
(*BOZ*, 1914: 378-388). Ahora bien, este texto solo regulaba
el acto de cesión temporal. No hacía ninguna referencia al

7   *Boletín oficial de la Zona de influencia española en Marruecos* (en adelante *BOZ*),
    1930: 1081-1089.
8   A principios de 1956, en vísperas de la independencia de Marruecos, las
    autoridades españolas habían conseguido catalogar unas 42.000 hectáreas
    del patrimonio del Majzén repartidas entre 116 fincas, pero no se completa-
    ron los trabajos de reconocimiento de este tipo de propiedades (Marchán,
    2014: 342-343).

establecimiento formal de un proceso objetivo y público para la adjudicación de propiedades y la orientación de la labor de los agricultores, elementos distintivos de la colonización oficial. De esas seis propiedades la mayor parte, cuatro, estaban ubicadas en la zona atlántica, la región de más valor agrícola del protectorado (sobre todo en las cabilas de Jolot, Jolot y Tilig y Sahel; véase mapa 1); otra en la zona oriental y la última cerca de Tetuán, un área también de alto valor agrícola. Uno de estos predios (2.760 ha) fue adjudicado en su totalidad a la casa Bauer y Cía., y unos años más tarde a la Compañía Agrícola del Lucus, la empresa agroalimentaria más importante de la colonia, que explotó varias propiedades más de gran extensión.[9] Las demás fueron parceladas y entregadas a colonos, a quienes a partir de los años 30 se les ofreció la posibilidad de adquirirlas (Marchán, en prensa 1).

A pesar de la parálisis colonial sufrida como consecuencia de los sucesos de Annual se siguió trabajando para que se pudiera desplegar la labor del protectorado una vez la llamada resistencia rifeña fuera vencida. Fue así como en 1923 se aprobó el plan de colonización que se aplicó hasta 1956 y que estipulaba el proceso de adjudicación de tierras a los colonos y cómo se debía orientar su labor. En líneas generales estaba pensado para llevarse a cabo en predios del Majzén y propiedades adquiridas por el Estado español. Se contemplaba la explotación de terrenos particulares y bienes comunales, pero solo bajo circunstancias excepcionales, en caso de que estuvieran incultas o mal aprovechadas, o bien que se estimara que su utilización fuera de gran interés económico o superflua para las necesidades de las cabilas. Respecto al tamaño de los terrenos que se adjudicaban a cada colono, se daba prioridad a la pequeña colonización,

---

9　Muchas de las cuales habían sido adquiridas en los años previos al establecimiento del protectorado por el Estado español y más tarde concedidas en arrendamiento. "La Compañía Agrícola del Lucus", *Revista de tropas coloniales*, 66 (1930); López-Morell, 2005: 339-343.

y otorgaba cierta excepcionalidad a la propiedad media y a las grandes explotaciones (no se especificó cuál era la extensión mínima y máxima de cada tipología). El motivo de esta elección era el perfil de colono que establecieron los autores del plan de colonización, adaptable a los españoles que llegaban al protectorado. Se buscaban agricultores con una experiencia sólida y un mínimo de capital para invertir en tierras y mantener las explotaciones. Con el fin de facilitar su tarea, recibirían apoyo para la obtención de semillas, aperos, el pago de la propiedad y a trabajadores, en caso de necesitarlos (los cuales debían ser preferentemente marroquíes). En consecuencia, las fincas de gran extensión se debían parcelar para distribuirlas entre varios colonos. Según los autores, este modelo conllevaría un aumento de la población española en la zona gracias a la disponibilidad de tierras a unos precios más asequibles que en la península ibérica, y contribuiría a la difusión de técnicas de cultivo modernas entre los marroquíes. El fomento de la pequeña no excluía enteramente la mediana y gran colonización. En el primer caso se trataba de un modelo similar al anterior pero que exigía más capital. El segundo, en cambio, difería mucho. Respondía a los dos tipos de empresa basada en la explotación agraria que se habían instalado en el norte de Marruecos. Por un lado se contemplaba el "objetivo industrial agrícola", que cultivaba y procesaba la producción, y por el otro las empresas que buscaban el lucro a través de la adquisición de grandes propiedades que posteriormente dividían y repartían entre los colonos (no se aclaraba si estos recibían el mismo apoyo que el que se preveía para la colonización oficial). La citada Compañía Agrícola del Lucus respondía al primer tipo, mientras que el segundo se adaptaba a las características de la Compañía Española de Colonización, que desarrolló la mayor parte de su labor en una propiedad privada de 20.000 hectáreas (Torrejón, Arias y Arrué, 1923: 219-228, 241-260).

Mapa 1

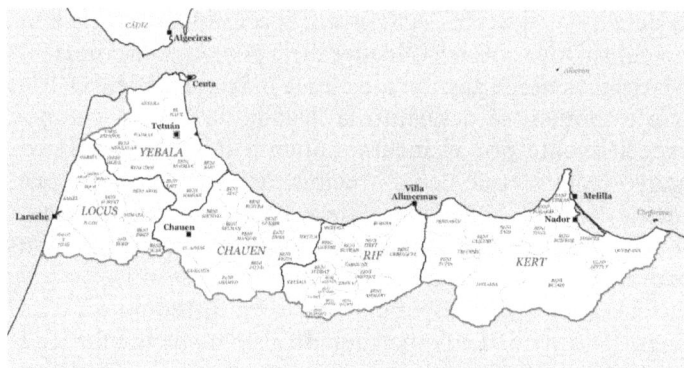

El protectorado español del norte de Marruecos. Regiones, cabilas y principales ciudades.

Tras el fin de la guerra colonial se acometió el despliegue completo de la administración del protectorado. Este periodo duró hasta 1936, fecha del estallido de la guerra civil española, que comenzó en el protectorado y en las plazas de soberanía en el norte de África (Ceuta y Melilla). Desde finales de los años 20 se emprendió una ampliación de la ocupación y explotación de tierras que abarcó 1.760 hectáreas más repartidas entre cinco fincas, y fueron entregadas 52 parcelas, unas cifras muy por debajo de las de la etapa anterior y de los propósitos de la administración colonial.[10] De hecho, no todas las parcelas que se ofertaron fueron adjudicadas. Incluso varios agricultores se vieron obligados a abandonarlas por falta de medios económicos, a pesar de que se les había garantizado el apoyo material. Las autoridades coloniales ofrecieron el arrendamiento de dos propiedades más, que finalmente no fueron adjudicadas.

---

[10] En 1935 se esperaban adjudicar con la mayor brevedad posible 6.400 hectáreas del patrimonio del Majzén. Lo cual finalmente no sucedió. "La obra agrícola del protectorado español en Marruecos", *ABC*, 6-4-1935.

Con toda probabilidad, la desfavorable coyuntura económica internacional de los años 30 contribuyó a desalentar la demanda de tierras. Asimismo, el presupuesto de la zona no cubría todas las necesidades de la población del norte de Marruecos ni fue gestionado con la máxima eficiencia. Más que estimular, se desalentó la llegada de nuevos colonos, especialmente por el incumplimiento de las garantías de apoyo material que debían recibir. Así, a pesar de las promesas de hallar facilidades y tierras fértiles y productivas,[11] muchos campesinos españoles tuvieron que abandonar sus explotaciones (Aziza, 2003; Marchán, en prensa 1).

La guerra civil española (1936-1939) redujo drásticamente la actividad colonial, debido al envío de hombres a la península ibérica para luchar en la contienda y al despliegue de un fuerte control de la población que provocó una oleada de represión política (Martín, 2002b; Nerín, 2005: 165-222; Madariaga, 2013: 257-282). Fue entonces cuando se evidenció el desacierto de la política colonial para mejorar la calidad de vida de la población rural. A principios de los años 40 hubo una importante carestía de alimentos, que se recrudeció con la sequía que sufrió el Rif. Ante la lenta reacción de las autoridades, esta crisis de subsistencia evidenció que el objetivo de la suficiencia alimentaria estaba lejos de conseguirse: muchas familias marroquíes que vivían en el campo se vieron forzadas a emigrar a la zona francesa, donde las condiciones de vida eran algo mejores. Este éxodo de la población rural también se dirigió hacia las ciudades de la zona española en busca de oportunidades, pero allí tampoco

---

11 A finales de los años 20 y en los 30, diversos publicistas de la acción colonial española en Marruecos hablaron de las bondades y del futuro éxito de la colonización agrícola. Uno de ellos fue Luis Antonio de Vega, quien alabó los trabajos de revalorización agrícola de la zona atlántica del protectorado: "Por su situación geográfica y por su topografía, El Garb [la zona atlántica del norte de Marruecos] debe llamar la atención del colono español, y con preferencia la del colono levantino. Las autoridades civiles de Marruecos, estamos seguros de ello, secundarán –como ya vienen haciendo– todo intento de colonización". "Temas de colonización. Lo que hallará el colono en el Garb", *Revista de tropas coloniales*, núm. 35 (noviembre de 1927).

fue posible huir de la miseria (Aziza, 2003: 177-185; Villanova, 2004: 104-105). A pesar de la delicada situación de carestía apenas se podía contar con la ayuda metropolitana, ya que la península ibérica sufrió una larga y dura postguerra después de la contienda fratricida. Estas adversidades no fueron un obstáculo para que las nuevas autoridades coloniales se mostraran optimistas. Los distintos cambios de régimen en la metrópoli no variaron el discurso: la ampliación de la colonización oficial contribuiría a un aumento de la producción agrícola y a una mejora de la las condiciones de vida de la población. Esta ampliación se llevó a cabo solo en propiedades del Majzén.[12] Pero lejos de la grandilocuencia de los discursos, las cifras nos indican que no hubo un notable incremento de la superficie agrícola colonizada. Se distribuyeron cinco fincas más que sumaban 25 parcelas y un total de 620 hectáreas, apenas una tercera parte de la que se ocupó entre 1927 y 1936. Durante este periodo, marcado por la dictadura franquista, la demanda de tierras fue mucho menor. Las autoridades ofertaron sin éxito la adjudicación en arrendamiento de cinco propiedades más. Lo cual demuestra que no fue necesario ampliar la colonización oficial al patrimonio comunal. Las duras condiciones de vida del protectorado, pero también la represión política, que forzó a diversos colonos a abandonar sus explotaciones, además de la falta de apoyo oficial, contribuyeron a desalentar un proyecto del cual se esperaba que ocupara una extensión mayor (Gozálvez-Pérez, 1993-1994; Madariaga, 2008 [1999], 322-333; Marchán, en prensa 1).

---

12 También hubo quien, movido por la retórica oficial, estimaba que se podía emprender una ampliación más ambiciosa. El ingeniero agrónomo Alejandro de Torrejón y Montero, destacado miembro del Servicio Agronómico del protectorado, era partidario de facilitar a los colonos el acceso a tierras comunales, a pesar de que, como veremos, no existía una demanda que lo justificara (Torrejón, 1939: 27-29).

Tabla 1. Colonización oficial. Adjudicación en arrendamiento de
propiedades del Majzén

PERIODO	FINCAS	PARCE-LAS	EXTENSIÓN[13]		
			Ha	A	Ca
1914-1927	6	113	4.215	51	81
1928-1936	5	52	1.759	82	91
1940-1956	5	25	619	16	28
Total	16	190	6.594	51	00

Fuente: elaboración propia a partir de Decretos Visiriales y Dahires (leyes
marroquíes) publicados en el BOZ.

Al final del protectorado la colonización oficial había
logrado un tímido avance con la ocupación de 10.000 hectáreas agrícolas (la libre ocupó más de 70.000), de las cuales
las propiedades del Majzén representaban un 66% del total
(el resto eran fincas adquiridas por el Estado español a principios de siglo). Así, la explotación de tierras por parte de
campesinos españoles no alcanzó ni el 5% del territorio del
protectorado, y tal y como hemos visto tampoco logró el
primer objetivo de las autoridades coloniales: la suficiencia
alimentaria. Sin embargo no podemos afirmar que el uso
continuado del patrimonio estatal marroquí generara una
gran inquietud entre la población autóctona, como decía-
mos, sobre todo porque no tenía un uso social definido
y generalizado, como sí ocurría en el caso del patrimonio
comunal. Prueba de ello es que entre 1932 y 1956 se pri-
vatizaron 3.200 hectáreas del Majzén sin que se originara
ningún conflicto. Si bien la mayor parte de los adquirientes
eran españoles, un tercio de esta superficie fue comprada

---

13 Las unidades de superficie expresadas en la tabla son las siguientes: hectáreas (Ha), áreas (A), una centésima parte de una hectárea, y centiárea (cA),
una milésima parte de una hectárea.

por marroquíes, aunque hay que añadir que se trataba de miembros de familias adineradas que conservaron su poder político gracias a la colaboración con las autoridades coloniales (Marchán, 2014: 416-422). En cambio, la hipotética ocupación y explotación de bienes comunales de las cabilas, que no fue necesaria debido a la ausencia de una demanda real para ampliar la colonización oficial, sí podía generar tensiones entre la comunidad española y la marroquí.

3. El patrimonio de las cabilas y la política colonial del mundo rural

La dificultad para acceder a la explotación de tierras comunales se debía, como hemos visto, al derecho consuetudinario marroquí. La expansión árabo-musulmana por el norte de África se mostró tolerante con las formas de justicia consuetudinaria, que continuaron siendo practicadas por una parte importante de la población, pero eran menos presentes en el ámbito urbano. Esta división entronca con otra, de corte político, promocionada por los intereses imperialistas europeos. Se trata de la dualidad *Blad es Majzen* y *Blad es Siba*, en la que la primera se refiere a las áreas donde la influencia del gobierno marroquí era más fuerte, sobre todo en las ciudades, mientras que la segunda se refería a "espacios de anarquía", en los que la obediencia al Majzén era más débil. Si bien las autoridades francesas y españolas adujeron que la existencia de "focos de rebeldía interna" era una muestra de la decadencia y la desintegración progresiva del gobierno marroquí, que precisaba de una intervención exterior para regenerarse y modernizarse, lo cierto es que se trataba de una manipulación. Esta dualidad se refería más bien a una divergencia aceptada dentro del esquema de poder político marroquí (agrandada a partir de la penetración europea en el siglo XIX, que generó una gran inestabilidad en el país y varias rebeliones internas) que funcionaba a modo de válvula de escape, especialmente cuando las cabilas consideraban que el poder actuaba de manera despótica o tiránica (Ben Mlih, 1990; Laroui, 1994: 70-72; Pennell, 2000; Tozy, 2000; Mateo, 2003: 140-144).

Tal y como señala Aixelà, la administración colonial española profundizó en la arabización del Majzén, promoviendo su justicia al tiempo que marginaba el derecho consuetudinario, tachado de arcaico.[14] No obstante, a partir de 1935 la administración colonial española aceptó el funcionamiento de la justicia bereber, aunque le otorgó primacía a la majzeniana.[15] Esta decisión está relacionada con las consecuencias que tuvo la introducción de una distinción en el modo de impartir justicia en la zona francesa. En 1930 las autoridades galas promulgaron el llamado Dahir Bereber, que separó a la población bajo la ley y los tribunales consuetudinarios y los islámicos. Se trataba de una división totalmente artificial, sin precedentes, que provocó una oleada de protestas y disturbios y sirvió como catalizador del nacionalismo marroquí. Este escenario desalentó la imitación del modelo francés, ya que las autoridades españolas no deseaban levantar hostilidades entre la población autóctona (Rodríguez-Aguilera, 1947: 203-214; Hoisington Jr., 1978; Pennell, 2000: 212-216; Miller, 2015 [2013]: 169-190). La experiencia de la guerra colonial, que en muchas ocasiones sometió de manera violenta a la población y creó grandes resentimientos,[16] recomendaba una posición más cautelosa. De manera que la administración del protectorado, que prosiguió en su política "arabizante", se mostró tolerante con las prácticas jurídicas de las zonas rurales, sin

---

14 El jurista español Cesáreo Rodríguez-Aguilera lo calificaba de rudimentario y primitivo por estar basado en la costumbre y las opiniones de ancianos o cabezas de agrupación (Rodríguez-Aguilera, 1947: 203-204; Aixelà, 2015).
15 Dahir ordenando la organización de los Tribunales de Justicia Majzenianos en la Zona de Protectorado. *BOZ*, 1935: 399-407.
16 El ejército español practicó las incautaciones y destrucciones de cosechas y ganado y la quema de campos. También tuvieron lugar bombardeos aéreos contra la población civil, una parte de los cuales fueron realizados con armamento químico (Balfour, 2002; Madariaga, 2005).

intervenir en su ordenamiento jurídico. Aunque el ejército español logró la rendición de la resistencia armada rifeña y el control del territorio, lo cierto es que tras dieciocho años de confrontación armada las autoridades coloniales optaron por evitar políticas excesivamente agresivas (si bien se realizó un fuerte control y desarme de la población) que provocaran choques con la población, ante el riesgo de un hipotético nuevo levantamiento.[17]

Esta política de cautela y firmeza al mismo tiempo también la podemos apreciar en la gestión del patrimonio comunal de las cabilas. Se trató de realizar un fuerte cambio en los modos de vida del norte de Marruecos, de manera progresiva, a través de una serie de medidas de corte liberal cuyo objetivo principal era, *a priori*, la mejora de la calidad de vida de la población. También se trató de favorecer, de manera fallida, la colonización agrícola y los intereses extranjeros. A pesar de los citados obstáculos (el estatus legal y el uso social) tras el fin de la guerra colonial, ante la perspectiva de una ampliación de las áreas de cultivo (acompañada de opiniones expertas, como la de Rafael Font de Mora) se realizaron las primeras tentativas para explotar tierras comunales. La Alta Comisaría encomendó la realización de un estudio del patrimonio comunal a partir de una muestra de ocho de las setenta cabilas de la zona española, ubicadas cerca de la capital, Tetuán (véase mapa 1). De las 9.000 hectáreas que se reconocieron y estudiaron solo 1.000 eran de uso agrícola, que precisaban

---

[17] Un tipo de políticas que sí se llevaron a cabo en la zona francesa (Swearingen, 1987; Pennell, 2000; Miller, 2015 [2013]). Respecto a las políticas de control de la población, véase Mateo, 2003; Villanova, 2006.

trabajos previos de acondicionamiento (tal y como sucedía con la mayor parte del patrimonio del Majzén). El resto eran pastos y monte.[18]

Unos pocos años más tarde, en 1935 (cuatro semanas antes que las autoridades coloniales españolas aceptaran el funcionamiento de los tribunales consuetudinarios dentro del ordenamiento jurídico marroquí), se realizó la primera tentativa para gestionar la explotación del patrimonio comunal. Si en 1930 se aprobó el tutelaje de este tipo de propiedades por parte del Majzén (véase nota 151), entonces se trató de fomentar su explotación por parte de personas que no pertenecieran a la cabila a través de la promulgación del Reglamento de Organización de las "colectividades indígenas" y reglas para la administración y enajenación de sus bienes (*BOZ*, 1935: 82-94). Su principal propósito era constituir estas agrupaciones políticas autóctonas (conocidas como *yemáas*, que representaban el gobierno de la cabila) como corporaciones para gestionar asuntos de interés público dentro del ordenamiento jurídico colonial. Estas entidades estaban controladas por un Consejo de Tutela, formado por miembros del Majzén y por funcionarios de la administración colonial. Unos años antes, desde 1913, en las ciudades más importantes del protectorado se habían creado las Juntas de Servicios Municipales con un cometido similar, las cuales no gozaban de un amplio poder político y estaban dominadas por los representantes de la comunidad española de la ciudad (Villanova, 2008). La traslación de este modelo al ámbito rural rebajó las competencias de estas corporaciones, controladas por el Consejo de Tutela y desposeídas de la facultad de recaudar impuestos (que las urbanas sí podían hacer). El principal motivo era que las "colectividades indígenas" tenían otra fuente de ingresos

---

18   AGA, sección África, caja 81/1416. Catalogación provisional de bienes de las *yemáas* de algunas cabilas de la región de Yebala. Las autoridades impulsaron la catalogación de todo el patrimonio de este tipo de la zona, pero solo se logró terminar los trabajos en dos propiedades, debido a la oposición popular (Marchán, en prensa 2).

de la que las ciudades carecían: los bienes comunales. El Reglamento permitía el arrendamiento de este tipo de propiedades (supervisado por el Consejo) y el reparto de tierras entre los jefes de familia en caso de solicitarlo la mayoría de los miembros de la *yemáa*. Al cabo de diez años podían ser libremente vendidas a terceros. Lo cual rompía, aunque de forma lenta y progresiva, el estatus tradicional de la tierra y abría un proceso de liberalización.

Pero las "colectividades" no se podían financiar con estos ingresos, todo lo contrario de la opinión dominante de la Alta Comisaría.[19] Las *yemáas* no se acogieron a su nueva condición jurídica, y no hay ninguna constancia del arrendamiento o enajenación de terrenos comunales (en aquel momento la demanda de tierras para colonizar ya había descendido). De este modo la población rural, sin una financiación a través de impuestos quedaba desatendida, lo cual contribuyó a aumentar la emigración estacional hacia Argelia.[20] Otro punto débil de este Reglamento era el papel limitado de la *yemáa* (algo común en cualquier contexto colonial), controlada por el Consejo de Tutela, que atendía únicamente a fines económicos y de gestión, no

---

[19] Manuel de la Plaza, secretario general, número dos de la Alta Comisaría, propuso esta fórmula de financiación. En su opinión el patrimonio comunal generaría ingresos a medio y largo plazo. Carta del Secretario General al Delegado de Asuntos Indígenas, 8 de noviembre de 1934. AGA, sección África, caja 81/1303. Delegación General. Asesoría jurídica. Sobre organización de las colectividades indígenas y reglas para la administración y enajenación de sus bienes.
Para Manuel Llord O'Lawlor, alto funcionario de la administración colonial española, era importante compatibilizar ambos objetivos, proteger "los intereses de la *yemáa*, que pueda ésta defender su patrimonio y que al mismo tiempo los terrenos de ellas sean base de la colonización" (Llord, 1935: 13).

[20] Aziza, 2003: 144. Unos años más tarde, durante el franquismo, Tomás García Figueras y Rafael Roda, también altos funcionarios de la administración colonial, criticaron con dureza la política rural de los años 30, durante la Segunda República Española (1931-1939): "Estas orientaciones no han tenido hasta ahora verdadero alcance práctico; mas, aunque con ello ha padecido la política encaminada a propulsar el desenvolvimiento económico de Marruecos, hoy pensamos que […] la inacción pasada puede compensarse con un mayor beneficio" (García y Roda, 1950: 228).

como una entidad política plena, con autonomía y capacidad de decisión en otras materias, como el orden público o la recaudación de impuestos. Sin duda, las autoridades coloniales evitaron otorgar más competencias, ante el "peligro" que podía entrañar dar voz a quienes eran considerados como inferiores, "necesitados" de la tutela española, y contra quienes unos años atrás se habían enfrentado en la guerra colonial.[21]

La crisis de subsistencia, como hemos visto, que emergió tras la guerra civil española, agravada por la sequía que sufrió el Rif a principios de los años 40, empeoró la calidad de vida de la población rural. Ante la ineficacia del Reglamento de 1935 a la hora de obtener ingresos, debido a la entonces baja demanda de tierras, las autoridades crearon en 1942 las Juntas Rurales, que guardaban más similitudes con las de Servicios Municipales de las ciudades, ya que se les autorizó que recaudaran impuestos (bajo el control de los funcionarios coloniales). Se crearon cinco Juntas, que coincidían con la división administrativa del protectorado en cinco regiones: Gomara, Lucus, Kert, Rif y Yebala (véase mapa 1).[22] Se les concedió un crédito para iniciar sus funciones, a devolver progresivamente gracias a los impuestos y a las retribuciones que se pudieran obtener con los aprovechamientos forestales. En cambio, no se preveían ingresos derivados de la explotación de tierras por parte de personas que no pertenecieran a la cabila, probablemente en atención a la situación de carestía que vivía la población.[23]

---

21 Marín, 2015: 25-55. Si bien es cierto que muchos notables marroquíes colaboraron con las autoridades coloniales (varios de los cuales se sometieron tras la guerra para mantener su poder), también lo es que un importante número lo evitaron y mantuvieron una postura distante (Madariaga, 2004).

22 Esta división fue creada en 1935 y perduró hasta el final del protectorado (Villanova, 1999: 452-453).

23 *BOZ*, 1942: 711-716. Las autoridades coloniales, lógicamente, tampoco querían dar una mala imagen de su labor, especialmente en unos años de escasez de alimentos. Más adelante, en 1946, se prohibió temporalmente la venta de propiedades en las regiones del Rif y del Kert, ya que debido a las malas cosechas muchos campesinos se vieron obligados a vender sus tierras a pre-

Según Tomás García Figueras la política rural del periodo 1942-1952 logró un notable desarrollo gracias al ingreso de 46,5 millones de pesetas, de los cuales 40 millones fueron invertidos en obras de mejora. Sin embargo, en estos gastos no sumó los ordinarios, asumidos por la Alta Comisaría, de manera que no podemos confirmar si fueron o no deficitarias (García, 1957: 302-305). En todo caso, si las Juntas Rurales generaron oficialmente más ingresos que pérdidas y su gestión fue exitosa resulta difícil comprender que no se contuviera el éxodo rural y que en 1952 fueran sustituidas.

El último intento para revalorizar el campo y prevenir la emigración hacia núcleos urbanos, también para crear reglas que permitieran una progresiva privatización de las tierras comunales, fue el de 1952, cuatro años antes de la independencia de Marruecos. Las Juntas Rurales, de ámbito regional, fueron sustituidas por las Juntas Rurales de *Ferka* (fracción de una cabila) y de *Yemáas* (de uno o varios poblados, más pequeñas que las fracciones), que fueron dotadas automáticamente de personalidad jurídica como corporaciones de derecho público (en 1935 era optativo). El ámbito geográfico de competencia era más reducido para ofrecer una imagen de mayor proximidad de las autoridades locales hacia los problemas cotidianos de la población. Sus decisiones dependían de la autorización final de miembros del Majzén y sobre todo de los funcionarios coloniales, que controlaban la actividad de estas nuevas Juntas a través del Consejo de Tutela. Para hacer más eficaz su labor se juntaron los sistemas de recaudación de 1935 y 1942, clasificados como ordinarios y extraordinarios. Los primeros eran los impuestos y los aprovechamientos forestales, mientras que los segundos provenían de donativos o bien de la explotación y enajenación de tierras. El Consejo de Tutela

---

cios irrisorios para subsistir. AGA, sección África, caja 81/1321. Alta Comisaría de España en Marruecos. Delegación General. Expediente núm. L-1. Reforma del Dahir de 8 de marzo de 1946 sobre la venta de terrenos en el Kert.

era el responsable de la gestión del patrimonio comunal y podía autorizar cesiones de terrenos. Respecto a las posibles enajenaciones se recuperó el sistema implantado en 1935: si así se solicitaba, se repartían parcelas entre los miembros de la comunidad, que podían ser vendidas a terceros o bien embargadas al cabo de diez años (*BOZ*, 1952: 1.171-1.185).

Además de la mejora de la vida rural, hubo otra razón que empujó la creación de unas Juntas Rurales que ofrecieran una imagen de más proximidad hacia las cabilas: el declive de los poderes políticos tradicionales, muy arraigados en el campo. Desde los inicios del protectorado las autoridades españolas no fueron partidarias de alterar el equilibrio político del norte de Marruecos, manteniendo las estructuras de poder tradicionales. Pero desde principios de los años 40 la administración colonial española se mostró tolerante con el nacionalismo marroquí, cuyo foco de irradiación era el ámbito urbano y más adelante penetró en el rural. Esta estrategia fue ideada por las autoridades franquistas, adoptada para perjudicar la política colonial francesa en Marruecos,[24] que desde la década de los 30 se enfrentó a las demandas emancipadoras de la población. En no pocas ocasiones la zona española sirvió de refugio para los líderes de la francesa (Madariaga, 2013: 351-369; Miller, 2015 [2013]: 198-203). Como consecuencia del auge de este movimiento y del éxodo de población hacia las ciudades los poderes tradicionales rurales entraron en un proceso de pérdida de influencia política. Las nuevas Juntas, pues, trataban de dar la vuelta a esta situación. Fueron presentadas como unos organismos con más competencias y una toma de decisiones más en sintonía con los intereses de la

---

[24] En sus primeros años la dictadura del general Franco mantuvo una vecindad conflictiva con la República francesa. Su alianza con los regímenes totalitarios alemán e italiano y las aspiraciones imperialistas llevaron las autoridades españolas a reivindicar, entre otros territorios, una parte importante del Magreb francés. Nerín y Bosch, 2001.

población, que diera una imagen positiva de los poderes tradicionales, y más benevolente del colonizador (Velasco, 2012; Madariaga, 2013: 351-381).

El escaso recorrido de las Juntas Rurales de *Ferka* (hasta 1956) tampoco arrojó mejores resultados que sus antecesoras. Tal y como sucedió en el periodo 1935-1942, no se registró ningún ingreso derivado de la explotación y enajenación de tierras. De manera que durante el periodo colonial no se arrendó ni se llegó a iniciar un proceso de privatización progresiva del patrimonio comunal de las cabilas. Los ingresos ordinarios fueron superiores a los gastos. Ahora bien, solo cubrieron las obras de mejora rural que se efectuaron y la beneficencia. Los pagos relacionados con el resto de servicios de carácter público, como la atención sanitaria y la educación, fueron asumidos por la Alta Comisaría, cuyos miembros sabían perfectamente que el presupuesto de las nuevas Juntas era insuficiente para cubrir todas sus necesidades. Así, con la llegada de la independencia de Marruecos el medio rural de la zona norte no había prosperado ni había aumentado en la medida de lo esperado la calidad de vida de su población, que se veía obligada a emigrar. Los objetivos marcados en 1912 no se cumplieron: la modernización del campo no proporcionó una suficiencia alimentaria (la exportación de los excedentes quedó aun más lejos). Y la privatización de propiedades inalienables solo alcanzó una parte del patrimonio del Majzén (García, 1957: 302-305; Aziza, 2003; Villanova, 2012: 182).

Consideraciones finales

El principal objetivo de la política agraria española en el protectorado de Marruecos era la modernización de un sector que acusaba un importante atraso respecto de sus homólogos europeos, con problemas de subsistencia que empujaban a muchos hombres a la emigración periódica,

estacional hacia la Argelia francesa. En una primera fase
se debía alcanzar la suficiencia alimentaria de la población,
para que más tarde la labor se centrara en crear excedentes para su colocación en el mercado nacional o bien para
su exportación. Este plan se concretaba en dos estrategias
que recomendó el ingeniero agrónomo José Vicente-Arche
en 1910. En primer lugar las autoridades coloniales tras-
plantaron las instituciones que desde la segunda mitad del
siglo XIX habían contribuido a modernizar la agricultura española gracias a la introducción de novedades técnicas, especialmente las granjas experimentales y el Servicio
Agronómico. En segundo lugar se implantó la colonización
agrícola, la cual según las autoridades del protectorado contribuiría a la difusión de técnicas de cultivo modernas entre
la población autóctona gracias al trabajo de los agricultores
españoles llegados al norte de Marruecos. Este proceso de
modernización, pues, pasaba por un profundo cambio del
mundo rural marroquí, que promovía la introducción de la
economía de mercado, y se concretó en una serie de medidas de liberalización, que trataron de favorecer los intereses
coloniales, pero no lograron los citados objetivos. En este
sentido, uno de los principales medios para garantizar el
desarrollo de la colonización agrícola fueron las reformas
que se hicieron en el régimen de la propiedad, gracias al
cual en el mundo rural se mantenían unos modos de vida
basados principalmente en la subsistencia.

La introducción del Registro de Inmuebles, inspirado
en organismos europeos análogos y similar al de la zona
francesa, sirvió para dar garantías a los propietarios europeos. En el caso que nos ocupa, impulsó la colonización
libre. Para la oficial, dirigida por las autoridades, se promovieron varias medidas para modificar, de manera progresiva, el estatus de dos tipos de propiedades que eran inalienables y sobre las cuales se pretendía asentar dicha actividad,
el patrimonio del Majzén y el comunal de las cabilas. No
existió una firme oposición de la sociedad marroquí para
oponerse a la explotación de fincas del gobierno alauita

porque no tenían un uso social definido y arraigado. Las autoridades españolas se tuvieron que ocupar de la identificación y catalogación de estas propiedades, de las cuales la administración majzeniana había perdido parcialmente el control. Este problema no fue un obstáculo para iniciar la colonización de varios predios desde los primeros años del protectorado. Pero la guerra colonial primero, especialmente tras el desastre de Annual, en 1921, y más adelante una crónica falta de medios económicos, junto a la desfavorable coyuntura internacional de los años 30, desalentó la demanda de tierras. La recuperación de la actividad tras la guerra civil metropolitana tampoco favoreció un gran aumento de la colonización, perjudicada por la dura situación económica de la postguerra española. Asimismo, la situación de carestía que sufrió la población en esta última etapa del protectorado evidencia el fracaso del proyecto. En definitiva, el fomento de explotaciones agrícolas modernas a cargo de campesinos españoles no sirvió para que el sector agrario marroquí experimentara un notable impulso. Ciertamente, el uso de las tierras del Majzén en favor de los intereses coloniales, que ocupó unas 6.600 hectáreas, de las cuales casi la mitad fueron vendidas, no generó inestabilidad social ni un rechazo frontal entre la población autóctona, pero tampoco puso solución a una cuestión prioritaria: la suficiencia alimentaria.

A partir de los años 30 la demanda de tierras por parte de los colonos estaba cubierta con una porción de las propiedades del Majzén. De esta manera la propiedad comunal no era necesaria para ampliar la colonización oficial. No obstante las autoridades españolas trataron de abrir su explotación ajena, a pesar de que podía provocar rechazo y ser una fuente de conflictos debido al arraigo de su uso social. Las agresiones de la guerra colonial provocaron un resentimiento que desaconsejaba aun más cualquier posible enfrentamiento frontal con la población. En este sentido la aceptación de la jurisdicción consuetudinaria dentro del ordenamiento jurídico colonial parecía una prueba del respeto español hacia las leyes y tradiciones locales que emanaba del acuerdo del protectorado. Pero más bien la podemos enmarcar dentro de una estrategia tendente a no originar problemas con la población (en relación también con los disturbios ocasionados por la aprobación del llamado Dahir Bereber en la zona francesa). Y al mismo tiempo no fue obstáculo para impulsar cambios progresivos para privatizar patrimonio comunal bajo la apariencia de una política de autofinanciación y modernización del medio rural. Pero las "colectividades indígenas" y las Juntas Rurales de 1935, 1942 y 1952 tampoco solucionaron la situación de carestía ni frenaron el éxodo rural. Estas reformas también atestiguan que las autoridades coloniales no actuaron siempre dando prioridad a las necesidades de la población. Así, en 1956 los cambios introducidos no habían logrado privatizar grandes extensiones de tierras a favor de los intereses coloniales, y tampoco habían logrado una mejora de la calidad de vida de los marroquíes de la zona española, tarea que heredó el nuevo Estado independiente.

Bibliografía

Ageron, C.R. (1979), *Histoire de l'Algérie contemporaine. Tome II. De l'insurrection de 1871 au déclechement de la guerre de libération (1954)*. París: PUF.

Aixelà Cabré, Y. (2015), "Imazighen y árabes del Protectorado español. Una revisión de la construcción nacional del Marruecos contemporáneo", en Aixelà Cabré, Yolanda (ed.), *Tras las huellas del colonialismo español en Marruecos y Guinea Ecuatorial*. Madrid: Consejo Superior de Investigaciones Científicas, pp. 21-59.

Aziza, M. (2003), *La sociedad rifeña frente al Protectorado español de Marruecos (1912-1956)*. Barcelona: Bellaterra.

Balfour, S. (2002), *Abrazo mortal. De la guerra colonial a la Guerra Civil en España y Marruecos (1909-1939)*. Barcelona: Península.

Ben Mlih, A. (1990), *Structures politiques du Maroc colonial*. París: L'Harmattan.

Burke (III), E. (1976), *Prelude to protectorate in Morocco. Precolonial protest and resistance, 1860-1912*. Chicago: University of Chicago Press.

Cañabate Pérez, J. (2011), *El trasplante de la justicia española entre 1914 y 1931 al Protectorado de España en Marruecos. Tesis doctoral*. Bellaterra: Universitat Autònoma de Barcelona.

(1922), *Los Centros Comerciales Hispano-Marroquíes y el Problema de Marruecos: la elocuencia de un inventario (De 1904 a 1921)*. Madrid: España en África.

Díaz Morlán, P. (2015), *Empresarios, militares y políticos. La Compañía Española de Minas del Rif (1907-1967)*. Madrid: Marcial Pons.

El Abdellaoui, M. y Chikhi, N. (1997), "El regadío y las transformaciones agrarias en el Rif", en VV.AA., *Transformaciones agrarias en Andalucía oriental y norte de Marruecos*. Granada: Diputación provincial de Granada, pp. 253-282.

Fernández Prieto, L. (2007), *El apagón tecnológico del franquismo. Estado e innovación en la agricultura española en el siglo XX*. Valencia: Tirant lo Blanch.

Font de Mora, R. (1928), *La colonización agrícola en la zona occidental del Protectorado español en Marruecos*. Madrid: Ministerio de Fomento.

García Figueras, T. (1957), *España y su protectorado en Marruecos*. Madrid: CSIC.

García Figueras, T. y Roda Jiménez, R. (1950), *Economía social de Marruecos. V. 1*. Madrid: IEA-CSIC.

Gozálvez Pérez, V. (1993-1994), "Notas sobre la colonización agrícola en el protectorado de España en Marruecos", *Sharq Al-Andalus*, núm. 10-11, pp. 423-452.

Hart, D. M. (1997), *Estructuras tribales precoloniales en Marruecos Bereber, 1860-1933: una reconstrucción etnográfica en perspectiva histórica*. Granada: Universidad de Granada.

Hoisington Jr., W. A. (1978), "Cities in revolt: the Berber Dahir and France's urban Strategy in Morocco", *Journal of Contemporary History*, vol. 13, núm. 3, pp. 433-448.

Kenbib, M. (1994), *Juifs et musulmans au Maroc. 1859-1948*. Université Mohammed V: Rabat.

Laroui, A. (1994), *Marruecos: Islam y nacionalismo*. Madrid: Editorial Mapfre.

Llord O'Lawlor, M. (1935), *Régimen y administración de las propiedades del Majzén y de las colectividades indígenas*. Tetuán: Imp. Hispania.

López-Morell, M. A. (2005), *La casa Rotschild en España (1812-1941)*. Madrid: Marcial Pons.

Madariaga Álvarez-Prida, M. R. (2008 [1999]), *España y el Rif, crónica de una historia casi olvidada*. Málaga: Ciudad Autónoma de Melilla-UNED-Centro asociado de Melilla.

Madariaga Álvarez-Prida, M. R. (2004), "Administración colonial y notables indígenas del protectorado español", en VV.AA., *Ceuta en los siglos XIX y XX. IV Jornadas de historia de Ceuta*. Ceuta: IEC, pp. 193-209.

Madariaga Álvarez-Prida, M. R. (2005), *En el barranco del lobo. Las guerras de Marruecos*. Madrid: Alianza.

Madariaga Álvarez-Prida, M. R. (2009), *Abd-el-Krim el Jatabi. La lucha por la independencia*. Madrid: Alianza.

Madariaga Álvarez-Prida, M. R. (2013), *Marruecos, ese gran desconocido. Breve historia del protectorado español*. Madrid: Alianza.

Marchán Gustems, J. (2014), *La colonización agrícola en el protectorado español de Marruecos (1912-1956). Una esperanza frustrada*. Tesis doctoral. Barcelona: Universitat Pompeu Fabra.

Marchán Gustems, J. (2015), "Las instituciones agrarias del protectorado español en el norte de Marruecos y los primeros pasos de la colonización agrícola", en Folguera, P.; Pereira, J. C. *et al.* (eds.), *Pensar con la historia desde el siglo XXI. Actas del XII Congreso de la Asociación de Historia Contemporánea*. Madrid: Universidad Autónoma de Madrid, pp. 2515-2530.

Marchán Gustems, J. (en prensa, 1), "Una avanzadilla malograda. Colonización oficial y propiedad inmueble en el protectorado español de Marruecos (1912-1956)".

Marchán Gustems, J. (en prensa, 2), "Colonización agrícola y propiedad comunal en el protectorado español de Marruecos (1912-1956)", en Chikhi, N. (ed.), *La question foncière et le développement durable dans les montagnes rifaines et ses bordures.*

Marín, M. (2015), *Testigos coloniales: españoles en Marruecos (1860-1956).* Barcelona: Bellaterra.

Marina Encabo, J. F. (1942), "Lo que convendría hacer para regular en cada kabila el régimen de propiedad privada", en *Orientación sobre algunos problemas de la propiedad en Marruecos. Colección de artículos publicada en la prensa marroquí,* Valladolid, Imp. Allén.

Martín Corrales, E. (2002a), *La Imagen del magrebí en España. Una perspectiva histórica, siglos XVI-XX.* Barcelona: Bellaterra.

Martín Corrales, E. (2002b), "Represión contra cristianos, moros y judíos en la guerra civil en el protectorado español de Marruecos, Ceuta y Melilla", en Rodríguez, F. y Felipe, H. (eds.), *El Protectorado español en Marruecos. Gestión colonial e identidades.* Madrid: CSIC, pp. 113-138.

Mateo Dieste, J. L. (2003), *La "Hermandad" hispano-marroquí. Política y religión bajo el Protectorado español en Marruecos (1912-1956).* Barcelona: Bellaterra.

Michel, N. (1997), *Une économie de subsistances. Le Maroc précolonial. I.* El Cairo: Institut Français d'Archéologie Orientale.

Miller, S. G. (2015 [2013]), *Historia del Marruecos Moderno.* Madrid: Akal.

Nerín Abad, G. (2005), *La guerra que vino de África.* Barcelona: Crítica.

Nerín Abad, G. y Bosch Pasqual, A. (2001), *El Imperio que nunca existió. La aventura colonial discutida en Hendaya.* Barcelona: Plaza y Janés.

Olmet, L. A. (1916), *Marruecos (de Melilla á Tánger).* Madrid: Juan Pueyo.

Pan-Montojo, J. (1995), "La administración agraria en España, 1847-1907", *Historia Agraria*, núm. 10, pp. 67-88.

Pennell, C. R. (2000), *Morocco since 1830. A history*. London: Hurst & Company.

Rodríguez, J. A. (1996), *Geografía y colonialismo. La Sociedad Geográfica de Madrid (1876-1936)*. Madrid: Universidad Autónoma de Madrid.

Rodríguez-Aguilera Conde, C. (1947), *Jurisdicciones de Marruecos. Tesis doctoral*. Madrid: s.n.

Rodríguez-Aguilera Conde, C. (1952), *Manual de derecho de Marruecos*. Barcelona: Bosch.

Rogan, E. (2010 [2009]), *Los árabes. Del imperio otomano a la actualidad*. Barcelona: Crítica.

Swearingem, W. D. (1987), *Moroccan Mirages. Agrarian Dreams and deceptions, 1912-1986*. Princeton: Pinceton University Press.

Tomás Pérez, V. (1935), *Marruecos. Estudio geográfico-económico*. Barcelona: Bosch Editorial.

Torrejón y Boneta, Á.; Arias, P. y Arrué, Á. (1923), *Estudios e informe relativos a la colonización agrícola de la zona de protectorado de España en Marruecos*. Madrid: Imprenta Helénica.

Torrejón y Montero, A. (1939), *Características agrícolas, labor de colonización realizada, causas que impiden el desarrollo agrícola y bases para un futuro plan de colonización en la Zona de Protectorado de España en Marruecos. Comunicaciones que al VIII Congreso Internacional de Agricultura Tropical y Subtropical de Trípoli (13 al 17 de marzo de 1939), dirige Alejandro de Torrejón y Montero*. Ceuta: Imp. Imperio.

Tozy, M. (2000), *Monarquía e islam político en Marruecos*. Barcelona: Bellaterra.

Velasco de Castro, R. (2012), *Nacionalismo y colonialismo en Marruecos (1945-1951). El general Varela y los sucesos de Tetuán*. Sevilla: Alfar.

Vicente-Arche y López, J. (1910), *Memoria acerca del estado actual de la agricultura en el Rif, y reformas posibles e inmediatas que conviene implantar*. Madrid: Imprenta de la Sucesora de M. Minuesa.

Villalobos, F. (2004), *El sueño colonial. Las guerras de España en Marruecos*. Barcelona: Ariel.

Villanova Valero, J. L. (1999), "La constante mutación de la organización político-administrativa del protectorado español de Marruecos", en Nogué, J. y Villanova Valero, J. L. (eds.), *España en Marruecos (1912-1956). Discursos geográficos e intervención territorial*. Lleida: Editorial Milenio, pp. 435-465.

Villanova Valero, J. L. (2004), *El Protectorado de España en Marruecos. Organización política y territorial*. Barcelona: Bellaterra.

Villanova Valero, J. L. (2006), *Los interventores. La piedra angular del protectorado español en Marruecos*. Barcelona: Bellaterra.

Villanova Valero, J. L. (2008), "Los organismos encargados de la gestión de las ciudades en el protectorado español en Marruecos", en González Alcantud, J. A. (ed.), *La ciudad magrebí en tiempos coloniales. Invención, conquista y transformación*. Barcelona: Anthropos, pp. 161-2008.

Villanova Valero, J. L. (2012), "Los interventores del protectorado español en Marruecos: los principales agentes del desarrollo de la política colonial", *Revista de Historia Militar*, núm. extraordinario II, pp. 161-202.

Wesseling, H. L. (1999), *Divide y vencerás. El reparto de África (1880-1914)*. Madrid: Península.

Zulueta y Gomis, J. (1916), *Impresiones del Rif*. Barcelona: Talleres Gráficos de José Sebabell y Cía.

8

Derechos de propiedad y confrontación local en el Valle Central (1821-1870)

Evidencia para una evaluación en torno a los estudios de la tierra en Costa Rica

ALLAN JOSÉ VÍQUEZ MORA[1]

A la memoria de mi madre

Introducción

Los procesos de independencia en Hispanoamérica provocaron profundas transformaciones sobre la distribución de los pueblos en el espacio geográfico, cuya expresión más evidente fueron las divisiones territoriales entre y

---

1   El autor agradece a quienes participaron en el proceso de creación de este ensayo. Al M.A. Jorge León por sus acertadas observaciones al primer borrador de la ponencia y el aval de la misma. Al Sistema de Estudios de Posgrado de la Universidad de Costa Rica y en particular al Posgrado Centroamericano en Historia, que apoyaron la propuesta por oficio SEP-8366-2015 en el Congreso Internacional de la SEHA, 2016. Al Lic. Jafeth Campos, al Lic. Vinicio Méndez y personal de la Sala de Consulta del Archivo Nacional de Costa Rica por su invaluable ayuda. A los colegas Dr. José A. Fernández Molina y Dr. Wilson Picado Umaña, amigos verdaderos en los tiempos difíciles. Finalmente, a las editoras de este trabajo – Dra. Sol Lanteri, Dra. Daniela Marino y Dra. María Fernanda Barcos – por sus valiosos comentarios y observaciones. Los errores u omisiones son entera responsabilidad de quien suscribe.

al interior de las noveles unidades políticas. La colonización del espacio –producto del crecimiento poblacional, las migraciones y/o al calor del fomento estatal– fue esencial para la expansión de la agricultura comercial, y con ello la conquista de los mercados internacionales. La explotación del suelo con miras a la exportación requirió de un conjunto de cambios en las formas de apropiación de la tierra que llevó de forma paulatina a la privatización de la misma. Sin embargo, mientras este proceso ocurría, a lo largo de la región coexistieron diferentes tipos de ejercicio de la propiedad, cuyos fines integraban la subsistencia, el abasto del mercado interno y la producción para la exportación.

Los estudios en torno a la propiedad de la tierra coinciden en que diversos sistemas de tenencia de la tierra en Hispanoamérica persistieron aun después de la independencia, cuando los grupos económicos dominantes consagraron el derecho de la propiedad privada a través de la ley, inspirados en los principios del liberalismo. La mayor parte de dichos estudios discurren acerca de la transformación de los derechos sobre la tierra como imperativo para la transición hacia el capitalismo, de modo que centran su atención sobre los procesos de privatización de la misma y su impacto económico y social. Además, el argumento llegó a ser una especie de axioma que explicaba el desarrollo socioeconómico de la región: el ejercicio del derecho a la propiedad privada permitió la consolidación de grupos oligárquicos que despojaron de la tierra a diversos sectores de la población, la mayoría de las veces a comunidades indígenas, cuyo resultado fue el empobrecimiento de tales grupos, la desarticulación de la organización comunitaria, y eventualmente manifestaciones de resistencia frente a los sectores dominantes que desembocaron en conflictos con diversos grados de violencia.

Evidentemente, la privatización de la tierra fue un proceso fundamental en la transformación de las economías en Hispanoamérica al dar lugar a una inversión permanente en el agro, que a la postre permitió la vinculación con el mercado internacional. Ello explica la importante cantidad de literatura en torno a la relación entre liberalismo, propiedad privada y la llegada del celebrado progreso económico. En contraste, diferentes estudios van más allá de esta explicación, mostrando la diversidad de fenómenos asociados a la transformación de los derechos de propiedad y profundizando en la organización comunitaria y los actores sociales locales.[2]

En Argentina, la desigual integración al mercado internacional y el desarrollo de procesos políticos disímiles a nivel regional marcaron diversos niveles y ritmos de apropiación de la tierra, al tiempo que admitieron la convivencia de formas de apropiación heredadas del periodo colonial con el principio de propiedad privada asegurado por las leyes liberales (Ferreyra, 2001). En el caso de la región central de México, las comunidades indígenas emplearon diferentes mecanismos de resistencia frente a la desamortización de los bienes comunales, que revelan la capacidad de negociación de dichos grupos y descartan la rebelión armada y la violencia como únicos medios (Marino, 2001). El fenómeno anterior también sucedió en las provincias del sur de Colombia, en donde las alianzas entre dirigentes comunales y líderes regionales criollos –sumado a dificultades impuestas por el medio geográfico y las vías de comunicación con el centro– aplazaron el proceso de desamortización hasta entrada la década de 1880 (Murgueitio Manrique, 2015). Mc Creery (1994: 262-274) argumenta que los conflictos violentos por la tierra en Guatemala fueron más numerosos antes de la introducción del café y la Reforma Liberal de la década de 1870, y que estos se

---

2 Esta investigación también considera los estudios basados en principios del *neoinstitucionalismo* en torno al análisis de los derechos de propiedad, algunos de los cuales parecen haber retomado el rol de los actores y grupos sociales locales en la dinámica del cambio agrario en el Viejo Mundo. Algunos trabajos que abordan estas temáticas en diversos espacios geográficos son Ostrom, 2005; Hopcroft, 1999; Congost, 2003; Congost *et al.*, 2012; Lana-Berasain, 2000, 2012.

debieron a disputas entre indígenas y ladinos o al interior de las mismas comunidades. La distribución de tierras en Dolores Izalco, en el occidente de El Salvador, estuvo acompañada de un proceso de desarticulación de la comunidad producto del enfrentamiento entre facciones interétnicas y de las alianzas de estas con políticos y militares a nivel local, regional y nacional (Lauria-Santiago, 1999).

Entre la década de 1970 e inicios de 1990, la producción historiográfica en Costa Rica abordó la tenencia de la tierra en el contexto del desarrollo de la caficultura con el fin de mostrar niveles de interrelación entre los actores sociales, las relaciones de poder y los sistemas de producción (González, 1994). Investigadores y estudiantes tuvieron a disposición gran variedad de evidencia documental –testamentos, mortuales, censos, archivos privados de empresas cafetaleras, etc.– poco explotada en ese momento. Evidentemente, el café introdujo serias transformaciones en cada uno de estos elementos, lo cual atrajo la atención de una creciente comunidad de historiadores interesados en la historia agraria de Costa Rica. Dado que el cultivo del café requiere al menos de tres a cinco años para que comience a producir, el impulso a la propiedad privada constituyó uno de los temas centrales en la agenda legislativa del naciente estado costarricense, y el eje de los estudios sobre la tierra (Salas, 1987, 1987, 1990). De este modo, dichas investigaciones destacan el desarrollo de la legislación agraria del periodo, pero desestiman el funcionamiento e impacto de los arreglos institucionales locales. Con todo, los mismos desatienden la evolución de los derechos de propiedad en la forma que son concebidos dentro del neoinstitucionalismo (Alchian y Demsetz, 1973).

El presente estudio explora las relaciones entre actores/organizaciones locales en las comunidades del Valle Central de Costa Rica y las autoridades estatales, durante la transformación de los derechos de propiedad propiciada por la creciente orientación mercantil del campesinado. Esencialmente, proporciona una óptica sobre el conflicto distinta al argumento clásico que enfrenta a dos sectores del campesinado –al pequeño burgués de base agraria y al asalariado no proletario–. Este capítulo examina uno de los aspectos más estudiados en la historia agraria de Costa Rica desde una perspectiva nueva en el contexto de este país, pero con una amplia difusión en la historia económica desde hace cuatro décadas. Emplea elementos del paradigma neoinstitucional, el cual presta atención al proceso de organización de las sociedades a través de reglas y normas con el fin de mantener funcionando el sistema económico. Los estudios enfatizan la importancia de la tierra y los mecanismos de acceso a la misma para el éxito de la caficultura. Esta forma de abordaje, sin embargo, no permite mayor comprensión de la dinámica local, los aspectos de su organización y su interrelación con otros agentes estatales.

Los procesos por explorar en las siguientes páginas transcurrieron en la región conocida como el Valle Central de Costa Rica, espacio que reunía la mayor parte de la población –fenómeno que persiste hasta hoy– en un grupo de pueblos que al finalizar el siglo XVIII inició su expansión hacia la sección oeste producto del incremento demográfico y del crecimiento económico de la provincia merced al cultivo del tabaco (Rico, 2014: 29-38). Dichos asentamientos mantuvieron aun durante la primera mitad del siglo XIX un patrón nucleado que sirvió como "mecanismo de control social y extracción excedentaria para mantener la *vida civilizada*" (Gudmundson, 2010: 39. Itálicas del autor). Estos núcleos se caracterizaron por una estructura de sexo, edad y oficios de tipo urbano premoderna. Alrededor de los mismos existía una serie de pueblos agrícolas, que a la vez se dividían en sus barrios,[3] manteniendo el patrón nucleado.

---

3   Arrazola (1832: 646) define los barrios como caseríos o poblaciones cortas en que no hay ayuntamiento y dependen de otro pueblo, aunque no estén próximos a él, de modo tal que puedan considerarse su arrabal. Carlos III utilizó esta denominación en 1768 para dividir administrativamente la ciudad de Madrid, de modo que cada cuartel estaba compuesto por ocho barrios. La misma fue utilizada por el virrey Guirior en Real Cédula de 12 de

La expansión de la caficultura a partir de la década de 1840 aceleró el proceso de colonización agrícola hacia dicha sección y aportó flujos migratorios hacia los frentes, cuyo resultado fue una especie de ruralización, en lugar de una expansión de la urbe. El Valle Central, especialmente la ciudad capital, experimentó un proceso de urbanización tardío –entrado el siglo XX– por lo que sería erróneo utilizar la dicotomía urbano-rural para referirse al periodo que aquí se estudia (Gudmundson, 2010: 200-205).

La primera parte de la siguiente exposición aborda los aspectos políticos y socioeconómicos más generales del periodo, sin embargo, enfatiza sobre los mecanismos de acceso a la propiedad de la tierra creados a partir de la independencia. La segunda reconstruye de forma parcial los conflictos en torno a derechos de propiedad en dos pueblos del Valle Central, aproximadamente entre 1820-1870, periodo caracterizado por distintos cambios de gobierno –y con ello distintas constituciones y reglamentos– que afectaron de varias formas los arreglos institucionales locales. Finalmente, el epílogo proporciona algunas reflexiones alrededor del enfoque de los derechos de propiedad para el estudio de la tierra y de la historia agraria en Costa Rica.

---

febrero de 1774, que dividía la ciudad de Santafé de Bogotá en cuatro cuarteles y ocho barrios (Saldarriaga, 2003: 50). Aún no se dispone de una cédula similar para el caso de Costa Rica o alguna ley que defina la composición de este tipo de división territorial. En el contexto de la primera mitad del siglo XIX en Costa Rica, las categorías de barrios y cuarteles que aparecen en la documentación hacen referencia a localidades periféricas a los principales centros urbanos, de acuerdo con distintas divisiones administrativas que sucedieron a lo largo del siglo. Para las distintas divisiones político administrativas del territorio costarricense véase Hernández, 1985.

1. Sociedad y economía en el Valle Central de Costa Rica: 1821-1870

La Capitanía General de Guatemala alcanzó su independencia el 15 de setiembre de 1821 a raíz del acta emanada del Ayuntamiento de la ciudad de Guatemala, una de las diversas declaraciones de soberanía hechas por los pueblos de dicha unidad administrativa a consecuencia de la ruptura del vínculo con la monarquía (Dym, 2012: 3-24). Es de común acuerdo dentro de la comunidad de historiadores que este proceso no produjo una precipitada conformación de naciones, sino que tuvo como legado un conjunto heterogéneo de comunidades políticas con jurisdicción propia que reclamaron su soberanía, dado el vacío de poder generado por la separación. La experiencia constitucional derivada de la crisis de la monarquía durante la ocupación napoleónica (1812-1814) y posterior a la rebelión de Riego (1820-1821) consolidó la capacidad de autogobierno de los municipios y definió el carácter participativo de dichos cuerpos en la era republicana.

Aun con el establecimiento de la Federación Centroamericana en 1824 y la formación de Estados independientes, el gobierno municipal continuó siendo el corazón del sistema político, pues aportó agentes a la embrionaria estructura burocrática y de control sobre los diferentes pueblos. Una conveniente relación entre el gobierno central y las municipalidades perduró durante las primeras décadas de la vida republicana: los gobiernos concedieron amplios poderes y autonomía a las municipalidades y estas legitimaron la acción del gobierno a través del uso de las instancias ejecutivas, legislativas y judiciales para resolver conflictos locales (Dym, 2006).

Los pueblos del Valle Central de Costa Rica reflejaron la dinámica arriba descrita a partir de la independencia. Aunque la historia tradicional divide los ayuntamientos en partidarios del imperio y de la república, lo cierto es que defendían diferentes proyectos políticos: la anexión al imperio mexicano de Iturbide, la unión a la Gran Colombia y conformación de un cuerpo político mayor, fuera un Estado libre o parte de una federación. Estas diferencias se trasladaron al campo de marte únicamente en unas pocas escaramuzas rápidamente reprimidas por los gobiernos de turno (Obregón, 1981: 19-23, 26-27). El gobierno central fortaleció al municipal al otorgarle los medios para su consolidación: tierras para población y uso comunal y capacidad de cobrar arbitrios, ambos para subsidiar sus operaciones (funcionarios, infraestructura, educación, otros).

El primer asalto al poder de las municipalidades ocurrió con la emisión de la Ley de Bases y Garantías (1841) por el jefe Braulio Carrillo, código que suprimió los ayuntamientos e impuso un ordenamiento territorial-administrativo basado en cinco departamentos alrededor de una cabecera o ciudad principal, al mando de un jefe político. Los municipios se restablecieron con el derrocamiento de Carrillo en 1842 y la Constitución de 1844 declaró la independencia del gobierno municipal en tanto no interfiriera con el central (Araya *et al.*, 1986: 49). Esto último deja entrever que uno de los rasgos significativos de este periodo, como en la mayoría de América Latina, fueron los cambios súbitos de gobierno por conspiraciones y golpes de Estado, acompañados de procesos electorales y promulgación de constituciones políticas (Silva, 1992: 35). Los municipios cedieron terreno conforme creció la estructura burocrática y los gobiernos de turno se orientaron a la centralización de la cosa pública ya bien avanzado el siglo XIX. Posteriormente, se crearon las ordenanzas municipales de 1862 y 1867, que delegaban en los jefes políticos y gobernadores la ejecución de las leyes en representación del Poder Ejecutivo. El código de 1862 estableció una nueva división territorial-administrativa en provincias, cuya cabecera ejercía su jurisdicción sobre otras municipalidades. Esta última disposición se eliminó en 1867 (Araya, 1986: 55).

Las oportunidades económicas que ofreció la independencia se palparon en un comercio por el Pacífico cada vez más activo (León, 2003: 43-81). Las primeras exportaciones estaban principalmente compuestas por maderas de tinte (palo de Brasil) y víveres, ambos con una creciente demanda en Panamá y Sudamérica, pero sin el dinamismo de otras actividades. El tabaco, cuyo monopolio fue establecido por la corona en 1780, pasó a manos de la República Federal y la Factoría de San José continuó abasteciendo a las tercenas de León en Nicaragua; pero durante las décadas de 1820 y 1830 la actividad experimentó tanto su máximo nivel de producción y exportación, como su declive (León, 2003: 66). La minería en los Montes del Aguacate y la corta del palo de Brasil constituyeron otros dos intentos de establecer vínculos con el mercado mundial que fracasaron debido al agotamiento de ambos, y en el caso de la minería al escaso nivel tecnológico requerido para las labores (Molina, 1991: 184-189).

La principal característica del campesinado habitante del Valle Central de Costa Rica al finalizar el periodo colonial fue su composición mestiza. A lo largo del siglo XVIII ocurrió un proceso de mestizaje que incluso permitió la integración de la población afrodescendiente a la vida económica y política de la provincia (Gudmundson, 1978). Para el último cuarto del siglo XVIII, cuatro quintas partes de la población eran de mestizos, mulatos o zambos. La población indígena constituía para 1778 apenas el 8% del total de habitantes (Hall y Pérez, 2003: 86-89). El grueso de la población estuvo asentado en las cinco ciudades y villas principales del Valle Central y sus alrededores, incluyendo varias comunidades indígenas.

La caficultura fue la base de las grandes transformaciones que experimentó el Valle Central costarricense alrededor de la década de 1840. La exportación del fruto estableció el vínculo definitivo con el mercado mundial y su producción demandó la ocupación cada vez mayor de nuevas tierras. La colonización agrícola, emprendida desde principios de siglo y acelerada con el cultivo de café, desplazó paulatinamente la población hacia la sección noroeste del valle, en donde encontró abundantes y mejores tierras para el cultivo, pero la frontera conservó la proximidad tanto hacia la capital, San José, como al mayor puerto de exportación (Puntarenas) (Samper, 1985). Como era de esperarse, las migraciones internas y el crecimiento de la población motivaron la creación de nuevos asentamientos en la segunda mitad del siglo XIX. Dicho impulso a la ocupación de la tierra requirió el desarrollo de un conjunto de regulaciones sobre acceso a la propiedad que, aunque marchó hacia la privatización, no significó una inmediata expropiación ni la temprana proletarización del campesinado.

La legislación agraria puesta en práctica por la elite a partir de la independencia en teoría permitía el libre acceso a la propiedad particular a través de varios mecanismos, entre ellos los denuncios simples, las gracias o premios, y las demasías. En la realidad, una reducida fracción de la población tenía los recursos para pagar los costos de la medida al agrimensor y los trámites burocráticos de rigor, por lo que los no pudientes muchas veces se organizaron para adquirir una propiedad (Salas, 1986). Los ayuntamientos y pueblos de nueva fundación adquirieron del gobierno central tierras –las llamadas leguas– para poblado y subvención de gastos de municipales (obras públicas, festividades religiosas, educación de la juventud, etc.), con base en las Leyes de Indias. Los jueces de tierras fueron sustituidos por los delegados de tierras, y estos últimos por los agrimensores, encargados de realizar las labores de medición asociados con los testigos y tiradores de cuerda. En un principio, los comisionados de la Junta Superior Gubernativa posterior a la independencia carecían de los conocimientos técnicos de la agrimensura, y en su mayoría desempeñaban labores de escribanía.[4]

---

[4] Véase el caso de José Ángel Vidal y Rafael Francisco Osejo, el primer secretario interino de la Junta Gubernativa y el segundo maestro de primeras letras (Iglesias, 1902).

Más adelante, el Congreso acogió la propuesta de Manuel Alvarado de nombrar un agrimensor del Estado, dados "los perjuicios que [se] irrogan a la hacienda Pública con la impericia de los comisionados de tierras baldías",[5] y emitió un decreto el 3 de junio de 1828 con las calidades y beneficios derivados del puesto. El agrimensor no actuaba en solitario, sino que laboraba en compañía de tiradores de cuerda y testigos –quienes frecuentemente eran individuos notables de una vecindad, alcaldes pedáneos o de cuartel y procuradores síndicos– asignados por las municipalidades que colaborarían en el reconocimiento de los límites, hitos y accidentes geográficos definidos por las partes.

Es de notar que la historiografía frecuentemente no reconoce el papel que juegan estos agentes locales en el desarrollo institucional, quienes constantemente recaban información en torno a su jurisdicción como parte de las labores de monitoreo en sistemas con recursos de uso común (vigilancia de tierras comunes, cobro de impuestos locales, recuentos de población, etc.) y que posiblemente contribuyeron a reducir los costos de transacción asociados a la mensura y distribución de los fundos.

El proceso de privatización de la posesión fundiaria avanzó antes de la independencia con la expropiación de obras pías en el contexto de las Reformas Borbónicas (Gudmundson, 1978). El número de compraventas territoriales en el Valle Central creció entre 1824-1838 y se disparó en la siguiente década, en medio del auge de la caficultura (Molina, 1991: 308). Durante la era republicana se dieron diversas disposiciones para reducir las tierras municipales a dominio particular, y de forma temprana se intentó privatizar las tierras de las comunidades indígenas mediante la justificación universal del avance de la agricultura y el progreso económico esgrimido por los sectores dominantes

---

5   Archivo Nacional de Costa Rica, Sección Histórica (en adelante ANCR SH), Congreso 757, f. 1. Nota aclaratoria: las citas obtenidas de la documentación están transcritas al castellano contemporáneo.

(Salas, 1986: 63-72). A pesar del avance cada vez mayor de la apropiación privada de la tierra, esta se complementó con otras formas de usufructo y grados variables de super-posición entre explotación productiva y posesión fundiaria (Samper, 2003: 86). Por otra parte, la institución del censo enfitéutico se estableció como forma de fomentar la caficul-tura hasta la creación del Registro Público de la Propiedad en 1864 (Gudmundson, 1996: 44).

La historiografía costarricense ha resaltado el hecho de que la existencia de una frontera agrícola abierta y la existencia de formas de usufructo alternativas a la propie-dad privada redujeron en cierto grado el conflicto por el acceso a la tierra. Por otra parte, se ha argumentado que los conflictos agrarios tomaron forma en épocas posteriores al auge cafetalero, cuando la danza de los millones hizo cada vez más urgente la adquisición de tierra, en aras del progreso económico (Castro, 1990: 207-231). El siguiente apartado examina los conflictos por la posesión de derechos a partir de la independencia a través de la participación de las comunidades y sus autoridades.

2. Dinámica institucional y confrontación local: las tierras de Tibás y Paraíso

Si bien los primeros gobiernos independientes dieron un amplio impulso a la privatización de la tierra a través de una serie de decretos que resultaron controversiales en su momento, lo cierto del caso es que enfrentaron la existencia de una estructura institucional heredada del periodo colo-nial, sancionada por la costumbre, que otorgaba una serie de derechos a los habitantes de los pueblos en el Valle Cen-tral. Las autoridades no solamente otorgaban derechos al uso de recursos propios del bosque tales como leña, bejuco y milpa, sino que se entregaban cincuenta varas cuadradas

como parte de la legua en cuadro –unos 5 kilómetros–
de cada pueblo. De este modo, en sesión municipal de La
Unión de Cartago de 12 de abril de 1832:

> Habiéndose presentado el ciudadano Francisco Guillén soli-
> citando se le tenga por vecino, y se le concedan cincuenta
> varas cuadradas de tierra en la de la legua, se acordó haber
> a dicho ciudadano de este pueblo en el goce de los derechos
> que corresponden, según las leyes...[6]

Aquellos individuos o familias que solicitaban avecin-
damiento en dichos pueblos adquirían tanto estos derechos como las obligaciones establecidas en esta estructura institucional, consistente en una serie de normas de
cooperación y cumplimiento de compromisos tales como
la limpieza de calles, acequias y observancia de preceptos
religiosos. Estas obligaciones, a la vez, constituían parte
esencial del funcionamiento de la vida aldeana. Incluso después de la independencia, las municipalidades regulaban
el comportamiento comunitario a través de los bandos de
buen gobierno, expedidos durante los primeros meses del
año con el fin de señalar el comportamiento esperado de
los vecinos por parte de las autoridades. La evidencia documental disponible no indica el inicio o final de una jurisdicción más allá de las formas de demarcación primitivas; no
obstante es válido argumentar que las comunidades estaban sujetas a arreglos institucionales locales para señalar los
confines de la comunidad.[7]

Las autoridades locales, como los alcaldes de cuartel y
pedáneos, ejercían un control muy débil sobre los márgenes de los vecindarios en los cuales se encontraban muchas

---

6   ANCR SH, Municipal 266, f 12v.
7   García Martínez (1992) argumenta que los lazos de asociación personal o
    grupal y políticos constituyeron el eje del concepto de jurisdicción a partir
    de la conquista. Aun con la imposición de estructuras burocráticas y admi-
    nistrativas, los individuos mantuvieron su sentido de pertenencia a una
    comunidad a través de mecanismos como el pago de tributos, pertenencia a
    determinada parroquia o el acceso a tribunales o fueros.

tierras abiertas. Los registros municipales de Heredia y Paraíso dan cuenta de diversas infracciones cometidas por los vecinos de San José y los barrios de Cartago, respectivamente, a los derechos de los pueblos de Tibás y Paraíso, que dieron sustento a recurrentes reclamos ante las autoridades centrales, y que evidencian débiles mecanismos de cumplimiento y costos de transacción muy elevados. Junto con otras fuentes documentales, se ha logrado reconstruir parte de la dinámica social local y el proceso de reconfiguración espacial en ambas poblaciones –Tibás y Paraíso– matizando las disposiciones del gobierno central y los arreglos institucionales locales.

Mapa 1. Pueblos en conflicto por derechos de propiedad en el Valle Central de Costa Rica (1841)

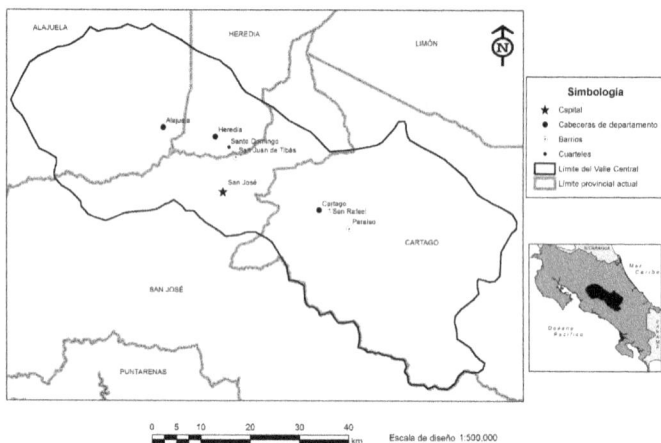

Fuente: Hernández (1985), pp. 41-43.

Las tierras de Tibás fueron adquiridas por el "común de vecinos" de Villa Vieja –que más tarde tomó el nombre de Heredia– por medio de compra hecha entre más de trescientos individuos, con una extensión de poco más de cincuenta y dos caballerías (Fonseca *et al.*, 2003: 89). En el momento de la independencia se habían sucedido varias ventas y litigios particulares en torno a estas tierras (Quesada, 1910), y con el fortalecimiento del poder municipal los ayuntamientos procuraron reclamar aquellos terrenos con dudosa demarcación de los linderos bajo su jurisdicción. En estas tierras convergían los cuarteles de San Juan del Murciélago, San Vicente de la ciudad de San José y Santo Domingo de la de Heredia, unidos por varios pasos y veredas construidos por los mismos vecinos.

Durante la primera mitad del siglo XIX, los vecinos y autoridades locales de Heredia denunciaron abusos por parte de los habitantes de los barrios josefinos en sus tierras. El 23 de setiembre de 1833, el Ayuntamiento de Heredia protestó que los vecinos de San José "con el motivo de estar franco el paso de los Salazares, estos lo avanzan casi diariamente a robarse leña, bejucos y otros elementos de esta clase" y que la Municipalidad de San José recomendaba cerrar dicho paso para evitar "los quebrantos que cada día se experimentan".[8] Los pasos también permitían la migración del ganado del vecindario del Murciélago hacia las tierras de Tibás, en cuyo caso ambas municipalidades debieron establecer arreglos entre ambas, que ciertas veces eran incumplidos, con el fin de vigilar el movimiento de las bestias y evitar perjuicios en las labores y sementeras.[9]

Por otra parte, se presentaron ocasiones en que vecinos de San José usufructuarios de estas tierras evadían el cobro de gravámenes (terrajes, esquilmos, ejidos, etc.), como sucedió en noviembre de 1839, cuando el alcalde del cuartel de Santo Domingo encontró resistencia por parte de estos a pagar el derecho sobre tierras impuesto por el común, por lo que se acordó autorizar al cuartelero para que, con lista

---

8   ANCR SH, Municipal 343, ff. 78-78v.
9   ANCR SH, Municipal 473, ff. 4v; 32v; 50.

de los renuentes en mano, los demandase ante los respectivos jueces para que pagasen tanto el gravamen como los costos y perjuicios de la demanda.[10]

En ese mismo año, el gobierno central otorgó título al vecindario de San José sobre la llamada legua de La Palma, ubicada en tierras de Tibás (Quesada, 1910: 39). Los vecinos de Heredia solicitaron ante el gobierno que se hiciera la remedida de los terrenos, en vista de que esta concesión produjo desconcierto en torno a los linderos que separaban una población de otra, para lo cual se comisionó al agrimensor Henry Cooper por orden de 8 de marzo de 1841 (Quesada, 1910: 41). Sumado a esto, el gobierno de Braulio Carrillo Colina emitió un reglamento conocido como la Ley de Bases y Garantías, el cual establecía una nueva demarcación del territorio en departamentos, cuyo único criterio era dividir los territorios de las ciudades principales (Cartago, San José, Heredia, Alajuela y Guanacaste) utilizando como límite los ríos que separaban una jurisdicción de otra. Evidentemente, esto provocó que los vecinos de Heredia y sus barrios posteriormente reclamaran los derechos que habían adquirido al finalizar el periodo colonial por medio de apoderados.

El 10 de setiembre de 1845, Fulgencio Fonseca como procurador síndico de los barrios de Heredia se dirigió a la Cámara de Representantes para solicitar la remedida, en virtud de la incorrecta interpretación de los mojones hecha por el agrimensor Cooper, que al parecer separó parte de las tierras comprendidas en los títulos archivados en la Municipalidad de Heredia.[11] Aunque el memorial fue recibido por la comisión de agricultura del Congreso el 11 de noviembre de ese año, el expediente aparece sin resolución. Esto no debe de extrañar, dado que otro apoderado, Joaquín de la Rosa Ocampo, volvió a la carga en agosto de 1848 con un escrito que reprochaba de nuevo los

10 ANCR SH, Municipal 284, f 130.
11 ANCR SH, Congreso 5001, 4v-5.

malos procedimientos de Cooper, la entrega de demasías derivadas de una disposición que aún desconocemos y el modo tiránico en que procedió el ex jefe de Estado Carrillo. Ocampo reclamaba que el vecindario de San José no tenía derechos en la medida de las tierras de Tibás, pero sí en los baldíos del cerro Zurquí y el paraje de La Palma, no obstante se les había entregado cerca de 10 caballerías de las cuales sacaron provecho los vecinos de San Juan del Murciélago y San Vicente.[12] El representante describió, aunque de modo exagerado, las consecuencias para los vecinos de Heredia:

> Pero si estos actos de despotismo y tiranía fueron desconocidos en tiempos de sujeción a la Metrópoli Española; si tampoco se vieron en la edad posterior a la independencia hasta la administración del señor Carrillo, estaba reservado a este gobernante representar la escena más espantosa que pudo representar jamás el espíritu de la arbitrariedad. No es menos el cuadro que se ofrece a la consideración, si nos suponemos una multitud de labradores pobres y acomodados, salir en turba arrojados, con sus hijos y familias de sus habitaciones y propiedades, y atropellarse con los nuevos poseedores, que sin tener derecho ni haberles costado su trabajo, iban a ocuparlos. No es menos la lastimosa vista de encontrarse en el poblado, y mirar los lugares que sepultaban su propiedad y su subsistencia, sin poder reclamar, porque no era posible articular una sola palabra o bosquejar un sentimiento, y porque la espada decidía de los obstáculos que se oponían para resistir al autor de las medidas. La fuerza y violencia aterradora era el medio de poner silencio a toda contradicción.[13]

El escrito ciertamente es elocuente. En él solicitó el reconocimiento legal de los títulos, el respeto a los linderos y la devolución de las propiedades a sus comitentes, no solo por un acto de justicia, sino como modo de contener posibles desavenencias entre ambos pueblos "que no tienen ni pueden tener aquiescencia, ni les es posible apaciguar

---

12 ANCR SH, Congreso 1321, f 5v.
13 ANCR SH, Congreso 1321, f. 6.

sus espíritus, hasta que este cuerpo no decida".[14] Esto fue admitido por la comisión de justicia y agricultura el 28 de agosto de 1848, cuya determinación fue el reconocimiento de la gravedad del litigio y de las posibles consecuencias, por lo que recomendó "calmar los ánimos resentidos para conservar el buen orden o evitar cualquier incidente que pudiera alterarlo", en vista de que aún se encontraban vivas algunas pasiones localistas (Obregón, 1981: 78-80).

No existe evidencia documental suficiente que permita reconstruir la participación de ambos vecindarios en la defensa de sus derechos durante las décadas de 1850 y 1860. En noviembre de 1868 el Juzgado de Hacienda Nacional declaró nulas las medidas hechas por Cooper y ordenó una remedida, que no se practicó sino hasta el segundo trimestre de 1870 (Quesada, 1910: 44-45). La población de la sección occidental del valle había crecido de 62.370 habitantes en 1848 a 73.885 en 1864 (Pérez, 2010: 20), la cual se reunió alrededor de nuevos poblados. Entre estos se encontraba el vecindario de Santo Domingo –perteneciente a la provincia de Heredia– que por Decreto de 27 de setiembre de 1869 alcanzó el rango de cantón, compuesto por los distritos Virilla, Raicero, Tures, Bermúdez y Rincón de Ruiz. En estas condiciones, la municipalidad de Santo Domingo podía exigir derechos sobre las tierras de Tibás, de forma tal que hacia mediados de 1883 impidió que la municipalidad de Heredia las redujera a dominio particular con el propósito de crear fondos para la apertura de un centro educativo. La lucha por la posesión de las tierras de Tibás acabó en la década de 1910 cuando San Juan del Murciélago alcanzó el rango de cantón... en la provincia de San José.[15] Ciertamente, esta posición permitió a ese vecindario exigir posteriormente derechos sobre las tierras de Tibás, de modo que impidió hacia mediados de 1883 que la

---

14 ANCR SH, Congreso 1321, f. 6v.
15 Decreto LIV de 27 de setiembre de 1869, República de Costa Rica, 1869: 205-206.

Municipalidad de Heredia las redujera a dominio particular con el propósito de crear fondos para la apertura de un centro educativo.[16]

Al igual que las tierras de Tibás, lo que hoy se conoce como el cantón de Paraíso forma parte de una composición colectiva hecha en 1767 por más de trescientas familias de ladinos que habitaban en el antiguo pueblo de indios de Ujarrás, en el sitio denominado Pedregal de Santiago, cuya extensión unida a la antigua legua de indios abarcaba alrededor de 38 caballerías (Fonseca, 2003: 86-87). Ujarrás alcanzó el rango de villa en 1813 junto con otros pueblos del Valle Central como premio a la fidelidad de la provincia de Costa Rica y servicios al rey durante los movimientos antiespañolistas de 1812 en Centroamérica (Fernández, 2011: 64). Esto le permitió tener su propia municipalidad encargada de resguardar su jurisdicción y defender los derechos de ese vecindario.

Los conflictos por los derechos de propiedad en este pueblo proceden de la relación entre este y los barrios de la ciudad de Cartago, principalmente el de San Rafael. Como sucedió en las tierras de Tibás, concurrían intereses de ambos vecindarios por la posesión de derechos sobre los recursos de suelos y bosques. El 30 de octubre de 1820, el Ayuntamiento de Ujarrás dispuso que los alcaldes pedáneos levantaran una lista de los vecinos de Cartago que tenían platanares en las tierras de su jurisdicción y ordenaba a estos consultar al mayordomo de propios –tierras municipales para alquiler– antes de comprar o vender derecho alguno sobre ellas.[17] El 5 de noviembre de 1827 se comisionó de nuevo al mayordomo para cobrar el derecho de ejidos a vecinos de Cartago renuentes al pago y se le autorizó para demandarlos ante juez competente.[18]

---

16 ANCR SH, Congreso 10354, 6v.
17 ANCR SH, Municipal 445, f. 8.
18 ANCR SH, Municipal 402, f. 31.

Una década más tarde, la misma municipalidad indicó que los vecinos de Cartago "se introducen en las tierras pertenecientes a esta villa y arbitrariamente extraen las mejores leñas, bejucos, etc., dejando a los vecinos careciendo de los mismos artículos que necesitan", lo que motivó establecer vigilancia por parte de los cuarteleros para "atajar" a quienes no pertenecieran al común de vecinos.[19] En 1855, el ayuntamiento denunció que vecinos del cuartel de Cot ocupantes de tierras en su jurisdicción se encontraban vendiendo sus derechos a los habitantes del barrio de San Rafael sin el permiso respectivo, así como evasión en el pago de esquilmos y otros derechos de ocupación.[20]

Asimismo, la documentación describe confrontaciones que sugieren el uso de la violencia por ambas partes durante la etapa republicana. El jefe político superior –figura intermedia entre el poder central y los gobiernos locales– advirtió a la Municipalidad de Paraíso el 18 de julio de 1832 que en tanto no fueran señalados los mojones de las leguas que correspondían a cada una de las municipalidades, ninguna de ellas podía prohibir la explotación de los recursos de los montes a ningún vecino, y ordenó tanto disponer los recursos necesarios para practicar la medida de las tierras como procurar "en primer lugar evitar las riñas y pleitos que se suscitan entre esos vecinos y los de esta ciudad [Cartago]".[21]

Un lustro más tarde, las autoridades de Paraíso reportaron al mando político superior que los habitantes de algunos barrios de Cartago se introducían a las tierras de su jurisdicción a extraer leña, y que "así mismo los días que hay reunión y diversiones se aparecen en grupo con solo el objeto de insultar a los vecinos sin miramiento ni respeto a las autoridades locales…".[22] Además, en junio de 1849 Félix Mata, en representación de los habitantes de San Rafael

---

19 ANCR SH, Municipal 569, ff. 15-17.
20 ANCR SH, Municipal 741, ff. 5v; 13v-14; 28v-29.
21 ANCR SH, Gobernación 22870, ff. 12v.
22 ANCR SH, Municipal 569, f. 17.

–que reclamaban de su vecindario el paraje de Cervantes– denunció ante el juzgado de 1ª instancia de Cartago que los alcaldes 1° y 2° de Paraíso, en compañía de varios indivi- duos, se introdujeron en ese sitio a amenazar a los vecinos que labraban maderas y a exigirles el cobro de primicias y diezmos sobre sus cosechas.[23]

Ciertamente estos conflictos reflejan una estructura de derechos de propiedad bastante imprecisa, y por tanto ins- tituciones frágiles. Quizá parte de la incertidumbre tuvo su origen en la gracia otorgada por la Junta Superior Guberna- tiva que llevó a cabo la transición hacia el primer gobierno del Estado Libre de Costa Rica. La misma acordó el 4 de setiembre de 1823 comisionar al secretario José Ángel Vidal para medir las tierras en el paraje de Santiago, concediendo las tres leguas en cuadro que las Leyes de Indias establecían para poblados y villas (Iglesias, 1902: 168-169). No se cuen- ta con la orden que adjudicó las tierras que solicitó la villa en oficio de 25 y 26 de agosto; sin embargo podemos pre- sumir que no quedaron satisfechos con la medida realizada por el secretario Vidal, dado que la Junta ordenó el 25 de octubre de 1823 anularla y asignar a Ujarrás una faja de tie- rra contigua a la jurisdicción de Cartago que –dada la des- cripción de los linderos– se explica por qué dicha concesión fue la manzana de la discordia por más de tres décadas:

> … desde el mojón de Ciures, el bajo del Naranjo, camino de Cot, hasta la montaña en donde está una piedra grande, y de ésta al sur, hasta topar en el camino de Cervantes con el mojón de los Aguilares y demás medidas hechas por el dicho comisionado [Vidal], con calidad de reponer a Ujarrás lo que se le quita en donde lo pida… (Iglesias, 1902: 199-200).

La disposición no estuvo desprovista de conflictos. La Junta recibió el 28 de enero de 1824 una solicitud del Ayun- tamiento de Ujarrás de amparo en la medida de sus tierras,

---

23 ANCR SH, Judicial 7067, ff. 3v-4.

ya que estaban siendo "inquietados" en su posesión por los vecindarios de Cot y Cartago, y "hostilizados" por los Aguilares (Iglesias, 1902: 234-235), avecindados en este último. La respuesta del órgano fue obligar tanto a los ayuntamientos como a particulares a respetar el mandato de 25 de octubre, y quedó ratificada con el acuerdo de 31 de agosto de 1824, dada la legalidad y apego a las Leyes de Indias.[24]

Si bien parecía que este acuerdo pondría coto a las disputas entre los vecindarios envueltos, un decreto vendría a reavivarlas. El Poder Legislativo ordenó en 23 de marzo de 1832 el traslado de la población de Ujarrás hacia los Llanos de Santa Lucía bajo el nombre de villa de Paraíso, en virtud de informes sobre peligro de deslizamiento en las riberas de los ríos que atravesaban el pueblo y a la "peste de calenturas" que con frecuencia experimentaba dicha población.[25] La ordenanza autorizaba al Poder Ejecutivo a vender en pública subasta hasta la mitad de las tierras que se le habían señalado a dicho pueblo por la Junta Gubernativa y prohibía a los vecinos permanecer en el antiguo asentamiento. Por supuesto, esto obligó a remedir las tierras que se debía otorgar a la nueva población, para lo cual se señaló al agrimensor Juan Antonio Castro, quien en consorcio con representantes de las vecindades de Cot, Cartago y la nueva Paraíso fijaría los límites de cada una.

La Municipalidad de Paraíso denunció en 29 de setiembre de 1832 una serie de irregularidades en los procedimientos que se llevaron a cabo para esta nueva remedida. Por una parte, recibieron instrucciones para llevar a cabo la operación hasta después de practicada por el agrimensor, por lo que no hubo presencia de testigos del vecindario. Asimismo, la medida hecha por Castro, reclamaron, había sido incorrecta y perjudicaba al vecindario, según informe rendido el 3 de octubre por una comisión del mismo

---

24 ANCR SH, Provincial Independiente 1438, ff. 2-3.
25 Decreto L de 23 de marzo de 1832, República de Costa Rica, 1856, 133.

ayuntamiento, dado que la medida cercenó parte de las tierras que habían sido medidas por Vidal en 1823 y que la junta había otorgado.[26]

El ayuntamiento sometió a consideración del supremo gobierno las anomalías halladas por la comisión y solicitó otra remedida, según confirma una disposición del intendente general de Hacienda a la Municipalidad de Paraíso de 18 de marzo de 1834 que ordenó preparar lo necesario para el reconocimiento de los linderos, la cual esta vez citó a los "ciudadanos más expertos de sus comarcas" para acompañar en las gestiones.[27] Aunque no se conoce la resolución del gobierno, la asignación de los derechos pudo ser afectada por el conflicto conocido como la Guerra de la Liga, debido a que no se tomó testimonio de las gestiones practicadas por la Intendencia –según indicó la municipalidad en sesión de 6 de octubre de 1837–, lo que posiblemente prolongó la disputa.[28]

Efectivamente, límites imprecisos y carencia de instrumentos de cumplimiento de acuerdos fueron el fundamento de un nuevo litigio. Como se describió arriba, el 6 de agosto de 1849, Félix Mata denunció ante el juzgado de 1° instancia de Cartago un "atentado tan escandaloso y cometido por un vecindario capitaneado por sus alcaldes",[29] en tierras de Cervantes. Sin volver a los pormenores, el apoderado solicitó sacar testimonio de antiguos amparos de posesión que demostraban la reincidencia de los vecinos de Paraíso en la violación de los derechos de sus comitentes. Previo a la irrupción, los últimos otorgaron poder a Juan Freses Ñeco, comerciante de Cartago, para que los representase en litigio contra los vecinos de San Rafael de Cartago "por

---

26 ANCR SH, Municipal 268, ff. 31-32; 33-34v.
27 ANCR SH, Municipal 528, ff. 17-18.
28 ANCR SH, Gobernación 24583, f. 10v.
29 ANCR SH, Expedientes Judiciales 7067, f. 5.

suponerse dueños de una parte de terreno que pertenece al común de la villa, sin respetar los mojones que de tiempo inmemorial existen".[30]

Este lindero, denominado el cerro Arrabará, había sido reconocido por otros agrimensores como el límite entre ambas jurisdicciones, y el desconocimiento de este por parte de ambas constituía el eje de las disputas. De este modo, un nuevo apoderado de Paraíso, Rafael Quesada, solicitó en setiembre de 1853 remedida de los linderos por un agrimensor imparcial, en vista de que los pobladores de Cervantes "prevalidos de la obscuridad que creen que hay en los títulos", pretendían apropiarse sobre parte de aquel vecindario.[31] Si bien no es asequible desarrollar aquí el litigio completo –en ausencia de fuentes y espacio–, se puede afirmar que el mismo se prolongó en los tribunales, acaso por la impericia de las autoridades o de los litigantes, hasta finales de 1862 cuando Diego Corrales, representante de los vecinos de Paraíso, solicitó al juez de hacienda orden para que Agapito Jiménez, apoderado de los de San Rafael, devolviera el expediente del caso bajo pena de apercibimiento, pero este aseguraba que lo devolvió, por lo que posiblemente se encontraba extraviado… desde 16 de octubre de 1855.[32]

Epílogo

El examen de la historiografía centroamericana demuestra la acuciosidad con que se aborda el tema de la tierra durante la coyuntura de transición hacia el capitalismo agrario durante el siglo XIX. En el caso particular de Costa Rica, los estudios más conspicuos apuntan a un proceso de colonización agrícola –atizado por una política agraria estatal de privatización de la propiedad fundiaria– vinculado

---

30   ANCR SH, Gobernación 7426, f. 1.
31   ANCR SH, Gobernación 7426, 5v.
32   ANCR SH, Juzgado de lo Contencioso-Administrativo 2094.

a la creciente expansión del cultivo del café. El aumento en el precio de la tierra durante las tres primeras décadas limitó las posibilidades de adquisición de grandes propiedades, por lo que prevalecieron las pequeñas y medianas explotaciones (Hall, 1976). Una frontera abierta aún a finales del siglo XIX y un paulatino pero moderado crecimiento poblacional evitaron el conflicto por la posesión de la tierra, mientras que las luchas dentro del sector cafetero ocurrieron entre pequeños/medianos productores y beneficiadores-comercializadores, quienes frecuentemente trasladaban la crisis a los primeros. Sin embargo, es evidente que los estudios tienden a enfocarse en la importancia de la propiedad sobre la tierra para el éxito de la caficultura y no en los derechos de propiedad entendidos como un conjunto de "derechos de acción socialmente reconocidos" (Alchian A. y Demsetz H., 1973: 17).

En correspondencia con lo anterior, los casos examinados evidencian relaciones de conflictividad por los derechos asociados a terrenos –relativamente retirados de los núcleos urbanos– cuya demarcación fue dudosa durante la mayor parte del siglo XIX. Los reclamos recogidos por las distintas autoridades involucraron infracciones sobre el uso de recursos como leña, frutos (platanar y bejucos) y pastos, así como formas variadas de apropiación del suelo (propios, esquilmos, terrajes), lo cual indica una estructura de derechos de propiedad más compleja por abordar, aun más que la relación de compra-venta de la propiedad inmobiliaria presente en la historiografía. Así, el origen de las disputas posee vínculos con la debilidad de los mecanismos de ejecución y sanción institucional a nivel local, y la incongruencia entre normas locales e instituciones a nivel nacional en dicho periodo. Esto es apreciable en las constantes visitas de los agrimensores a realizar remedidas de terrenos que ya habían sido asignados, a juzgar por las demandas y amparos de posesión presentados por los pueblos o sus representantes ante los representantes de los tres poderes. A pesar del trabajo conjunto entre agrimensores y agentes locales, ambos casos muestran la carencia de información de las partes litigantes, lo cual evidentemente se explica por el uso de instrumentos y técnicas de medición rudimentarias.

Ciertamente, las coyunturas políticas que caracterizaron el periodo influyeron en la seguridad de los derechos de las comunidades. Si bien los cambios de administración estuvieron desprovistos del uso de la violencia que fue característico en otros países de la región centroamericana y que inevitablemente producen gran incertidumbre en torno al uso y posesión de la propiedad, la alternancia de gobiernos y los golpes de Estado en Costa Rica sin duda influyeron en la capacidad de establecer instituciones que ofrecieran seguridad sobre los derechos de propiedad de las comunidades, a causa de la discontinuidad de las políticas agrarias y a las variadas percepciones de los distintos gobernantes en torno al papel de las municipalidades. Al respecto, mientras que la Junta Superior Gubernativa y los primeros gobiernos reconocieron las ventajas que ofrecían los gobiernos locales a la articulación del proyecto estatal, las administraciones de Braulio Carrillo y otras subsiguientes intentaron restar poder a los municipios.

Aun cuando las comunidades acudieron a la junta de gobierno provisional y luego a los jefes de Estado –básicamente en sustitución del gobernador o cualquier otro agente de la corona– en la defensa de sus derechos, ello no ocurrió en menoscabo de la autoridad local. Como lo demostró Dym (2016), las municipalidades fortalecieron su posición durante la crisis política española (1808-1814), lo que eventualmente contribuyó a reclamar su soberanía como *pueblos*, para decidir su futuro político. Ello reforzó el carácter paternalista de la autoridad local hacia la comunidad, por lo cual es asequible pensar que la protección de los derechos de propiedad de sus comitentes constituyese a la vez una forma de defender su espacio jurisdiccional. Esto aún es visible a la altura de 1848, cuando la comisión de agricultura del Congreso fue llamada a examinar con seriedad un problema entre jurisdicciones locales, por las consecuencias que podrían derivarse. De este modo, los derechos de propiedad vistos como arena de conflicto permiten reevaluar el papel del localismo durante estos primeros años de organización política en Costa Rica, más allá de las luchas por la traslación de la capital, tan caras a la historia patria.

Las limitaciones en el funcionamiento institucional mencionadas dieron pábulo a una serie de comportamientos y acciones que alteraban el funcionamiento de la dinámica local, tales como el incumplimiento en el pago de terrajes, esquilmos u otras formas de usufructo, las irrupciones violentas en las actividades cotidianas de las comunidades o las incursiones de autoridades locales sobre otras jurisdicciones. Thompson (1971) observa que los conflictos agrarios en la Inglaterra rural durante el siglo XVIII se explican más por la alteración en los patrones de organización y comportamiento sociales sancionados por la costumbre –su economía moral– que por el aumento en los precios del pan. Aunque estos son fenómenos difícilmente comparables en virtud de las obvias diferencias entre ambas sociedades agrarias, Thompson llama la atención sobre la tendencia a caer en explicaciones lineales –precios altos → hambre → motín contra la autoridad– que no consideran otros factores de la dinámica interna a dicha sociedad. El estudio de los conflictos agrarios en Costa Rica, documentados por la historiografía a partir de la expansión de la caficultura (Castro, 1989, 1990; Molina, 2005: 46-47), parece seguir este mismo patrón, al enfatizar el perjuicio que recibieron las comunidades con la privatización de las tierras comunes y el enfrentamiento de estas contra el productor privado o el agente del Estado que favorece al productor privado. En la medida en que las fuentes lo permitan, parece que esto abre nuevas posibilidades de abordaje en el campo de la historia agraria.

Bibliografía

Alchian, A. y Demsetz, H. (1973), "The Property Right Paradigm", *The Journal of Economic History*, 33 (1), pp. 16-27.

Araya, C. y Albarracín, P. (1986), *Historia del régimen municipal en Costa Rica*. Primera edición. San José: Editorial de la Universidad Estatal a Distancia e Instituto de Fomento y Asesoría Municipal.

Arrazola, L. *et al.* (1832), *Enciclopedia española de derecho y administración o nuevo teatro universal de la legislación de España e Indias*. Madrid: Imprenta de Díaz y Compañía.

Bolaños, M. y Quirós, C. (1984), "Las tierras comunales indígenas y la política liberal agraria. El caso de Cot: 1812-1890", *Revista de Ciencias Sociales*, 1 (Especial), pp. 23-36.

Castro, S. (1989), "Documentos para el estudio de los conflictos agrarios en el Siglo XIX", *Revista de Historia* 19, pp. 195-212.

Castro, S. (1990), "Estado, privatización de la tierra y conflictos agrarios", *Revista de Historia*, 21-22, pp. 207-230.

Congost, R. (2007), *Tierras, leyes, historia. Estudios sobre "la gran obra de la propiedad"*, primera edición. Barcelona: Crítica.

Congost, R.; Gelman, J. y Santos, R. (2012), "Property Rights in Land: Institutional Innovations, Social Appropriations, and Path Dependence", *DT-SEHA*, 12-06, pp. 1-22.

Dym, J. (2006), *From Sovereign Villages to Nation States: city, state and federation in Central America, 1759-1839*, primera edición. New Mexico: University of New Mexico Press.

Dym, J. (2012), "Actas de independencia: de la Capitanía General de Guatemala a la República Federal de Centroamérica", en Díaz D. y Viales R. (eds), *Independencias, estados y política(s) en la Centroamérica del siglo XIX: las huellas históricas del bicentenario*, primera edición. San José, Centro de Investigaciones Históricas de América Central, pp. 3-24.

Fernández, R. (2011), *Cartilla histórica de Costa Rica*, primera edición. San José: Editorial de la Universidad Estatal a Distancia.

Ferreyra, A (2001), "La tierra en Argentina, de la Colonia a la organización nacional. Producción historiográfica y fuentes para su estudio", en *América Latina en la Historia Económica. Boletín de Fuentes*, 16, pp. 45-61.

Fonseca, E.; Alvarenga, P. y Solórzano, J. (2003), *Costa Rica en el siglo XVIII*, primera edición. San José: Editorial de la Universidad de Costa Rica.

García Martínez, B. (1992), "Jurisdicción y propiedad: una distinción fundamental en la historia de los pueblos de indios del México colonial", *Revista Europea de Estudios Latinoamericanos y del Caribe*, 53, pp. 47-60.

Garrabou, R. (2010), *Sombras del progreso. Las huellas de la historia agraria*, primera edición. Barcelona: Crítica.

González, E. (1994), "El estudio del café en la historiografía costarricense de los últimos diez años (1984-1994): Un balance", *Revista de Historia*, 30, pp. 267-296.

Gudmundson, L. (1978), *Estratificación socio-racial y económica de Costa Rica: 1700-1850*. San José: Editorial de la Universidad Estatal a Distancia.

Gudmundson, L. (1978), "La expropiación de los bienes de las obras pías en Costa Rica, 1805-1860. Un capítulo en la consolidación económica de una élite nacional", *Revista de Historia*, 7, pp. 37-92.

Gudmundson, L. (1996), "Tierras comunales, públicas y privadas en los orígenes de la caficultura en Guatemala y Costa Rica", *Mesoamérica*, 31, pp. 41-56.

Gudmundson, L. (2010), *Costa Rica antes del café. Sociedad y economía en vísperas del boom exportador*, primera edición. San José: Editorial de la Universidad Estatal a Distancia.

Hall, C. (1983), *Costa Rica. Una interpretación geográfica con perspectiva histórica*, primera edición. San José: Editorial Costa Rica.

Hall, C. y Pérez B., H. (2003), *Historical Atlas of Central America*. Oklahoma: University of Oklahoma Press.

Hernández, H. (1985), *Costa Rica: evolución territorial y principales censos de población 1502-1984*. San José: Editorial de la Universidad Estatal a Distancia.

Hopcroft, R. L. (1999), *Regions, Institutions and Agrarian Change in European History.* Michigan: The University of Michigan Press.

Iglesias, F. M. (1902), *Documentos relativos a la independencia. Actas de la Asamblea Provincial y de la Junta Gubernativa – 1823 y 1824.* San José: Tipografía Nacional.

Lana-Berasain, J. M. (2012), "Forgotten Commons: The Struggle for Recognition and Property Rights in a Spanish Village, 1509–1957", *Rural History*, 23 (02), pp. 137-159.

Lana-Berasain, J. M. y De la Torre, J. (2002), "El asalto a los bienes comunales. Cambio económico y conflictos sociales en Navarra, 1808-1936", *Historia Social*, 37, pp. 75-95.

Lauria-Santiago, A. A. (1999), "Land, Community, and Revolt in Late-Nineteenth-Century Indian Izalco, El Salvador", *The Hispanic American Historical Review*, 79 (3), pp. 495-534.

León, J. (2003), *Evolución del comercio exterior y el transporte marítimo de Costa Rica. 1821-1900*, primera edición. San José: Editorial de la Universidad de Costa Rica.

Marino, D. (2001), "La desamortización de las tierras de los pueblos (centro de México, siglo XIX). Balance historiográfico y fuentes para su estudio", en *América Latina en la Historia Económica. Boletín de Fuentes*, 16, pp. 33-43.

Mc Creery, D. (1994), "El impacto del café en las tierras de las comunidades indígenas: Guatemala, 1870-1930", en Samper, M. y Pérez, H. (compiladores), *Tierra, café y sociedad.* San José: FLACSO-Programa Costa Rica.

Molina, I. (1991), *Costa Rica (1800-1850). El legado colonial y la génesis del capitalismo.* San José: Editorial de la Universidad de Costa Rica.

Molina, I. (2005), *Del legado colonial al modelo agroexportador. Costa Rica (1821-1914).* San José: Editorial de la Universidad de Costa Rica, Serie Cuadernos de Historia de las Instituciones de Costa Rica.

Murgueitio Manrique, C. A. (2015), "El proceso de desamortización de las tierras indígenas durante las repúblicas liberales de México y Colombia, 1853-1876", *Anuario de Historia Regional y de las Fronteras*, 20 (1), 15, pp. 73-95.

Obregón, R. (1981), *De nuestra historia patria. Hechos militares y políticos*. Alajuela: Museo Histórico Cultura Juan Santamaría.

Ostrom, E. (2005), *El gobierno de los bienes comunes. La evolución de las instituciones de acción colectiva*. México, Fondo de Cultura Económica.

Pérez Brignoli, H. (2010), *La población de Costa Rica, 1750-2000. Una historia experimental*, primera edición. San José: Editorial de la Universidad de Costa Rica.

Pérez Brignoli, H. y Samper, M. (1994), *Tierra, café y sociedad*. San José, FLACSO-Programa Costa Rica.

Quesada, O. (1910), *Límites. Heredia y San José y de Santo Domingo y San Isidro*. San José: Tipografía Nacional.

República de Costa Rica (1856), *Colección de leyes y decretos de Costa Rica*. San José, Imprenta de La Paz.

República de Costa Rica (1869), *Colección de leyes y decretos de Costa Rica*. San José: Imprenta Nacional.

Rico, J. (2014), *La renta del tabaco en Costa Rica (1766-1860)*. San José: Editorial de la Universidad Estatal a Distancia.

Salas, J. A. (1977), "El liberalismo positivista en Costa Rica: la lucha entre ladinos e indígenas en Orosi: 1881-1884", *Revista de Historia*, 5, pp. 265-287.

Salas, J. A. (1986), "Liberalismo, legislación agraria y apropiación privada de la tierra en Costa Rica: 1821-1940. Su incidencia en los procesos de colonización agrícola". Heredia, Escuela de Historia, Avance de investigación.

Salas, J. A. (1987), "La privatización de los baldíos nacionales en Costa Rica durante el siglo XIX: Legislación y procedimientos utilizados para su adjudicación", *Revista de Historia*, 15, pp. 265-287.

Salas, J. A. (1990), "La tierra y el proceso de reforma liberal en Costa Rica: Balance bibliográfico", *Revista de Historia*, 21-22, pp. 265-287.

Saldarriaga Roa, A. (2003), *Escritos sobre historia y teoría 2: ciudad-arte-arquitectura*. Bogotá: Universidad Nacional de Colombia, 50.

Samper, M. (2003), "Tierra, trabajo y tecnología en el desarrollo del capitalismo agrario en Costa Rica", *Historia Agraria,* 29, pp. 81-104.

Silva, M. (1992), *Estado y política liberal en Costa Rica: 1821-1940.* San José, Colección Nuestra Historia, Editorial de la Universidad Estatal a Distancia.

Thompson, E. (1971), "The Moral Economy of the English Crowd in the Eighteenth Century", *Past & Present,* 50, pp. 76-136.

9

Los afanes desamortizadores y "el costumbre" de Cherán K'eri en la defensa de los recursos naturales comunales

JUAN CARLOS CORTÉS MÁXIMO

Introducción

El 15 de abril de 2015, el pueblo de Cherán (Estado de Michoacán, México) rememoró el cuarto aniversario del movimiento social que por iniciativa de mujeres, seguido por jóvenes y señores emprendieron en 2011. Dicho pueblo decidió poner un alto a la situación de despojo y explotación irracional de sus recursos naturales. La comunidad de Cherán, al caer en cuenta de que el Estado ya no le brindaba la seguridad y la protección de sus personas, y de que ya no podían acceder al disfrute libre de lo que *nana Cuerauaperi* (la madre naturaleza) les proveía, se armaron de valor para decir un "¡ya basta!".

Previo a la movilización emprendida por los habitantes de Cherán, de 2007 a 2011, esta sociedad se caracterizó porque sus vecinos se movían de acuerdo con intereses individuales. La expresión más clara se reflejaba en sus funcionarios municipales, que actuaban bajo la lógica del partido político, favoreciendo a los de su simpatía política. Cada vez fue más frecuente que las personas a cargo de funciones públicas actuaran para beneficio particular y de grupo. Y ello llegó a tal grado que los mismos pobladores de Cherán se comportaban guiados por intereses particulares y de facción.

Ante esa situación fue más fácil que factores y acciones externas incidieran y terminaran por quebrantar la red de relaciones sociales familiares, de barrio y, en general, los lazos colectivos. Sin embargo, la comunalidad no había desaparecido sino que estaba latente y se expresaba, por ejemplo, cuando se realizaban las fiestas socio-religiosas, en particular la fiesta de Corpus. Cuando comenzó la movilización en abril de 2011, también emergió en el seno de los barrios la conveniencia de reconstituir el orden comunal. Y esta no podía venir mejor que de la base organizativa de los barrios, incluso de las concentraciones de personas en torno a las "fogatas".

De manera que en función de "el costumbre" que les asistía, y ante la incapacidad del Estado de brindar seguridad y protección a la población de Cherán, esta decidió defenderse por sí misma. Para ello, los jefes de familia, guiados por sus abuelos honorables, revivieron su "Ronda" de protección y vigilancia, que si bien en el pasado solo operaba durante la noche, al reactualizarse se convirtió en un organismo vigilante tanto de noche como de día en resguardo de la comunidad. Así fue como los cheranenses sustituyeron a la frágil policía municipal, y promovieron la creación del grupo de protección y vigilancia conocida como Ronda. Hombres, mujeres, jóvenes y niños poco a poco reactivaron el espíritu comunitario, en especial el valor de cooperar y ayudarse mutuamente. De tal suerte que renació un pueblo con vitalidad, y dispuesto a borrar de una vez por todas las agresiones y extorsiones que habían padecido por la acción de los grupos delictivos. Y es que detrás de la movilización de Cherán estaba presente "el costumbre", el cual encerraba valores como la reciprocidad y el servir a la gente, los mismos que volvieron a practicarse en las reuniones que se realizaban en torno a las fogatas.

De modo que el proceso de reconstitución de la comunidad de Cherán se sustentó en la memoria y en la revitalización de "el costumbre", principio que no había muerto sino que estaba en los saberes orales que, al verse necesaria su emergencia, renació para darle sentido y fuerza al gobierno ya no del Ayuntamiento de Cherán sino de la juramukua comunitaria de Cherán k'eri. Para mostrar la fuerza jurídica y social de "el costumbre" de Cherán me referiré a tres momentos históricos: Cherán y la defensa de su jurisdicción a fines de la época virreinal y en los primeros años del México independiente, y "el costumbre" y la salvaguarda de los bienes de comunidad durante el gobierno de la República restaurada, a fines del Porfiriato y al comenzar la revolución mexicana.

1. Cherán y la defensa de su jurisdicción a fines de la época virreinal

Hacia 1786 el pueblo de Cherán k'eri, al lado de Sevina y Nahuatzen, conformaban un gobierno local que en la época colonial llevó por nombre república de naturales de Sevina-Nahuatzen y Cherán El Grande. Esta estructura no tenía una cabecera de mando definitivo, sino que el gobierno era rotativo, esto es, la elección del gobernador, alcalde, regidor y demás oficiales se alternaba entre los pueblos de Cherán El Grande, Sevina y Nahuatzen. Cuando a uno de ellos le correspondía elegir gobernador, los otros pueblos únicamente nombraban alcalde. Al ordenarse la creación de las subdelegaciones, jurisdicciones al frente de las cuales se encontraba un juez español, la república de Cherán-Sevina-Nahuatzen quedó adherida a la demarcación judicial de Paracho (Cortés, 2012: 99-102). El subdelegado, en su calidad de juez, quiso conocer el caso de un joven de Cherán que se "robó" a su novia. Cuando el alcalde de Cherán se enteró que el subdelegado pretendía atender el asunto matrimonial, de inmediato salió en defensa de su práctica jurídica local. Para ello, dicho juramuti se trasladó hasta la ciudad de Valladolid (hoy Morelia) para exigir al intendente que el "robo" debía resolverse ante el juez de Cherán en función de su "costumbre", y no ante el subdelegado de Paracho. La connotación de "robo", expuso el juramuti de Cherán, no significaba que el muchacho se hubiese llevado a su compañera en contra de su voluntad, sino que era un recurso al que recurrían las parejas cuando el padre o familiares de la novia se oponían al enlace (Cortés, 2012: 118). Es decir que era "el costumbre", después de lo cual venía una ceremonia preparada por el padre y la madre del novio para pedir "perdón" a los progenitores de la novia, en cuya acción participaban los padrinos y madrinas del novio. Incluso, para destensar y relajar el ambiente, los familiares del novio llevaban varios presentes, entre ellos, vino, el cual se ingería entre todos los asistentes a la ceremonia del pedir perdón. Hago mención del caso porque muestra la defensa que emprendieron los juramuticha de Cherán a finales de los años ochenta del siglo XVIII, acerca del derecho que les asistía para resolver un enlace matrimonial porque así lo tenían de "costumbre".

Al consumarse la independencia de México, estaba vigente la Constitución de la Monarquía Española, mejor conocida como la Constitución de Cádiz. Este código establecía que todo aquel pueblo que sumara mil habitantes podía fundar ayuntamiento. ¿Qué pasó con Cherán El Grande ante esa coyuntura? Dado que Cherán El Grande, Sevina y Nahuatzen venían alternándose en la designación de los tata juramuticha en forma anual, como gobierno "compuesto" por los tres pueblos, es probable que la elección de las nuevas autoridades (alcalde, regidor, secretario) haya recaído en Nahuatzen y que Cherán El Grande se haya mantenido como parte de ese ayuntamiento en calidad de anexo. Al tocar a los vecinos de Nahuatzen la elección y el nombramiento de los integrantes del consejo civil, la comunidad de Cherán seguramente continuó con la renovación anual de sus juramuticha en función de su "costumbre". Es decir que en los primeros años del México independiente los jefes de familia de los barrios de Cherán continuaron con la elección de un alcalde y regidor como lo habían hecho durante la época virreinal.

Los alcaldes que ya habían servido al pueblo normalmente adquirían prestigio, pero este se venía abajo cuando procedían inadecuadamente. Ello fue lo que ocurrió en la etapa recién inaugurada del México independiente cuando Juan Pío Morales, quien fungía como juez de Cherán, alteró las disposiciones testamentarias de varios miembros de la comunidad. Los jefes de familia de los barrios, a través del alcalde en turno, analizaron el proceder de Pío Morales y acordaron desterrarlo de Cherán. Sin embargo, el afectado no acató la orden. Ante esa situación, el común de naturales incendió la casa de Pío Morales a fin de orillarlo a salir del pueblo.

Desde luego que Pío Morales no se quedó con las manos cruzadas y se fue a quejar ante el Tribunal de Justicia de Michoacán de que el alcalde de Cherán se había excedido en su función. El Tribunal integró expediente judicial y levantó información acerca de la queja formulada por Pío Morales. El fiscal, a través de las declaraciones de testigos, corroboró que el señor Pío Morales, en su calidad de autoridad, había alterado varias memorias testamentarias de los cheranenses (Hernández, 2006; Cortés, 2014). De modo que, al demostrarse que Morales había falsificado varios testamentos, la autoridad tradicional en turno ordenó desterrarlo del pueblo. Aquí se advierte cómo el juramuti de Cherán resolvió la responsabilidad que tuvo una antigua autoridad al alterar las disposiciones testamentarias de varios hijos del pueblo: la expulsión del pueblo fundado en "el costumbre".

Ahora bien, el gobierno comunitario de Cherán -como muchos otros- se cifraba sobre un espacio cuyos recursos naturales eran para provecho de todos, entre ellos, la tierra. La embestida que sufrieron las comunidades por las élites michoacanas y mexicanas en el siglo XIX consistió en transformar las tierras de comunidad al régimen de la propiedad plena y absoluta. En este contexto, nuevamente los juramuticha de Cherán se opusieron a que se verificara el reparto y la distribución de su tierra en forma privada; así lo hicieron en 1856 con el argumento principal de que no podían desprenderse de usufructuar las tierras en comunidad por los "hábitos y costumbres de muchos años". Esta acción no la realizaron solos, sino en compañía de la hermana comunidad de Cheranatzicurin, cuyos habitantes originarios probablemente se habían desprendido de Cherán El Grande. Cabe reiterar cómo, para evitar la aplicación de la Ley Lerdo de desamortización de bienes civiles y eclesiásticos, dichas comunidades fundaron su oposición a aplicar la ley con el argumento de que preferían continuar con los "hábitos y costumbres de muchos años" de posesión y usufructo común de la tierra.

2. "El costumbre" y la salvaguarda de los bienes de comunidad

Durante la Guerra de Reforma, la Intervención y el Segundo Imperio, las autoridades del Estado de Michoacán impulsaron la división de la tenencia comunal de la tierra, sin embargo se obtuvieron pocos resultados por el clima de inestabilidad política y social.[1] Fue hasta el periodo de la república restaurada cuando comenzó la presión y el ataque más sistemático a las comunidades indígenas para que realizaran el reparto.

Mientras eso sucedía en el ámbito de la legislación, los pueblos nativos enfrentaban problemas de límites de sus territorios con poblaciones vecinas. Es probable que, al ordenarse la división y la transformación de la tierra

---

[1]   Consúltense los trabajos siguientes: Soto, 1996; Purnell, 1999.

comunal a propiedad privada, se hayan reavivado y refrescado los conflictos agrarios entre los pueblos. Por ejemplo, los p'urhepecha de la comunidad de Zacan comunicaron a las élites estatales que procederían al reparto, pero pedían un término de ocho meses porque pensaban que en ese lapso lograrían resolver los diferendos que por límites territoriales tenían con San Juan Parangaricutiro y Santa Ana Zirosto.[2]

En esa misma línea argumentativa los "comuneros ciudadanos" de Paracho plantearon no repartirse puesto que había "pleitos pendientes" por posesión de predios con otras comunidades. Además indicaron que varias facciones de tierra reconocían gravámenes. Otro argumento para no aplicar la ley fue que la experiencia de otros pueblos que habían efectuado el reparto indicaba que los indígenas "habían quedado como extranjeros en su propio país, porque sus tierras han sido monopolizadas por la codicia de los ricos".[3] Por su parte, los nativos de Aranza expresaron que estaban conformes con el usufructo tradicional de la tierra, pues si se repartían resultarían perjudicados, ya que la experiencia de los pueblos que ya lo habían hecho mostraba que sus terrenos habían pasado a "manos extrañas".[4] Ante el afán del Poder Ejecutivo de dividir y distribuir la tierra en forma privada, los indígenas del pueblo de San Lorenzo aprovecharon para pedir al gobernador del estado de Michoacán que emitiera una orden en la que se asentara que los de San Lorenzo eran los propietarios de sus terrenos, "tal como los están poseyendo".[5] En ese mismo sentido, fue el argumento de los indígenas de Capacuaro.[6]

---

2 Archivo Histórico del Poder Ejecutivo de Michoacán (en adelante AHPEM), Hijuelas, Distrito de Pátzcuaro, libro 12, f. 73 y v.
3 AHPEM, Hijuelas, Distrito de Pátzcuaro, libro 12, f. 18 y 20.
4 AHPEM, Hijuelas, Distrito de Uruapan, libro 12, f. 22.
5 AHPEM, Hijuelas, Distrito de Uruapan, libro 16, f. 19.
6 AHPEM, Hijuelas, Distrito de Uruapan, libro 16, f. 20 v.

Por su parte, los de Ahuiran, después de evaluar detenidamente los resultados que ello traería, arribaron a la conclusión de no admitir el reparto porque lesionaría el disfrute que hacían de los recursos naturales en forma comunal. Además, indicaron que los únicos bienes repartibles eran los cerros, en los cuales extraían madera para sus necesidades domésticas y aprovechaban los pastos para alimentar a su ganado. En suma, los p'urhepecha de Ahuiran pidieron al "C. Gobernador" que se les permitiera mantener el usufructo común de la tierra "porque eso ha sido siempre su costumbre".[7] De modo que con todo ello, notamos que las élites políticas michoacanas, imbuidas por la ideología liberal, se propusieron, de una vez por todas, dar cumplimiento a la ley que ordenaba el fin de la posesión comunitaria de la tierra. Ante estos afanes del Estado, las comunidades hicieron ver a las élites una forma de organización sociopolítica y agraria diferente que se cifraba sobre "el costumbre", y que implicó entre otras cuestiones, la posesión y el usufructo colectivo de la tierra.

A partir de la tenencia común de la tierra y la distribución de una parte de ella para fines festivos cívicos y religiosos, los pueblos lograron mantenerse. Los indígenas tenían destinados determinados terrenos para que los cultivaran los cargueros, y de ellos obtuvieran los productos necesarios para cumplir con todos los gastos que conllevaba un cargo, por ejemplo, fungir como *ureti* en el hospital de la comunidad. De ahí que ciertos colectivos tuviesen terrenos reservados para ello, denominados como tierra de la "Virgen" o del "hospital" (Lázaro, 2012). Y de ahí también, la oposición de los p'urhepecha a fraccionar y distribuirse los bienes inmuebles comunales en forma privada porque ello incidiría en la vida social festiva y en la armonización de los componentes del pueblo.

---

7   AHPEM, Hijuelas, Distrito de Uruapan, libro 16, f. 22.

Conscientes de ello, a mediados de 1869 varios pueblos se juntaron para plantear al gobernador del Estado que se ampliara el término para realizar el reparto de tierras "a pesar de su deseo de continuar en comunidad". Las comunidades de Zacán, Zirosto, Paracho, Cherán, Nahuatzen, Tancítaro, Apo y Periban, a través de sus apoderados, y los de Paricutin, Pamatácuaro, "Angahua", Aranza, Sevina, Corupo, Parangaricutiro y Tingüindin, a través de sus comisionados, solicitaron se extendiera a dos años el tiempo para realizar el fraccionamiento de la propiedad común, lapso en el cual planeaban resolver los litigios que tenían pendientes. Y una vez resueltas las conflictividades agrarias, repartir los terrenos debidamente "amojonados". De paso los apoderados y comisionados aprovecharon para pedir al gobierno del Estado que cesaran las presiones que los prefectos realizaban a las comunidades a fin de orillarlos al reparto, pues ya algunos indígenas habían sido molestados con "multas" y "prisiones".[8]

No obstante la petición de las comunidades de repartirse los terrenos una vez que se resolvieran los problemas limítrofes, se advierte el sentir de ellas por mantenerse bajo la tenencia comunal de la tierra. Entre líneas se puede leer que los p'urhepecha no querían desprenderse de la posesión tradicional de la tierra, y manejaron como estrategia extender el tiempo para dar solución a las disputas territoriales. El 12 de junio de 1869, fecha en que los apoderados y comisionados suscribieron documento que enviaron al gobierno del Estado, establecieron "que la generalidad de los indígenas veía con gusto la continuación de las comunidades" por los "hábitos y costumbres de muchos años".[9]

Entre esas comunidades que suscribieron dicha petición se encontraba el pueblo de Cherán El Grande. De modo que esta también tuvo problemas limítrofes con sus pueblos vecinos de Nahuatzen y Arantepacua. Sin embargo,

---

8 AHPEM, Hijuelas, Distrito de Uruapan, libro 16, f. 41-44.
9 AHPEM, Hijuelas, Distrito de Uruapan, libro 16, f. 41v.

pasaron dos años y el pueblo de Cherán aún continuaba usufructuando los bienes al modo antiguo. La problemática del límite de tierras no fue resuelta en los años referidos, ni siquiera en los tres decenios subsiguientes, porque para 1907 Cheran K'eri mantenía la disputa limítrofe con los pueblos arriba indicados. Gabriel Ávila, comisionado por el gobierno del Estado para recabar información que condujera a la solución del conflicto, propuso que se trazara una línea que partiera la zona litigiosa en dos, una para Cherán y otra para Nahuatzen. Respecto a la colindancia con Arentepacua, se respetó el trazo que con anterioridad había fijado el "comisionado especial" Felipe Calvillo.[10] Desconocemos la reacción de los p'urhepecha de Cherán, pero por los problemas que hoy día mantiene con los pueblos referidos, es lógico inferir que no se superaron las desavenencias por límites de tierras. Lo que sí sabemos fue el informe que rindió el comisionado Gabriel Ávila al gobierno del Estado, quien enfatizó que se remediaran las diferencias agrarias entre los pueblos a fin de consumar cuanto antes la transformación de sus tierras comunales a pequeñas propiedades privadas. En estos términos lo estableció:

> Parece oportuno acallar de una vez las reclamaciones de los indígenas, en materia de terrenos, las cuales son a todas luces, infundadas, pues la ley no reconoce a los mismos indígenas derechos de propietarios, respecto de bienes indivisos de las excomunidades, *sino en tanto que se repartan éstos.*[11]

Se advierte, pues, el interés del colaborador del gobierno del Estado, por solucionar los diferendos entre las "excomunidades", con el argumento de que la "ley" promulgada por el ejecutivo no reconocía la posesión comunal de la tierra, y solo la admitía si esta fuese repartida y distribuida en fracciones privadas.

---

[10] AHPEM, Materia Agraria, Caja 1, expediente 35.
[11] AHPEM, Materia Agraria, Caja 1, expediente 35, f. 2v. Cursivas mías.

Paralelo al afán de las élites estatales de implantar la propiedad privada en los pueblos de la sierra, se sumó el proceso de extracción de sus recursos forestales a través de contratos que suscribían los representantes comunales con las compañías madereras. El Estado consiguió pocos resultados de crear la propiedad privada en los territorios serranos p'urhepecha. Nahuatzen fue uno de los que repartió su tierra. El proceso comenzó en 1876 y para 1896 un grupo de 50 indígenas solicitó al gobierno estatal que se procediera al reparto del cerro Capen, como vía para evitar que el representante la arrendara y se talara el bosque. Sin embargo, en 1901 se había fraccionado y sus propietarios de la "clase más pobre" vendieron su parte. Los nuevos propietarios continuaron con el corte de madera "sin moderación". De manera que al interior de los pueblos, había sectores que buscaron sacar provecho del monte boscoso y había otros que promovieron su conservación porque de ello dependía el manantial de agua que surtía al pueblo (Zárate, 2011). Otras comunidades que suscribieron contratos de venta y arrendamiento de sus bosques fueron: Turícuaro en 1903, Capacuaro en 1907, Arantepacua en 1908 y Quinceo en 1912 (Sebastián, 2014).

Por su parte, la comunidad de Cherán, a través de Federico Tapia, se opuso a suscribir contrato de arrendamiento para la explotación de sus bosques. A consecuencia de ello, Tapia fue fusilado (Ramírez, 1944). Seguramente esta desafortunada experiencia obligó al siguiente representante de la comunidad a celebrar convenio para que sus montes fueran aprovechados por "otros". En efecto, Florentino Macías firmó contrato con la Compañía Industrial Michoacana para la extracción del recurso forestal. Por el momento no sabemos bajo qué clausulas, lo cierto es que no fue del agrado del común de los barrios. Por eso, cuando el jefe revolucionario de ascendencia p'urhepecha, Félix C. Ramírez, arribó a la comunidad de Cherán para que se le otorgara un préstamo, un tata k'eri de la multitud congregada indicó que se lo pidiera a Florentino Macías, "que vendió nuestro monte y que ha recibido mucho dinero", al grado de "que ya casi se acabaron nuestros montes" (Ramírez, 1942).

No obstante las presiones y las acciones impulsadas por el Estado de transformar la tierra comunal a propiedad privada, y la promoción de contratos para la explotación de su recurso maderero, el pueblo de Cherán K'eri conservó su territorio comunal y parte importante de su recurso forestal, en virtud de que el común a través de sus juramuticha reaccionó, defendió y protegió su espacio vital. Y lo hizo así, a través de la fuerza de "el costumbre" socio-comunitario.

Conclusión

Hacer referencia al pasado virreinal de Cherán tuvo el propósito de advertir el peso de la noción de "el costumbre" en el caminar y proceder de las autoridades tradicionales y en el comportamiento de sus integrantes. Con este precedente de Cherán al finalizar el orden virreinal y al comienzo del México independiente, mostramos la vigencia que tuvo "el costumbre". Esta práctica se puede ver desde vertientes diferentes. A nosotros nos interesó analizar su expresión en el pueblo de Cherán con relación a su tenencia comunal de la tierra. Revelamos la importancia que los cheranenses otorgaron a "el costumbre" de poseer los terrenos en forma colectiva; práctica consuetudinaria relacionada con el modo en que se distribuyó y usufructuó la tierra entre los miembros de la comunidad; sí, para cultivar y extraer los productos alimenticios para la sobrevivencia, pero de igual modo, para que los diversos cargueros del ciclo festivo civil y religioso aprovecharan porciones específicas para cumplir con el orden local comunitario.

Por eso, el pueblo de Cherán, al recibir la orden de que se procediera al reparto de la tierra para su gozo privado, reaccionó en contra de la ley de la materia. De igual modo, los indígenas, para evitar que se comenzara y se concretara el reparto, pidieron la derogación de la ley, incluso dialogaron con los representantes estatales a fin de aplazar su ejecución. De modo que los p'urhepecha de Cherán al realizarlo así fueron posponiendo su cumplimiento hasta lograr con ello la conservación y la permanencia de la tenencia común de la tierra.

En cada uno de los momentos históricos referidos, vimos al pueblo de Cherán enarbolar "el costumbre", que implicó la posesión y el usufructo colectivo de la tierra. Así como en el pasado los p'urhepecha de Cherán K'eri expresaron, argumentaron, defendieron y promovieron las bases constitutivas comunitarias, hoy día mantienen la misma actitud de lucha fundados en "el costumbre". El 15 de abril de 2011 los cheranenses se movilizaron para poner fin a la extorsión, a la privación de la libertad y a la explotación irracional de sus bosques por la acción de los talamontes, vinculados al crimen organizado. La comunidad dijo un "ya basta", y al decirlo reavivaron "el costumbre".

Bibliografía

Cortés Máximo, J. C. (2012), *De repúblicas de indios a ayuntamientos constitucionales: pueblos sujetos y cabeceras de Michoacán, 1740-1831*, Morelia, Instituto de Investigaciones Históricas-Universidad Michoacana de San Nicolás de Hidalgo, Colección Bicentenario 16.

Cortés Máximo, J. C. (2014), "Al mismo modo que lo hacían en el tiempo de su extinguida república. Guerra insurgente y justicia en los pueblos indios de Michoacán, 1786-1831", en Laura Rojas y Susan Deeds (coords.), *México a la luz de sus revoluciones*, México, El Colegio de México, Volumen I.

Hernández Díaz, J. (2006), "Tribunales de Justicia y práctica judicial en la transición jurídica de Michoacán: 1824-1840", en *Anuario Mexicano de Historia del Derecho*, Vol. XVIII, pp. 315-330.

Lázaro, C. (2012), "El reparto de tierras comunales en San Andrés Ziróndaro. Diálogo, negociación y resistencia", Morelia, Facultad de Historia-UMSNH, Tesis de Licenciatura.

Purnell, J. (1999), "Popular Resistance to the Privatization of Communal Lands in Nineteenth-Century Michoacán", en *Latin American Research Review*, (34) 1, pp. 85-121.

Sebastián Santiago, S. (2014), "Arrendamiento de bosques de las comunidades indígenas de Comachuén, Turícuaro, Arantepacua, Quinceo y Capacuaro", en *Ziranda Uandani* (Papel que habla), Morelia, Michoacán, enero-junio núm 63, pp. 14-21.

Soto Correa, J. C. (1996), *Movimientos campesinos de derecha en el oriente Michoacano*, México, José Carmen Soto Correa, vol. I.

Ramírez, F. C. (1944), *La verdad sobre la revolución mexicana*, México, Editorial Indoamerica.

Ramírez, F. C. (1942), *Reminiscencias revolucionarias. Datos para la historia de Michoacán*, México, Ediciones Claridad.

Zárate Hernández, E. (2011), "Comunidad, reformas liberales y emergencia del indígena moderno. Pueblos de la Meseta Purépecha (1869-1904)", *Relaciones*, 125, invierno, vol. XXXII, pp. 17-52.

10

Tierras de común repartimiento y propiedad privada en Cuautitlán y Hueypoxtla, Estado de México (1856-1887)

José Porfirio Neri Guarneros

El Estado-liberal en México durante la segunda mitad del siglo XIX pretendió eliminar las corporaciones, civiles y eclesiásticas, que tuvieran el carácter de fundación perpetua o indefinida. Los nuevos preceptos liberales buscaron configurar un país formado por individuos, ciudadanos y propietarios privados, en un nuevo marco jurídico. La sociedad se enfrentó a distintos cambios, entre los que destacan la trasferencia de la propiedad comunal a privada, iniciada a partir de la Ley del 25 de junio de 1856 que desamortizó la propiedad raíz de corporaciones civiles y eclesiásticas. Uno de los principales objetivos de esta ley fue poner en circulación la propiedad comunal de los pueblos y ayuntamientos mediante la compra-venta de tierras.

De esta manera, la desamortización civil, desde una mirada historiográfica, se cree que inició con eficacia después de haberse restaurado la república mexicana, en 1867; además de que las primeras tierras desamortizadas fueron las de común repartimiento, las cuales eran poseídas individualmente por los habitantes de los pueblos y los "propios" de los ayuntamientos (Escobar, 2001: 195, 229). Lo anterior, porque las primeras eran parcelas explotadas individualmente, en tanto que las segundas eran arrendadas a los habitantes del pueblo o foráneos; por lo que solo se procedió a adjudicar a título de propiedad privada la parcela que cada uno disfrutaba (Menegus, 1995: 144-1899). De ahí ha predominado la idea generalizada de que los indígenas se resistieron a cambiar su régimen de propiedad. No obstante, en algunos lugares de México, los campesinos acudieron rápidamente ante las autoridades a solicitar la adjudicación de sus tierras y así obtener un "título de propiedad", como veremos más adelante.

En este contexto, el objetivo del presente trabajo es analizar, en primer lugar, por qué en Cuautitlán y Hueypoxtla, municipalidades del Estado de México, se adjudicaron rápidamente las tierras de común repartimiento. La discusión se centra en cómo la legislación propició el rápido proceso de transformación de las tierras de común repartimiento a propiedad privada entre 1856 y 1867. En segundo lugar, se comparan los diferentes trayectos seguidos por estas municipalidades durante el proceso desamortizador. Esto debido a las jerarquías de los funcionarios de las mismas municipalidades: Cuautitlán fue cabecera de distrito; lo que implicó tener juez de primera instancia y prefecto, además el ayuntamiento estaba controlado por españoles y mestizos; en cambio, Hueypoxtla solo contaba con un presidente municipal y el ayuntamiento estaba controlado por indígenas. En cuanto a su ubicación geográfica, que también resultó fundamental para marcar los distintos rumbos respecto al proceso de transformación de las tierras de común repartimiento, Hueypoxtla se ubicaba en una zona rural a más de 60 km de la Ciudad de México, mientras que Cuautitlán estaba a menos de 30 km.

1. El espacio geográfico

El área geográfica en la cual se ubicaban las Municipalidades de Cuautitlán y Hueypoxtla correspondía al Valle de Cuautitlán, ubicado al Norte de la cuenca de México. Esta región consistía en una planicie de clima templado, en la que se formaban dos lagunas: la de Citlaltepec, comúnmente conocida como la laguna de Zumpango, y la de Xaltocan.

La planicie estaba rodeada por sistemas montañosos: al sur por la Sierra de Guadalupe; al norte, por las estribaciones de la Sierra de Atotonilco y Pachuca (Orosco, 1864: 109-110); al este por las estribaciones de la Sierra Nevada, de donde descendían las corrientes intermitentes de las montañas del Real del Monte, conocidas vulgarmente con el nombre del río de las Avenidas de Pachuca; y al oeste, por la Sierra de las Cruces, de donde bajaban ríos permanentes como el de Los Remedios o Tepotzotlán y el río Grande o de Cuautitlán (Sandré, 2012: 118). Como se puede apreciar, la región estaba rodeada por montañas con flora y fauna útiles a los vecinos de los pueblos; mientras que en la llanura existía un ambiente lacustre de donde se obtenían diferentes productos.

Mapa 1. Valle de Cuautitlán

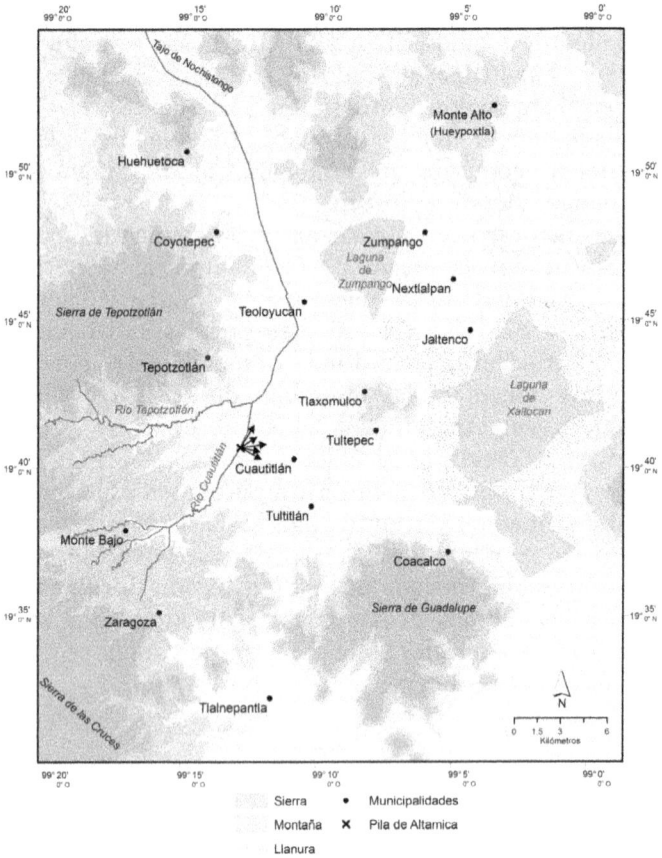

Fuente: elaboración propia con base en documentación de archivo.

La Municipalidad de Cuautitlán se encontraba en la planicie del valle y sus terrenos eran regados por el agua del río Cuautitlán a través de cinco canales; es decir, era una zona fértil. La Municipalidad de Hueypoxtla se ubicaba a pie de monte, en las estribaciones de la sierra de Pachuca, entre lomeríos y cañadas. La mayor parte de la municipalidad abarcaba un área semidesértica. Para llegar a Hueypoxtla había que rodear la sierra de Guadalupe, así como las lagunas de Xaltocan y Zumpango (Venegas, 1923: 37, 122-123).

Respecto a la población que existía en el valle, conviene destacar que era predominantemente indígena y mestiza; de habla otomí y náhuatl (Miño y Vera, 1998: 356). En 1870, la población total de la Municipalidad de Cuautitlán era de 4.664 habitantes, en su mayoría mestizos y españoles, repartida en una villa, siete pueblos, seis haciendas y cuatro ranchos. En contraste, la Municipalidad de Hueypoxtla presuponía una población total de 7.591 habitantes, mayoritariamente indígenas; estaba conformado por una villa, cinco pueblos, tres haciendas y tres ranchos (Miño y Vera, 1998: 175, 197). En general, la población de Cuautitlán contaba con mayores recursos económicos que la de Hueypoxtla. Lo cual permitió que en Cuautitlán se diera un mejor mercado de tierras y la acumulación de las mismas.

2. Antes de la Ley del 25 de junio de 1856

En 1812 la Constitución de Cádiz estableció los ayuntamientos, de acuerdo con ella todos los ciudadanos miembros de la nación española debían asociarse en torno a ayuntamientos constitucionales. De esta forma, en el Valle de Cuautitlán la mayoría de los pueblos indígenas formaron ayuntamiento y continuaron siendo una entidad corporativa con tierras y aguas para el sustento de los habitantes. Así se inició un largo periodo de transición hacia nuevas pautas, pero persistieron prácticas comunitarias en los ayuntamientos gaditanos y republicanos como la lealtad y la obediencia a linajes de caciques (Buve, 2012: 20).

Tres años después de que México logró su independencia, el congreso constituyente aprobó la Constitución
Federal de los Estados Unidos Mexicanos de 1824. Este
mismo año la república mexicana quedó dividida en 19
estados, cinco territorios y un distrito federal. En el Estado
de México la ley provisional para el arreglo del gobierno de
agosto de 1824 creó ocho distritos que a su vez se dividían
en partidos y estos en municipalidades.[1] Esta estructura se
mantuvo a lo largo del siglo XIX, excepto durante el periodo de la república centralista de 1836 a 1846, cuando los
estados se convirtieron en departamentos.

De acuerdo con la ley provisional, la administración de
los pueblos quedó a cargo de los prefectos en los distritos
y de los subprefectos en los partidos; entre las atribuciones
de los prefectos estaban: hacer que los ayuntamientos cumplieran con sus obligaciones, velar sobre la buena inversión
de los fondos públicos de los pueblos y la buena administración de los bienes de comunidad, así como arreglar el
repartimiento de tierras. Las funciones de los prefectos eran
las mismas que las de los subprefectos, en la jurisdicción
del partido que gobernaban (Constitución Política del Estado de México de 1827, 1974: 26-28). El gobierno de las
municipalidades correspondía a los ayuntamientos y entre
sus atribuciones estaba: cuidar de la policía, de salubridad y comodidad, garantizar la enseñanza de buenas letras,
las obras públicas, cuidar de los fondos municipales, entre
otras (Decreto N° 36 de 9 febrero de 1825, 1848: 44-53).

La propiedad de las tierras, aguas y montes de los pueblos del Estado de México sufrió cambios importantes con
la expedición de la Ley del 9 de febrero de 1825, porque
en ella se estableció que todos los bienes de los pueblos
pasaban a formar parte de los propios de los ayuntamientos
(Decreto N° 36 de 9 febrero de 1825, 1848: 52-53). Por un

---

1   Las municipalidades existieron en el Estado de México desde que se erigió la
    entidad federativa en 1824 y hasta la constitución de 1917 (Salinas, 1998:
    126).

lado, las tierras de los pueblos fueron repartidas entre los vecinos según sus necesidades, bajo un pequeño canon o arrendamiento que serviría para aumentar los fondos de los ayuntamientos (Actas del Congreso Constituyente del Estado de México, 1824: 365-366, 390-391); y por otro, las aguas y montes de los pueblos quedaron bajo la administración de los ayuntamientos. No obstante, los pueblos seguían manteniendo la posesión de sus tierras y el derecho a usufructuar los recursos de los montes y las aguas.

A pesar de los cambios originados por la legislación, los pueblos indígenas del Valle de Cuautitlán, en términos físicos, se seguían conformando de un casco urbano o fundo legal de seiscientas varas, medidas desde el centro del pueblo hacia cada uno de los cuatro puntos cardinales. El régimen de propiedad de los pueblos era comunal y contaban con capacidad jurídica. De esta forma, se conservaban no solo los derechos particulares y de grupo sino también costumbres con el objeto de lograr el bien común.

Dentro de los pueblos y barrios, los habitantes contaban con tierras de cultivo o tierras de común repartimiento. Este tipo de tierras eran parcelas repartidas a las familias del pueblo para su sostén, podían heredarse y en algunos casos venderse, con la aprobación de las autoridades locales y, por lo general, eran disfrutadas bajo una forma de "censo enfitéutico". En algunos casos, las tierras de común repartimiento continuaron manejándose como propiedad colectiva, por ello también se les llamaba tierras de comunidad, pero en otros, las autoridades del ayuntamiento perdieron injerencia sobre este tipo de tierras debido a que se asemejaban más a la propiedad privada, ya que en varios casos vendían sus tierras sin la anuencia de las autoridades y sin importar el bien común. Esta concepción sobre las tierras de común repartimiento fue la que predominó durante la primera mitad del siglo XIX. Sin embargo, al momento de expedirse la Ley de Desamortización de 1856 los aspectos que definían este tipo de tierras cambiaron de forma importante, en algunos pueblos.

Los pueblos también contaban con tierras del común o ejidos y, aunque este trabajo no aborda este tipo de tierras, es necesario tomarlas en cuenta para establecer algunas diferencias. Los ejidos generalmente eran pastos, montes y aguas estancadas (lagunas), comúnmente se encontraban en los alrededores del pueblo; y los indígenas de todos los pueblos y barrios tenían derecho a usufructuar sus productos (Guarisco, 2003: 56). A diferencia de las tierras de común repartimiento, las características que definían a las tierras de ejido no cambiaron mucho durante la primera mitad del siglo XIX.

Bajo esta estructura y organización vivieron los pueblos del Valle de Cuautitlán hasta la expedición de la Ley de 25 de junio de 1856 sobre desamortización de fincas rústicas y urbanas que tenían en propiedad las corporaciones civiles o eclesiásticas de la república, momento en que las tierras de común repartimiento sufrieron cambios importantes; pues esta ley decretó que las corporaciones (comunidades religiosas, ayuntamientos, cofradías, archicofradías, hermandades, colegios y, en general, todo establecimiento o fundación que tuviera el carácter de duración perpetua o indefinida) debían adjudicar sus bienes a título individual, además quedaban sin capacidad legal para adquirir en propiedad o administrar por sí solos, bienes raíces (Decreto de 25 de junio de 1856, 1877: 197, 200).

El traslado de las tierras de común repartimiento a propiedad privada en las Municipalidades de Cuautitlán y Hueypoxtla, establecido por la Ley del 25 de junio de 1856, provocó ciertos cambios en el sistema de propiedad de los pueblos. La aplicación de la ley generó un rápido traspaso de tierras de común repartimiento a propiedad privada en ambas municipalidades, aunque con diferentes matices. Este proceso con el tiempo acrecentó las diferencias sociales.

3. Cuautitlán. Una rápida privatización de las tierras

La Ley del 25 de junio de 1856 estableció la división y adjudicación de toda propiedad comunal a título individual a quien la tuviera en posesión (Decreto de 25 de junio de 1856, 1877: 197-201); no obstante, esta disposición legal estuvo muy lejos de lograr la transformación de toda la propiedad comunal, aunque respecto a la pequeña propiedad, podría decirse que tuvo cierto éxito en algunos lugares. Para el caso de las municipalidades de Cuautitlán el paso de las parcelas de común repartimiento a propiedad privada se dio de forma rápida. En algunos pueblos, semanas después de haberse expedido la ley. Por ejemplo, en Cuautitlán, diversos vecinos de pueblos y barrios se apresuraron a desamortizar diferentes tipos de tierras como las que estaban a censo enfitéutico, las tierras en poder de las iglesias, así como las llamadas tierras de santos, sobresaliendo las tierras de común repartimiento.

Cuadro I. Pueblos y barrios de la Municipalidad de Cuautitlán

Pueblo	Barrio
Cuautitlán	San José
San Mateo	Santa María
Santa Bárbara	Ticoman
San Lorenzo	Jala
Huacatitla	Tecoacque
Altamica	El Cerrito
San Martín	

Al momento de expedirse la Ley Lerdo Cuautitlán era cabecera de distrito, lo cual implicaba tener bajo su jurisdicción varias municipalidades y municipios. El hecho de que la Municipalidad de Cuautitlán fuera cabecera de distrito la ponía en ventaja sobre otras municipalidades, pues podía tener en su territorio una serie de funcionarios de mayor nivel; por ejemplo, un juez de primera instancia y un prefecto. No obstante, en algunos pueblos y barrios el traslado de tierras de común repartimiento a propiedad privada fue complicado, porque tanto los poseedores de tierras como los diferentes órganos de gobierno tenían diferentes posiciones respecto a las parcelas de común repartimiento. Por ello, fue necesaria la expedición de reglamentos y circulares para aclarar distintas lagunas. De esta forma, el primer artículo del reglamento del 30 de julio de 1856 aclaró que "las fincas rústicas o urbanas de corporaciones dadas en arrendamiento, a censo enfitéutico o como tierras de repartimiento, en las que no haya sido estipulado el pago de toda la renta en numerario (…) se adjudicarán valorizando previamente la prestación" (Labastida, 1893: 9). En cierto sentido se consideró que las tierras de común repartimiento eran las que pagaban un censo. Esto es importante porque, posteriormente, se convirtió en un aspecto significativo para definirlas, al menos por parte de las autoridades.

En la Municipalidad de Cuautitlán, como en algunas otras cercanas a la cabecera de distrito, diversos vecinos de los pueblos y barrios acudieron rápidamente ante el juez de primera instancia, Cayetano Gómez y Pérez, a solicitar la adjudicación de sus tierras de común repartimiento. Los involucrados en el trámite de adjudicación eran el adjudicatario (posesionario) y el presidente municipal (representante del ayuntamiento propietario de las tierras). El proceso de adjudicación consistía en que los involucrados debían presentarse en el juzgado de primera instancia del distrito para realizar la adjudicación. El presidente municipal de Cuautitlán, Cosme Quezada, en cumplimiento de la Ley del 25 de junio de 1856, vendía al adjudicatario el terreno o los terrenos que tenía en posesión, mediante la obligación de pagar una alcabala, hacer los gastos del contrato respectivo y reconocer el precio a censo redimible sin plazo fijo y a título hipotecario sobre los mismos bienes.

El contrato estipulaba que la corporación municipal se apartaba de la "acción y señorío" de las tierras que enajenaba, y el adjudicatario adquiría la posesión jurídica del terreno. Finalmente, el juez de primera instancia les daba a los compradores su escritura de adjudicación, la cual amparaba su propiedad. Al igual que Molina Enríquez, considero que esta acción, más que una adjudicación, fue en realidad una compra a plazo gravada por un impuesto de transmisión de propiedad, y los "títulos" con los que adquirían sus tierras desamortizadas eran, en sí, una escritura pública de compra-venta y no títulos de plena propiedad (Molina, 2001: 146).

Los vecinos de los diferentes pueblos y barrios de la Municipalidad de Cuautitlán solicitaron la adjudicación de 3 o 4 terrenos y hubo a quien se le adjudicaron 7 y 8. Fueron raros los casos en los que se solicitó la adjudicación de un solo terreno. En general, el área de las fracciones de los terrenos en Cuautitlán variaba entre los 6889 m2 y los 15625 m2, muy pocas rebasaban los 27888 m2. De junio a octubre de 1856, en la Municipalidad de Cuautitlán se adjudicaron a 190 personas 583 terrenos. El valor de toda esta propiedad ascendía a $ 9.525. Las siguientes gráficas muestran algunos datos importantes sobre el proceso desamortizador en la Municipalidad de Cuautitlán.

Gráfica I. Pueblos de Cuautitlán

☐ Terrenos ▦ Adjudicatarios

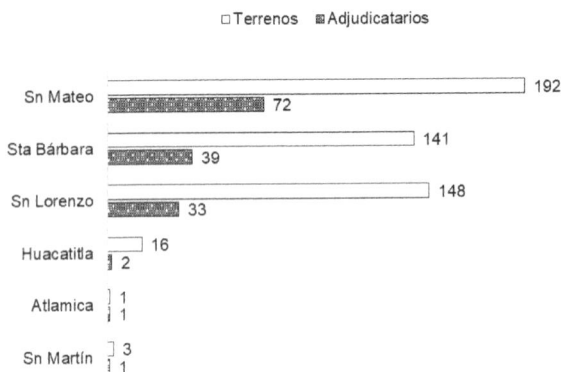

Sn Mateo	192 / 72
Sta Bárbara	141 / 39
Sn Lorenzo	148 / 33
Huacatitla	16 / 2
Atlamica	1 / 1
Sn Martín	3 / 1

Fuente: elaboración propia con base en las escrituras de adjudicación localizadas en el Archivo Histórico de Notarias del Estado de México.

Gráfica II. Barrios de Cuautitlán

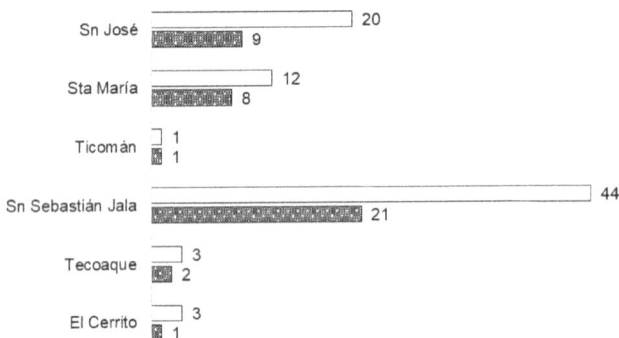

Sn José	20 / 9
Sta María	12 / 8
Ticomán	1 / 1
Sn Sebastián Jala	44 / 21
Tecoaque	3 / 2
El Cerrito	3 / 1

Fuente: elaboración propia con base en las escrituras de adjudicación localizadas en el Archivo Histórico de Notarias del Estado de México.

Los datos de las gráficas además de probar una rápida desamortización, también comprueban el acaparamiento de tierras en pocas manos, al momento de expedirse la Ley Lerdo. Ello quiere decir que en Cuautitlán era usual la compra-venta de tierras de común repartimiento. En muchos casos, las tierras ya habían pasado a poder de los hacendados antes de 1856, como lo comprueba el dicho de los vecinos de la Municipalidad vecina de San Miguel: que en el pueblo de Cuautitlán, los terrenos ya habían pasado a formar parte de las haciendas, en razón de que los vecinos fueron vendiendo paulatinamente sus posesiones (Labastida, 1893: 34). Las haciendas que compraban este tipo de tierras tenían que continuar pagando gabelas (servicios vecinales y municipales). La Ley de Desamortización y su reglamento convirtió a los que poseían tierras de común repartimiento en propietarios de esos bienes mediante el otorgamiento de una escritura de adjudicación. De esta forma, la desamortización constituyó una nueva fuente de propiedad al quedar la escritura desligada de los títulos primordiales.

Fueron los prefectos en 1856 y hasta 1861 los encargados de estimular la desamortización de las tierras de común repartimiento establecida por la Ley Federal del 25 de junio de 1856 en las municipalidades y municipios. La actuación de los ayuntamientos también fue determinante para llevar a cabo la Ley de Desamortización en los pueblos del Valle de Cuautitlán; pero la mayoría de los ayuntamientos aplicaron la ley con base en intereses colectivos. Los cambios generados por la desamortización propiciaron que las autoridades de los ayuntamientos empezaran a perder su autoridad frente a la colectividad, para convertirse en "funcionarios púbicos"; pasando a ser, así, agentes directos del Poder Ejecutivo, quienes deberían llevar a cabo las leyes y decretos estatales y federales (Salinas, 1998: 130).

El traslado de las tierras de común repartimiento a propiedad privada se dio de forma rápida, en gran parte debido a que la cabecera de distrito estaba en la Municipalidad de Cuautitlán y a la cercanía y contacto directo con la Ciudad de México a través del camino de tierra adentro, lo que permitía un mayor movimiento comercial. Otro factor que ayudó a que las tierras de común repartimiento hayan pasado rápidamente a propiedad privada fue la existencia de un sistema de riego en la municipalidad, pues muchos terrenos eran regados con el agua del río Cuautitlán a través de cinco canales.

Mapa 2. Municipalidad de Cuautitlán

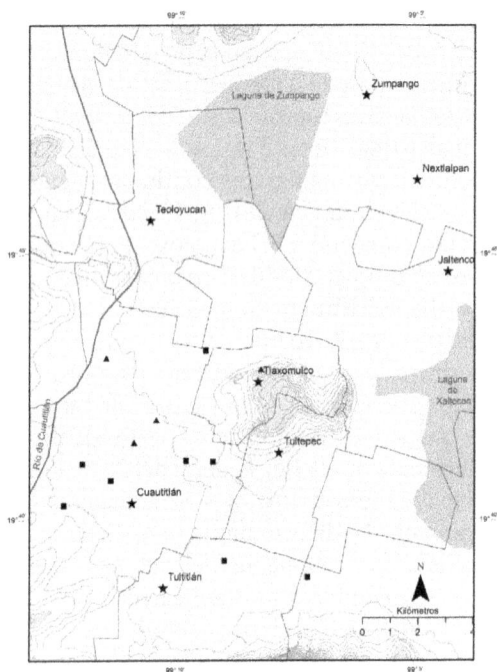

Fuente: elaboración propia con base en documentación de archivo.

Sin duda, los cinco canales que se derivaban del río Cuautitlán, a partir de la pila real, distribuían agua a un considerable número de terrenos en la municipalidad. Solo hay que recordar las palabras de algunos hombres contemporáneos refiriéndose a esas extensas plantaciones regadas por innumerables canales de riego. En 1880, Alfonzo Luis Velasco describe la Municipalidad de Cuautitlán como un área plana y fértil, circundada por pequeños lomeríos y cubierta de sembradíos, los cuales eran fertilizados por multitud de caños de agua. Se cultivaba maíz, trigo, cebada, haba, alverjón y maguey; también se producían legumbres, lechugas, rábanos, cebollas, jitomates y toda clase de hortalizas: manzanas, perones, membrillos, capulines y tunas en pequeña cantidad, únicamente en huertos o solares.

4. Hueypoxtla y la privatización de tierras de común repartimiento

En 1856 la Municipalidad de Hueypoxtla pertenecía al partido de Zumpango que a su vez estaba bajo la jurisdicción del distrito de Cuautitlán, pero en 1861 Cuautitlán dejó de ser distrito para convertirse en partido bajo la jurisdicción del recién creado distrito de Zumpango. Cuando Cuautitlán recuperó la categoría de distrito, en 1868, la Municipalidad de Hueypoxtla se mantuvo bajo la jurisdicción del distrito de Zumpango.

Mapa 3. Municipalidad de Hueypoxtla

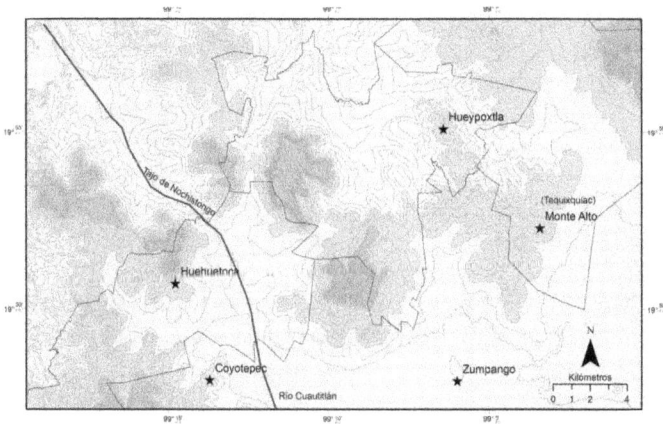

Fuente: elaboración propia con base en información de archivo.

En los pueblos y barrios de la Municipalidad de Hueypoxtla el proceso de desamortización de tierras de común
repartimiento se realizó, principalmente, en dos momentos: al terminar la guerra de reforma, en 1861, y después
del segundo imperio entre 1869 y 1875. Es decir, mientras
Hueypoxtla pertenecía al distrito de Cuautitlán no hubo
adjudicación de tierras de común repartimiento.

Las disposiciones establecidas por la Ley Lerdo habían
hecho poco accesible la desamortización para algunos pueblos alejados de las cabeceras de distrito, lugar donde se
encontraban las autoridades encargadas de realizar los trámites de adjudicación; además diversos habitantes no contaban con los recursos necesarios para realizar los trámites.
El solo hecho de trasladarse a la cabecera de distrito ya
implicaba un gasto, de igual manera, al hacer las adjudicaciones los naturales tenían que pagar los trámites burocráticos de la escritura de adjudicación, después pagar sus
mensualidades y además debían mantener las tierras adquiridas. No obstante, en la mayoría de los casos, los pose-
sionarios de tierras de común repartimiento en la Municipalidad de Hueypoxtla carecían de recursos económicos
para estos gastos.

En centros urbanos como Cuautitlán, la desamortización fue más eficaz por varios aspectos. En ellos radica-
ban las autoridades. Los habitantes contaban con mayores
recursos económicos para realizar el trámite de adjudicación. Existía un mayor movimiento comercial -incluyendo
el de la tierra- y, no hay que olvidar, la cercanía a la Ciudad
de México. En Hueypoxtla no sucedió lo mismo debido
a que era la municipalidad más alejada del valle, además
sus tierras eran de temporal y poco fértiles; sin embargo,
la desamortización de las tierras de común repartimiento
en esta municipalidad inició en 1861, es decir, antes de la
intervención francesa.

Gran parte de los poseedores de terrenos de común
repartimiento no pudieron realizar el trámite de adjudicación de las tierras que poseían, de acuerdo con los

lineamientos de la Ley del 25 de junio de 1856; ya fuese por la falta de recursos para los gastos necesarios o por la traba de algunos especuladores para despojarlos de sus propiedades. Por ello, el gobierno federal suprimió la alcabala y la escrituración de terrenos con valor de menos de $ 200 mediante la circular del 9 de octubre de 1856. Esta circular permitió el aumento de las adjudicaciones de tierras de común repartimiento en los pueblos alejados de los centros urbanos como sucedió en la Municipalidad de Hueypoxtla. Los vecinos de dicha municipalidad pudieron realizar el trámite de adjudicación de sus terrenos sin tener que pagar alcabala ni derecho alguno y sin escritura, pues el título sería expedido por cualquier autoridad política. Es decir, los indígenas ya no tenían que trasladarse hasta la cabecera de distrito para realizar el trámite de adjudicación.

La circular del 9 de octubre de 1856 generó un cambio importante en la forma de adjudicar la pequeña propiedad, pues para que un adjudicatario pudiera ser propietario de los terrenos que poseía, ya no era indispensable la escritura de adjudicación expedida por el juez de primera instancia. La circular establecía que para adquirir la propiedad basta con el título que le debía dar la *autoridad política*, el cual debía ser marcado con el sello de la oficina (Labastida, 1893: 13). Esta autoridad política podía ser desde la de más elevada categoría o, siguiendo en orden descendente, hasta la última, no simultáneamente sino según la ubicación de los terrenos adjudicados (Aclaración del 21 de octubre de 1856, 1877: 271-172). Así que la mayoría de los presidentes municipales empezaron a expedir títulos de adjudicación.

Con la Constitución del Estado de México de 1861 los partidos desaparecieron y se amplió el número de distritos, los que se subdividieron en municipios y municipalidades. Con estos cambios desaparecieron los prefectos y subprefectos, y fueron los jefes políticos quienes se encargaron de la administración pública de los distritos. Los municipios serían gobernados por un municipal y las municipalidades por ayuntamientos (Constitución Política del Estado de México de 1827, 1974: 1-43). Esta división político-administrativa tuvo pocos cambios en los años posteriores al siglo XIX (Salinas, 1998: 132-133).

En octubre de 1861, los vecinos de la municipalidad de Hueypoxtla acudieron ante el presidente municipal para la adjudicación de sus terrenos puesto que eran el poseedor de tierras de común repartimiento y el síndico del ayuntamiento de Hueypoxtla quienes debían efectuar dicho trámite. El síndico, como representante de la corporación municipal, vendía al adjudicatario los terrenos que poseía; finalmente, el presidente municipal le extendía su título de adjudicación. En consecuencia, la circular del 9 de octubre desligó la titulación de las propiedades de la forma común de titulación notarial y dio origen a una nueva fuente de propiedad en la que el título de adjudicación expedido por los presidentes municipales o jefes políticos sería el documento con el cual comprobarían su propiedad privada.

Molina Enríquez consideró que si los bienes comunales de los indígenas eran de ellos, como se reconoció, y solo había que privatizar la propiedad comunal para hacer entrar las tierras en circulación, lo más apropiado hubiera sido que los títulos de repartimiento hubiesen sido títulos de plena propiedad, pero las adjudicaciones se hicieron mediante el reconocimiento a censo del precio o valor de las fracciones y mediante la redención para la consolidación de la propiedad (Molina, 2001: 107-108). En este sentido, la Ley de Desamortización representó una medida fiscal (Escobar, 2012).

En 1861, en la Municipalidad de Hueypoxtla hay constancia de varios títulos de adjudicación expedidos por el presidente municipal a los vecinos de Jilotzingo y Tianguistongo. Respecto a los pueblos de Zacacalco y Ajoloapan, el archivo municipal no registra evidencia de algún título, pero un informe solicitado por el juzgado de primera instancia del distrito sobre los réditos de los terrenos de común repartimiento correspondientes a los años de 1861 a 1864 da evidencia de que, en efecto, en Zacacalco y

Ajoloapan hubo adjudicación de terrenos de común repartimiento. El mismo documento hace evidente además que en el pueblo de Cuevas, perteneciente a la Municipalidad de Hueypoxtla, también hubo adjudicaciones de terrenos después del movimiento de reforma.[2] De esta forma, la pequeña propiedad se formó gracias a la circular del 9 de octubre de 1856, no solo en el Valle de Cuautitlán sino en varias regiones de México. Desafortunadamente, el acervo del archivo municipal de Cuautitlán es muy limitado para el siglo XIX, debido a que fue incendiado. No hay información alguna sobre adjudicación de tierras de común repartimiento; pero las escrituras de compra-venta existentes en el Archivo Histórico de Notarias del Estado de México, de nueva cuenta, vuelven a ser importantes para estudiar el proceso desamortizador de las tierras de común repartimiento posterior a dicha circular.

En 1861 fueron varios los terrenos que se adjudicaron en los pueblos y barrios de Hueypoxtla; por ejemplo, el 20 de octubre, 121 vecinos de Tianguistongo se presentaron ante el presidente municipal de Hueypoxtla para solicitar la adjudicación de los terrenos que tenían en posesión. A la mayoría de los vecinos de Tianguistongo se les adjudicó un solo terreno, aunque también hubo casos en que se adjudicaron 2 o 4. Por ejemplo el 20 de octubre de 1861 se presentó Martín Zeron ante el presidente municipal de Hueypoxtla para que el síndico del ayuntamiento, a nombre de la corporación, le adjudicara un solar y un terreno de labor de los de común repartimiento. Los terrenos le fueron adjudicados a Zeron en la cantidad de $ 11,46 y quedó reconociendo como rédito el 6% anual, es decir, la suma de 68 centavos. El adjudicatario podía redimir el capital entregándolo en el momento que quisiera.[3] En esta municipalidad, a

2   AHMH/Sección-Tierras/Volumen-I/Años-1861/Caja-87/Exp. 27.
3   AHMH/Sección-Tierras/Volumen-I/Años-1861/Caja-87/Exp. 31, f. 2.

diferencia de la de Cuautitlán, no existió una acumulación de tierra, pues la mayoría de los campesinos solo solicitaron la adjudicación de una fracción de tierra.

El ayuntamiento valorizó los terrenos de acuerdo con los servicios personales que los vecinos prestaban al propio ayuntamiento, para ello dicha corporación adoptó una base. Todas las adjudicaciones que realizó el Ayuntamiento de Hueypoxtla las hizo en $ 11,46 con un rédito anual de 68 centavos sin importar si en un mismo título se adjudicaban 2 o 4 terrenos con diferentes medidas. El 20 de octubre de 1861, el síndico del ayuntamiento, en presencia del presidente municipal, le adjudicó a Brígido Omaña 4 terrenos de común repartimiento en el pueblo de Tianguistongo, en la cantidad de 11 pesos 46 centavos, pagando anualmente la suma de 68 centavos.[4] Un mes antes, en el pueblo de Jilotzingo, el mismo Ayuntamiento de Hueypoxtla valorizó la mayoría de los terrenos de común repartimiento adjudicados en 7 pesos y 29 centavos, con un rédito anual de 43 centavos.[5] Este proceso de transferencia de la propiedad muestra una forma peculiar de realizar las adjudicaciones por parte de los ayuntamientos, la cual obedece más a intereses y costumbres comunitarias de los pueblos que a lo establecido por la ley.

Un aspecto que conviene destacar sobre los títulos es que en algunos, al final existen correcciones sobre las medidas de los terrenos, lo cual muestra que los títulos de adjudicación otorgados por el presidente municipal tuvieron errores de mensura y deslinde, así como los deficientes conocimientos de los "peritos agrimensores". Molina Enríquez mencionó que el fraccionamiento y repartición de los terrenos de los pueblos indígenas se hizo de un modo

---

4   AHMH/Sección-Tierras/Volumen-I/Años-1861/Caja-87/Exp. 31, f. 15.
5   AHMH/Sección-Tierras/Volumen-I/Años-1861/Caja-87/Exp.21; AHMH/Sección-Tierras/Volumen-I/Años-1861/Caja-87/Exp. 31.

sumario e imperfecto, por ello los títulos de común repartimiento no eran del todo confiables en cuanto a mensura, deslinde y ubicación (Molina, 2001: 107).

Por otro lado, Molina Enríquez consideró que los ayuntamientos fueron los menos afectados, pues de una u otra forma percibían ingresos; lo mismo era hacer percibir rentas a sus propiedades que recibir esos ingresos de los desamortizadores (Molina, 2001: 103). Si bien la economía de los ayuntamientos se vio beneficiada con la desamortización, la legislación desamortizadora propició que los ayuntamientos perdieran injerencia directa sobre las tierras y se alejaran más de la vida comunitaria de los pueblos. Fueron los habitantes de los pueblos indígenas, acostumbrados a disfrutar de sus tierras en común, los que más resultaron afectados con la circular del 9 de octubre de 1856, ya que esta circular facilitó la desamortización de las tierras de común repartimiento. Parece que dicha circular fue emitida exclusivamente para desamortizar este tipo de tierras y cambiar su sistema de propiedad.

Una vez restaurada la república en 1867, el gobierno del Estado de México insistió a las jefaturas políticas y a las autoridades municipales a continuar con la adjudicación de los terrenos. En este sentido, se expidió el Decreto N° 96 del 20 de octubre de 1868 por el que se eximió a los adjudicatarios de terrenos de común repartimiento de pagar el 6% anual sobre el valor del terreno a los dueños de la propiedad y únicamente pagarían 3% anual como contribución al ayuntamiento (Decreto N° 96 del 20 de octubre de 1868, 1868: 400-401). Es decir que a los propietarios se les quitó la posibilidad de cubrir por completo el valor de la tierra y ahora solo pagarían un censo al ayuntamiento por el hecho de ser propietarios de una fracción de tierra. Algunos habitantes de los pueblos se opusieron a pagar el censo por terrenos que consideraban de su propiedad, pues siempre habían estado en posesión de ellos. La reducción del censo explica que entre 1868 y 1875 haya habido un aumento en la adjudicación de terrenos de común repartimiento, pues muchos campesinos que no habían privatizado sus terrenos lo hicieron.

Los prefectos y subprefectos políticos, antecesores de los jefes políticos, perdieron injerencia directa sobre las tierras de los pueblos con la expedición de la Ley del 25 de junio de 1856. Así, entre 1857 y 1867, la influencia de estas autoridades sobre las municipalidades y municipios[6] fue escasa debido a los conflictos bélicos por los que atravesó el país. Fue hasta 1868, con el respaldo de una legislación, que los jefes políticos tuvieron una influencia importante en la repartición de tierras y en todas las actividades municipales de acuerdo con la Ley Orgánica para el Gobierno y Administración Interior de los Distritos Políticos del Estado de 1868. No obstante, la influencia y el control de los jefes políticos sobre las autoridades municipales en los pueblos distantes de las cabeceras fueron paulatinos.

En 1868, el Ayuntamiento de Hueypoxtla seguía valorizando los terrenos de la misma forma. Únicamente en la cabecera (Hueypoxtla) existía una notable variación en el precio de los terrenos adjudicados. Había un número considerable de comuneros que tenían dos terrenos, pocos eran los que contaban con tres terrenos.[7] Para 1871 y 1872 existen protocolos incompletos con solo algunos títulos de adjudicación. Por ejemplo, del pueblo de Jilotzingo hay constancia de 96 títulos, mientras que para el pueblo de Ajoloapan hay registro del título número 184.

---

6 Los municipios se crearon en 1852 de acuerdo con el Decreto estatal N° 81 (Decreto N° 81 de 15 de octubre de 1852, 1868: 119-120).
7 AHMH/Sección-Tierras/Volumen-I/Años-1861/Caja-87/Exp. 31.

Gráfica III. Pueblos de Hueypoxtla

▨ Adjudicatarios ☐ Terrenos

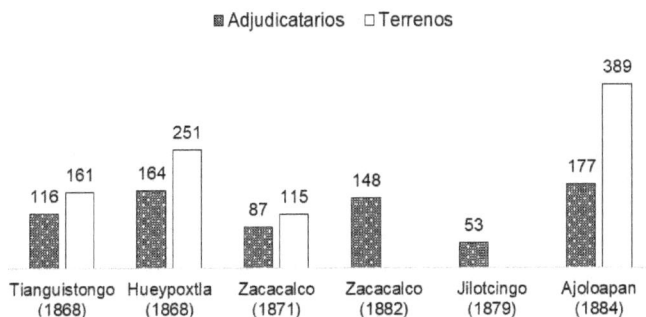

Fuente: elaboración propia con base en las escrituras de adjudicación localizadas en el Archivo Histórico de Municipal de Hueypoxtla.

El 12 de abril de 1875 se publicó el Decreto N° 78 mediante el cual se estableció el censo al 8% al millar, además determinó que los poseedores de terrenos de común repartimiento sin títulos de adjudicación, pero con títulos antiguos de posesión expedidos por las prefecturas con anterioridad a la Ley del 25 de junio de 1856, tenían derecho preferente para la adjudicación de dichos terrenos (Decreto N° 78 del 12 de abril de 1875, 1875: 125-128).[8] No obstante, la parte de dicho decreto que dio un giro importante a la forma de adjudicar los terrenos de común repartimiento fue la que establecía que los encargados de otorgar títulos de adjudicación serían los jefes políticos.

---

8 AHMH/Sección-Tierras/Volumen-II/Año-1875/Caja-88/Exp. 4.

Defensa de los derechos de propiedad

El Decreto N° 78 de 1875 propició una serie de conflictos entre las autoridades municipales, los pueblos y el jefe político de Zumpango, puesto que en 1887, al tomar posesión el nuevo Ayuntamiento de Hueypoxtla, se dio cuenta de que los padrones de las tierras de común repartimiento estaban incompletos y eran muy deficientes, lo que imposibilitaba la recaudación de impuestos municipales. [9]

El ayuntamiento procedió a la formación de un registro exacto de los terrenos adjudicados, para ello pidió que todos los propietarios acudieran a la presidencia municipal con sus títulos. El resultado no correspondió a los deseos de la corporación, ya que muchos de los propietarios carecían del documento con el cual justificar su posesión. Otros vecinos presentaron los títulos expedidos por los presidentes municipales, pero las autoridades municipales manifestaron que los avalúos habían sido notoriamente injustificados; además de que la mayor parte de los propietarios estaban inconformes tanto con las medidas que expresaban los títulos como con sus colindancias.

El ayuntamiento solicitó al jefe político del distrito de Zumpango se autorizara una persona para que practicara la rectificación de las medidas de los terrenos de común repartimiento,[10] pero los vecinos de Tianguistongo protestaron contra la decisión del presidente municipal de rectificar las medidas de los terrenos, ya que los poseían justa y legalmente, por adjudicación. Pero el Ayuntamiento de Hueypoxtla estaba decidido a terminar con los abusos y dispuesto llevar a cabo lo establecido en el artículo 30 del Decreto N° 78 de 1875, el cual establecía que los poseedores de terrenos de común repartimiento sin título de adjudicación o posesión antigua, únicamente, tendrían derecho a la adjudicación de una parte del terreno, repartiendo lo que

---

9 AHMH/Sección-Tierras/Volumen-I/Años-1887/Caja-88/Exp. 9.
10 AHMH/Sección-Tierras/Volumen-I/Años-1887/Caja-88/Exp. 9.

sobrase entre los vecinos más necesitados del lugar.[11] Sin embargo, muchos propietarios no estaban dispuestos a perder sus derechos de posesión en favor de aquellos sin tierra, lo cual reflejó una fractura en la forma de organización de los pueblos, como acertadamente lo manifestaron los vecinos de San Miguel. Lo expuesto por el Ayuntamiento de Hueypoxtla, en 1887, hace evidente la existencia de un gran número de tierras de común repartimiento no registradas.

Por su parte, el jefe político determinó que los ayuntamientos no habían tenido facultades para expedir títulos de adjudicación, en tal carácter el título no tenía validez alguna para justificar la adjudicación. Lo cierto es que, en el Valle de Cuautitlán, los presidentes municipales otorgaron una gran cantidad de títulos de adjudicación de tierras de común repartimiento. En la Municipalidad de Nextlalpan, aproximadamente a 10 km de Zumpango, lugar de residencia del jefe político, el presidente municipal, en 1868, otorgó títulos de común repartimiento, apoyando su proceder en la circular del 9 de octubre de 1856, relativa a la Ley de Desamortización.[12]

Lo anterior muestra que el Poder Ejecutivo por medio del gobernador y los jefes políticos expandió sus redes de control sobre los ayuntamientos, decidiendo desde la cúpula estatal lo que era mejor para el avance de municipios y municipalidades, preocupándose porque marchara bien la administración municipal. Poco a poco los ayuntamientos fueron dejando de identificarse con los intereses colectivos de los pueblos, para asumir la representación política que requería el régimen. Los gobernadores estuvieron al pendiente de las actividades a nivel municipal: existencia de escuelas, recolección de contribuciones, que sus gastos fueran controlados, que los auxiliares de los pueblos funciona-

---

[11] AHMH/Sección-Tierras/Volumen-I/Años-1887/Caja-88/Exp. 9.
[12] AHMN/Sección-Presidencia/Caja-22/Exp. 6/ Año: 1868/ fs. s/n.

ran, controlar las manifestaciones de descontento, canalizar los problemas de tierras y aguas a través de los jefes políticos, realizar la desamortización de tierras comunales, etc.

Por su parte, los vecinos de Ajoloapan solicitaron la intervención del gobernador para que el presidente municipal los dejara de molestar en sus propiedades, pues sus acciones estaban causando muchos problemas en el vecindario y temían que el ayuntamiento les quitara sus títulos y terrenos. En el ayuntamiento se les exigía el pago de 16 reales (2 pesos) por cada título y 2 reales por cada terreno; en la jefatura política se les exigían 4 reales y una estampilla; en la administración de rentas se les exigía el derecho de transmisión de propiedad; además tenían que perder de 3 a 5 o más días de trabajo. En total, la inversión en el papeleo era de más de 4 o 5 pesos, en cada terreno.

Los vecinos de Ajoloapan argumentaron que sus adjudicaciones se realizaron de acuerdo con la Ley del 25 de junio de 1856 y su reglamento del 30 de julio del propio año. El reglamento en su artículo 1 decía:

> las fincas rusticas urbanas o de corporaciones dadas en arrendamiento, a censo enfitéutico o como tierras de repartimiento, en las que no haya sido estipulado el pago de toda la renta en numerario, sino que toda o parte de ella se satisficiera con la prestación de alguna cosa o algún servicio personal, que no está ya estimado con anterioridad *se adjudicaran valorizando previamente la prestación* (Labastida, 1893: 9).[13]

Además, el 21 de octubre de 1856, el Ministerio de Hacienda, ante la confusión de qué autoridad debía emitir los títulos de adjudicación, manifestó que el presidente había aclarado que dicha expedición correspondía a todas las autoridades públicas comenzando por la de más elevada categoría y siguiendo por su orden hasta la última, no simultáneamente, sino según la ubicación de los terrenos

---

13 AHMH/Sección-Tierras/Volumen-I/Años-1887/Caja-88/Exp. 9.

adjudicados (Aclaración del 21 de octubre de 1856, 1877: 271). En este sentido, el presidente municipal tenía la autoridad de emitir los títulos de adjudicación.

Desafortunadamente, no se localizó información para saber si las adjudicaciones realizadas por el ayuntamiento fueron respetadas, o los propietarios tuvieron que hacer de nuevo el trámite ante la jefatura política de Zumpango. No obstante, se puede notar que los cambios a la legislación, más que dar certidumbre y seguridad a los adjudicatarios, en algunos casos, propiciaron inseguridad sobre las tierras de común repartimiento; por ello, los vecinos de los pueblos y barrios de Hueypoxtla tuvieron que apelar a la justicia para defender sus derechos de propiedad y la legalidad de sus adjudicaciones, que años atrás se habían realizado de acuerdo con la Ley del 25 de junio de 1856.

Consideraciones finales

La Ley Lerdo, los decretos y circulares en torno a la desamortización hicieron visible la propiedad individual de los pueblos indígenas mediante una escritura de adjudicación o título de adjudicación expedido por los presidentes municipales o jefes políticos, a través de los cuales se convertirían en propietarios privados. La legislación no solo modificó la propiedad de los pueblos indígenas sino también la estructura agraria, ya que la compra-venta de tierras permitió el acaparamiento. Estudios posteriores permitirán dilucidar quiénes fueron los acaparadores y cómo se transformó la estructura agraria, no solo en las Municipalidades de Cuautitlán y Hueypoxtla sino en todo el Valle de Cuautitlán.

Conviene resaltar las diferencias que existieron entre las Municipalidades de Cuautitlán y Hueypoxtla en el proceso de adjudicación. En la primera, los prefectos y jueces de primera instancia tuvieron un papel fundamental en la desamortización de tierras de común repartimiento, la cual se dio rápidamente debido a dos razones: a) porque las autoridades se empeñaron en hacer la desamortización y b) por la existencia de un mercado compra-venta de tierras desde antes de la Ley del 25 de junio de 1856. Podría decirse que en Cuautitlán la legislación desamortizadora, más que lograr el objetivo de fragmentar la tierra comunal para ponerla en circulación, potencializó la compra-venta de tierras que ya existía. Queda la interrogante respecto a la relación entre la presencia del agua y el proceso desamortizador de tierras de común repartimiento.

En Cuautitlán, durante los cinco meses posteriores a la expedición de la Ley del 25 de junio de 1856, un número considerable de campesinos acudieron ante el juez de primera instancia a solicitar la adjudicación de sus tierras y así obtener un "título de propiedad". En tanto que en Hueypoxtla la privatización de las tierras de común repartimiento comenzó en 1861, pero en condiciones diferentes debido a que era una municipalidad alejada de la cabecera de distrito. En ambas municipalidades, a diferencia de otros casos en México, hubo una reacción favorable frente a las leyes de desamortización y una pronta adjudicación de tierras de común repartimiento. No por ello se puede decir que la desamortización se dio de forma masiva.

En Hueypoxtla, al igual que en Cuautitlán, algunos pueblos acataron las disposiciones liberales sobre la desamortización, pero la llevaron a cabo de acuerdo con los intereses y costumbres de los mismos pueblos. Las adjudicaciones en esta municipalidad las realizó, al menos hasta 1887, el presidente municipal sin la intervención de los prefectos y jefes políticos, lo cual indica que los pueblos se gobernaban a sí mismos en cuanto a la distribución y uso de sus bienes. Sin embargo, a finales del siglo XIX los alcaldes municipales alejados de los centros urbanos perdieron importancia y el jefe político de distrito apareció como la principal autoridad frente a la cual se realizaría el trámite de adjudicación de terrenos de común repartimiento.

En la Municipalidad de Hueypoxtla, al expedirse la Ley Lerdo los pueblos continuaban conservando la mayor parte de sus tierras; en cambio, en Cuautitlán, ubicada en la planicie y comunicada directamente con la Ciudad de México, existía un considerable acaparamiento de tierras de común repartimiento por parte de pudientes y hacendados. El presente trabajo reflejó que el proceso de desamortización de tierras de común repartimiento fue dinámico y complejo en ambas municipalidades, y que hubo diferencias entre una y otra gracias al carácter rural de una y urbano de la otra.

Finalmente, se puede decir que el traslado de dominio de las tierras de común repartimiento a propiedad privada no fue tan sencillo (Menegus, 1999: 279-297) como comúnmente se considera; empezando por definir cuáles eran las tierras de común repartimiento, pasando por los cambios y confusiones en la legislación para adjudicar este tipo de terrenos, y hasta la incapacidad de los presidentes municipales para expedir títulos de adjudicación. Muy poco se sabe de cómo se realizaban los intercambios y cuáles eran los precios de los terrenos; no obstante, este trabajo pretende avanzar en estos aspectos.

Archivos

AHNEM-Archivo Histórico de Notarías del Estado de México.
AHMH-Archivo Histórico Municipal de Hueypoxtla.
AHMN-Archivo Histórico Municipal de Nextlalpan.

Hemerografía

"Aclaración del 21 de octubre de 1856 sobre la circular del 9 de octubre de 1856 sobre la autoridad que deba expedir los títulos de dominio por terrenos cuyo valor no exceda de doscientos pesos" (1877), en Dublán y Lozano, *Legislación Mexicana*. Tomo VIII, pp. 271-172

Actas del congreso Constituyente del Estado de México (1824), Tomo II, Imprenta de Martín Rivera.

Actas de la Diputación provincial de Nueva España 1820-1821 (1985), México, Instituto de Investigaciones legislativas; Cámara de Diputados LII Legislatura.

"Constitución Política del Estado de México de 1827" (1974), en Mario Colín, *Constituciones del Estado de México 1827, 1861, 1870, 1917*. México, Biblioteca Enciclopédica del Estado de México, pp. 1-99.

"Constitución Política del Estado de México de 1861" (1974), en Mario Colín, *Constituciones del Estado de México 1827, 1861, 1870, 1917*. México, Biblioteca Enciclopédica del Estado de México, pp. 101-163.

"Decreto N° 36 de 9 febrero de 1825. Para la organización de ayuntamientos del Estado" (1848), en Mario Téllez González e Hiram Piña Libien, *Colección de decretos y órdenes del Congreso Constituyente del Estado libre y soberano de México*. Tomo I, Toluca, Imprenta de J. Quijano, pp. 44-53.

"Decreto N° 81 de 15 de octubre de 1852. Sobre la división del territorio del Estado de México" (1868), en Mario Téllez González e Hiram Piña Libien, *Colección de decretos y órdenes del Congreso Constituyente del Estado libre y soberano de México*. Tomo V, Toluca, Imprenta del Instituto Literario, pp. 119-120.

"Decreto de 25 de junio de 1856. Sobre desamortización de fincas rústicas y urbanas que administren como propietarios las corporaciones civiles o eclesiásticas de la República" (1877), en Manuel Dublán y

José María Lozano, *Legislación Mexicana*. Tomo XVIII, México, Imprenta de comercio de Dublán y Chávez, pp. 197-201.

"Decreto N° 96 del 20 de octubre de 1868. Sobre terrenos de común repartimiento" (1868), en Mario Téllez González e Hiram Piña Libien, *Colección de decretos y órdenes del Congreso Constituyente del Estado libre y soberano de México*. Tomo VI, Toluca, Imprenta del Instituto Literario, pp. 400-401.

"Decreto N° 78 del 12 de abril de 1875. Sobre terrenos de común repartimiento" (1875), en Mario Téllez González e Hiram Piña Libien, *Colección de decretos y órdenes del Congreso Constituyente del Estado libre y soberano de México*. Tomo XI, Toluca, Imprenta del Instituto Literario, pp. 125-128.

Escriche, Juaquín (1851), *Diccionario razonado de legislación y jurisprudencia*. Paris, Librería de Rosa, Bouret y C.

Labastida, Luis G. (1893), *Colección de leyes, decretos, reglamentos, circulares, órdenes y acuerdos relativos a la desamortización de los bienes de corporaciones civiles y religiosas y a la nacionalización de los que administraron las últimas*. México, tipografía de la oficina impresora de estampillas de palacio nacional.

Orosco y Berra, Manuel (1864), *Memoria para la Carta Hidrográfica del Valle de México*. México, Imprenta de A. Boix a cargo de Miguel Zornoza.

Bibliografía

Buve, R. (2012), "Los municipios y el difícil proceso de formación de la nación en el siglo XIX. Algunas reflexiones sobre Tlaxcala", en Miranda Pacheco, S. (coord.), *Nación y municipio en México, siglos XIX y XX*. México, UNAM.

Escobar, A. (2001), "La estructura agraria en las Huastecas 1880-1915", en Escobar Ohmstede, A. y Rojas, T. (coords.), *Estructuras y formas agrarias en México del pasado y del presente*. México, Registro Agrario Nacional/Archivo General Agrario/Centro de Investigaciones y Estudios Superiores en Antropología Social, pp. 77-196.

_____ (2012), "La desamortización de bienes civiles en México: ¿Una ley agraria, fiscal o ambas? Una aproximación en las tendencias en la historiografía", en *Mundo Agrario*, Vol. 13, núm. 25, segundo semestre.

Guarisco, C. (2003), *Los indios del valle de México y la construcción de una nueva sociedad política 1770-1835*. Zinacantepec, El Colegio Mexiquense.

Knowlton, R. (1978), "La individualización de la propiedad corporativa en el siglo XIX. Notas sobre Jalisco", en *Historia Mexicana*, Vol. 28, núm. 1, julio-septiembre.

Marino, D. (2006), *La modernidad a juicio: Los pueblos de Huixquilucan en la transición jurídica (Estado de México, 1856-1911)*. Tesis de doctorado en Historia. México, El Colegio de México.

Menegus Bornemann, M. (1995), "Ocoyoacac, una comunidad agraria en el siglo XIX", en *Lecturas de Historia Mexicana. Problemas agrarios y propiedad en México, siglos XVII Y XIX*. México, El Colegio de México, pp. 144-189.

_____ (1999), "La desamortización de bienes comunales y municipales en el Valle de Toluca (1800-1845)", en Iracheta, M. P. y Birrichaga, D. (comps.), *A la sombra de la primera república federal. El Estado de México, 1824-1835*, México, El Colegio Mexiquense.

Miño Grijalba, M. (1998), *Estadísticas para la historia de la población del Estado de México 1826-1910*. Zinacantepec, Estado de México, El Colegio Mexiquense/Consejo Estatal de la Población, pp. 175-199.

Molina Enríquez, A. (2001a), "Influencias de las Leyes de Reforma sobre la propiedad", en Basave Benítez, A., *Andrés Molina Enríquez: Con la revolución a cuestas.* México, FCE, pp. 97-111.

_____ (2001b), "El problema de la propiedad", en Basave Benítez, A., *Andrés Molina Enríquez: Con la revolución a cuestas.* México, FCE, pp. 128-156.

Salinas Sandoval, C. (1998), "El gobierno municipal", en *Historia general del Estado de México.* Tomo 5, Zinacantepec, El Colegio Mexiquense/Gobierno del Estado de México, Zinacantepec, pp. 123-145.

Sandré Osorio, I. (2012), *Entre la ley y la costumbre. Tradición y poder local en la gestión del sistema de riego del río Cuautitlán, Estado de México.* Tesis de doctorado en ciencias antropológicas. México: Universidad Autónoma Metropolitana.

Venegas, A. J. (1923), *Monografía del Estado de México*, pp. 1-19.

11

Mudança legislativa e continuum rural-urbano no Brasil

O Rio de Janeiro no século XIX

MARIA SARITA MOTA

Introdução

Na visão dos viajantes estrangeiros que visitaram o Brasil oitocentista, a província do Rio de Janeiro, inclusive a corte imperial, era um território cindido entre o urbano e o rural. Não raras vezes a cidade foi descrita de forma bastante pejorativa por cronistas que acentuaram uma certa oscilação entre dois mundos, o do progresso e o do atraso. Este cenário era revelado através das principais mazelas sócio-ambientais: o clima quente, o caos urbano e a escravidão.

De fato, a partir de 1808, com a transferência da corte portuguesa para o Rio de Janeiro, o mundo rural que vinha se constituindo durante os três séculos de colonização começou a ser considerado como retro-área da modernização em curso. O ritmo das transformações territoriais foi bastante diferenciado em cada capitania (e depois província) do império luso-brasileiro, pois tratava-se de uma sociedade predominantemente rural.

Nas áreas mais dinâmicas da cidade, inúmeras obras de infraestruturas foram criadas para abrigar a família real e uma multidão de súditos que a acompanhou na travessia oceânica. Todo este movimento fez crescer a demanda por moradias, terras e alimentos numa sociedade que começava a despertar-se para a urbanização, apresentando, à época, um quadro demográfico em torno de 60 mil habitantes. Pode-se dizer, em síntese, que

> … de um dia para outro, nos locais de maior acesso foram sendo edificados palácios, jardins públicos e amplas avenidas. A corte obteve, ainda, outras melhorias: arborização (a partir de 1820), calçamento com paralelepípedos (1853), iluminação à gás (1854), bondes puxados a burro (1868), rede de esgoto (1862) e abastecimento domiciliar de água (1874) (Schwarcz e Starling, 2015: 281).

Mas a cidade imperial que se modernizava não deixou de conviver com as marcas da ruralidade colonial.

As relações entre o urbano (moderno) e o rural (tradicional) podem ser abordadas a partir de diferentes perspectivas. Por exemplo, através das relações sociais de propriedade, dos conflitos pelo uso do solo envolvendo pessoas e instituições, pela problemática do abastecimento, da organização do comércio e do consumo. Estes últimos aspectos não foram despercebidos pelos viajantes, cronistas e observadores coetâneos. Maria Graham, no seu diário de viagem, fez as seguintes observações sobre a qualidade e a comercialização dos gêneros alimentícios na cidade do Rio de Janeiro:

> encontramos verduras e aves muito boas, mas não baratas; as frutas são muito boas e baratas, a carne verde é barata, mas ruim; há um açougueiro monopolista e ninguém pode matar um animal, sequer para o seu próprio uso, sem pagar-lhe licença; consequentemente, não havendo concorrência, ele fornece o mercado a sua vontade (Graham, 1956: 176).

A continuação desse relato, semelhante a observações de outros viajantes como Luccock (1975), Saint-Hilaire (1974), Spix e Martius (1981), Tschudi (1980), permite perceber a plena convivência de atividades rurais nos centros urbanos do Brasil. De acordo com Santos (2016),

> era plenamente compreensível que chegado o século XIX, a cidade do Rio de Janeiro, em seus aspectos mais urbanos, convivesse com aspectos que bem podiam estar presentes em vilarejos e povoados rurais: atividades agrícolas, como a criação de animais e cultivos de alimentos, eram parte integrante do mundo urbano carioca.

Soma-se a isto os problemas de salubridade e proliferação de doenças que desafiam os agentes da monarquia que pretendiam civilizar a Corte tropical conforme padrões europeus. Esse cenário chamou a atenção dos pintores-viajantes na primeira metade de Oitocentos, como se pode notar na vasta obra de Debret (1975) e Rugendas (1979), entre outros artistas europeus não-ibéricos.[1]

No âmbito deste trabalho, a vida cotidiana da cidade do Rio de Janeiro não será analisada, embora esta dimensão permita construir uma visão mais ampla do processo histórico de transformação das paisagens, sobretudo perceber a expansão do mundo urbano. Ao invés disso, privilegia-se o vetor das mudanças institucionais considerando o papel de instituições fundamentais, como os direitos de propriedade, na transformação das dinâmicas territoriais.

Neste sentido, a regulação do sistema de direitos de propriedade na jovem nação brasileira teve na Lei de Terras de 1850 o seu principal instrumento de controle político e social. Esta lei, criada para aplicar a política de terras e colonização do período imperial, acabou por estabelecer uma distinção clara entre terra rural e terra urbana, garantindo a segurança jurídica necessária para que a terra pública ou

---

1 Ver a produção iconográfica de viajantes britânicos sobre o Rio de Janeiro em Martins (2001).

privada viesse a ser mercantilizada. Com isso, salienta-se que o Estado acionava uma nova categoria, rural-urbano, na apropriação territorial.

Em perspectiva comparada, o processo de formação do Estado liberal brasileiro não se formou a partir da desintegração de uma ordem feudal como foi a europeia, mas sim da existência de terras amortizadas, terras da igreja, terras das comunidades indígenas e terras da comunidades políticas (Câmaras Municipais). Sobre estas terras investirá o Estado liberal num processo longo e complexo que somente adquirirá contornos definidos quando o Brasil encontrar o seu lugar na divisão internacional do trabalho. A partir de então, a ideia de "desperdício", de "atraso", aparecerá de forma mais clara, configurando a ideia de desenvolvimento econômico a justificar o processo de absolutização da propriedade.

Neste contexto, o Brasil forma um caso peculiar, porque as terras das comunidades indígenas, da igreja católica e das câmaras municipais não constituíam um volume importante. A abundância de terras no país tem sido um dos principais aspectos destacado pelos historiadores quando consideram o desenvolvimento do capitalismo agrário, sobretudo na conjuntura da economia cafeeira. Com base nos trabalhos de Moreira (2012, 2013), especialista da questão indígena brasileira, poderíamos dizer que a singularidade brasileira deve-se ao fato de que a desamortização de terras da igreja e das corporações civis não ter sido uma preocupação central no projeto modernizador do Estado brasileiro. De facto, a desamortização ocorrerá em alguns aldeamentos indígenas cujas terras tornaram-se públicas e inalienáveis.

Por outro lado, há que se considerar que o projeto de ordenamento jurídico da propriedade territorial surgiu associado à reforma dos códigos criminal e de processo criminal. A necessidade de ordenar a estrutura fundiária, de garantir juridicamente o direito de propriedade plena, era o objetivo implícito da nova legislação através da qual o

Estado fomentava o sistema de plantation conferindo à terra o valor de mercadoria e de capital. Não decorria, portanto, como acentuou a historiografia tradicional, da ausência de regulação anterior e nem foi um instrumento legitimador da expropriação exercida pelos grandes proprietários, pois os pequenos posseiros também podiam legitimar os seus domínios.

Na primeira década de Oitocentos, a transferência e criação de novas instituições politico-administrativas transformaram o Rio de Janeiro em novo centro do poder do império luso-brasileiro, e redefiniram as funções entre a cidade e o campo. Para a arrecadação de recursos fiscais, D. João VI criou a Décima Urbana, um tributo que recaía sobre a propriedade edificada nas áreas urbanas das cidades brasileiras, e gradativamente deu origem ao Imposto sobre Prédios (1873), Imposto Predial (1881) e ao Imposto Predial e Territorial Urbano (IPTU) que se pratica atualmente. No entanto, as terras continuaram distribuídas pelo antigo sistema das sesmarias até 1822: "dadas de terras" (rurais) e "chãos de terra" (urbanos); também foram mantidas as delimitações entre "termo" e "rossio"; a posse direta generalizou-se entre a população que não tinha acesso legal à terra; os grandes proprietários continuaram a usurpar as terras públicas em razão da necessidade de expansão das lavouras de exportação.

Para perceber as transformações territoriais impulsionadas pela política imperial de incentivar o monopólio da terra, há que se considerar algumas inovações institucionais criadas a partir de meados de Oitocentos que possibilitaram algumas mudanças nas relações sociais de propriedade. À partida, destacam-se duas legislações importantes: a criação do Código Comercial (Lei nº 556, de 25/06/1850), que legalizou a atividade bancária e tornou possível a organização das sociedades anônimas e sociedades comerciais, e a Lei Euzébio de Queiroz (Lei nº 581, de 04/09/1850), que proibiu o tráfico de escravos das costas africanas para o Brasil, o que se deu tanto por pressão inglesa como por campanhas abolicionistas internas. Há que se considerar também a criação de instituições bancárias, como a refundação do segundo Banco do Brasil, em 1853, com a junção do Banco do Brasil (do futuro Barão de Mauá), e do Banco Comercial do Rio de Janeiro, e a Lei Hipotecária (Decreto N° 1.237 de 24/09/1864), criando as bases das sociedades de crédito real.

Porém, entre as inovações da monarquia constitucional brasileira, a Lei de Terras (Lei n° 601, de 17/09/1850) terá sido a normativa que mais influiu diretamente sobre as dinâmicas territoriais. Esta lei consolidou a propriedade fundiária privada, e impôs a compra como único meio de obtenção de terras devolutas, alterando as condições para um individuo tornar-se proprietário. Os principais desafios dos legisladores oitocentistas eram estruturar a transição do trabalho escravo para o livre assalariado e dispor sobre as terras públicas; tinham que distinguir as terras que eram possuídas por títulos de sesmarias, sem o preenchimento das condições legais, daquelas apropriadas por posse "mansa e pacífica". A nova lei determinou que as terras devolutas fossem medidas e demarcadas, e depois colocadas no mercado a título oneroso para particulares e empresas. Com isso, o governo monárquico pretendia criar colônias de nacionais e de estrangeiros nas fronteiras no país. Posteriormente, a regulamentação da Lei de Terras (Decreto N° 1.318, de 30/01/1854), estabeleceu a reserva de terras para a colonização dos indígenas, a fundação de novos povoados, a abertura de estradas, servidões e assentamentos de estabelecimentos públicos, e tornou obrigatório a indenização aos proprietários.[2]

---

[2] Outro mecanismo de regulação fundiária importante foi o Registro Torrens (Decreto 451-B, de 31/05/1890), e sua regulação (Decreto 955-A, de 05/11/1890). Trata-se de um sistema especial de registro de imóveis originário da Austrália, em 1858, idealizado pelo irlandês Sir Robert Richard Torrens, para garantir a segurança plena da propriedade para os imóveis rurais, mas este registro foi e continua ainda a ser de pouco uso no Brasil.

Antes de continuar, peço licença ao leitor para explicar o por quê do título deste capítulo ser tão amplo. Convém ressaltar que até o presente momento, não há trabalhos de síntese crítica capaz de analisar comparativamente os efeitos da Lei de Terras de 1850 em todas as províncias do Império do Brasil. No atual estágio da historiografia brasileira, já seria possível mapear os regimes agrários existentes num vasto território com diferentes ecossistemas que condicionaram as formas de acesso à terra, a reprodução social dos camponeses e os mecanismos de produção econômica. O balanço histórico pioneiro realizado no início dos anos oitenta do século XX por Maria Yedda Linhares e Francisco Carlos Teixeira da Silva, no clássico História da Agricultura Brasileira, não teve continuação.[3] Considerando a superabundância de estudos de casos cujas dissertações e teses não foram publicadas,[4] creio que as revisões periódicas são sempre úteis na medida em que questionam as interpretações clássicas, fazem dialogar autores esquecidos, atualizam o estado da arte, e apontam novas direções de estudos. Portanto, sem resistir à tentação dos desafios da síntese colocados à historiografia (agrária), faço aqui uma

---

[3] Excetua-se a relevante contribuição de Márcia Motta. Embora vários orientandos de Maria Yedda Linhares tivessem trilhado o caminho da História Agrária e produzido obras que se tornaram referências incontornáveis no final dos anos 1980 e na década de 1990, foi Motta quem deu continuidade institucional, na Universidade Federal Fluminense, ao Programa de História da Agricultura Brasileira criado por Linhares em 1976, no âmbito do Centro de Pós-Graduação em Desenvolvimento Agrícola (CPDA) da Fundação Getúlio Vargas/RJ e da então Secretaria de Planejamento da Agricultura/ Brasília. O programa inicial foi incorporado na Universidade Federal Rural do Rio de Janeiro no Programa de Pós-Graduação em Desenvolvimento Agricultura e Sociedade (CPDA) que, em 2016, completou 40 anos. Recentemente, Motta publicou O rural à la gauche (2014), no qual revisou as concepções de diversos autores sobre o universo rural brasileiro, destacando o problema do campesinato e do latifúndio.

[4] Cita-se o Levantamento Bibliográfico Bibliotecas Digitais de Teses e Dissertações Rio de Janeiro e São Paulo, Rio de Janeiro: UFF, Julho/Agosto 2011, por mim realizado. Este projeto foi desenvolvido no âmbito do Núcleo de Referência Rural da Universidade Federal Fluminense, coordenado pela Drª Márcia Motta, disponível em: https://goo.gl/W3bwkC.

sugestão pra tentar preencher uma lacuna em relação à história do Rio de Janeiro: comparar as dinâmicas territoriais à nível regional. Assim sendo, proponho, de modo provisório, parcial e incompleto, quiçá como agenda de investigação, revisar o caso do Rio de Janeiro no que diz respeito ao sistema agrário, destacando, na medida do possível, a inter-relação rural-urbano a partir da legislação agrária liberal oitocentista.

À partida, o território do Rio de Janeiro (a corte e a província) pode ser compreendido como uma realidade geoecológica ímpar na qual a paisagem urbana e a rural foram construídas. Nas terras florestais, desenvolveu-se tanto a produção agroexportadora (açúcar, café) como a policultura voltada para o abastecimento interno. Ambos os sistemas agrários, junto a outras atividades produtivas (pecuária, extração mineral, etc.), e moradias urbanas provocaram a devastação de trechos da Mata Atlântica (floresta tropical) com níveis diferenciados de impacto ambiental. Esta abordagem ecológica pode fornecer outra chave de leitura para a compreensão das dinâmicas territoriais de uma forma mais integrada. Por outro lado, o Rio de Janeiro era uma região secundária na produção agrícola até meados do século XIX, em comparação com a importante produção açucareira da região nordeste do país. Ao mesmo tempo, era uma província dinâmica, uma cidade cosmopolita, centro do poder político, sede do império português desde 1808, corte do Império do Brasil a partir de 1822, sendo importante estudar o processo da apropriação territorial (da natureza) no decorrer da urbanização e mercantilização das terras quer na sua paisagem urbana quer rural.

Este capítulo está dividido em quatro seções: a primeira traz um breve balanço historiográfico para situar as dimensões do urbano e do rural na estruturação da sociedade brasileira, sugerindo a noção de continnum rural-urbano de modo a tentar ultrapassar as tradicionais dicotomias de representação do território. Na segunda seção, são esboçados os principais traços dos regimes agrários da província do Rio de Janeiro na crise final do escravismo, distinguindo as principais áreas de produção e os possíveis efeitos da Lei de Terras sobre a agricultura mercantil-escravista e a de abastecimento do mercado interno. Na terceira seção, tenta-se perceber os efeitos dessa lei no solo urbano de duas cidades da região sudeste, o Rio de Janeiro e São Paulo, de modo a apreender semelhanças, rupturas e continuidades nas políticas regionais. Por último, apresenta-se um estudo original da freguesia de São Salvador do Mundo de Guaratiba, localizada na costa oeste do Rio de Janeiro, o que permite testar a hipótese de que o alcance da Lei de Terras não pode ser homogeneizado num vasto território como o Brasil nem mesmo a nível regional.

1. O debate historiográfico e a ideia de continnum rural-urbano

Sérgio Buarque de Holanda e Gilberto Freyre podem ser considerados como os principais autores que formularam a ideia da ruralidade predominante e definidora da sociedade brasileira em detrimento do mundo urbano.

Holanda, no clássico Raízes do Brasil, ao estudar o processo de urbanização na América Latina declarou que toda a estrutura da sociedade colonial brasileira constituiu-se fora dos núcleos urbanos. Ao dar ênfase à sociedade rural, ele utilizou a célebre metáfora do semeador e do ladrilhador para explicar as diferença nas formas de apropriação territorial entre portugueses e espanhóis. No primeiro caso, o traçado da cidade colonial que os portugueses criaram caracterizava-se pela desordem, pelo desleixo, pela imprevidência; ao contrário dos espanhóis que teriam planejado as cidades que construíram no Novo Mundo como fruto da racionalidade, do método, das regras rígidas das Leys de las Índias.

Freyre, em Casa Grande & Senzala propôs que o centro da vida social na América portuguesa era vivido nas grandes fazendas e engenhos. Em Sobrados e Mucambos, o autor avançou um pouco mais ao imaginar a cidade como contraponto à decadência do patriarcado rural, como espaço de novas sociabilidades capazes de transformar os hábitos e costumes sociais coloniais mimetizados do comportamento europeu.

Talvez como um contraponto, José Luís Romero, no clássico América Latina, as cidades e as ideias, assegura que "a história da América Latina é, naturalmente, urbana e rural (Romero, 2004: 42). A clássica distinção entre Portugal e Espanha também foi observada pelo historiador argentino:

> se no Brasil predominou, durante certo tempo, a sociedade eminentemente rural, a nova sociedade, originariamente constituída na área hispânica, foi desde o início, um conjunto de sociedades urbanas, junto às quais as sociedades rurais constituíram instrumentos econômicos dependentes das comunidades congregadas nas cidades, cujos setores predominantes eram os beneficiários da exploração do mundo rural.

Na impossibilidade de resenhar aqui toda a vasta produção historiografia que se seguiu a estas obras, pode-se dizer que elas enfatizaram mais os aspectos da colonização do que a construção diferenciada de espaços rurais e urbanos, sobretudo no Brasil, chegando ao consenso de que o mundo urbano formou-se a partir dos resquícios da estrutura agroexportadora, latifundiária, escravista e patriarcal. Em síntese, pode-se dizer que "as cidades eram ilhas contadas, cercadas pelo ambiente rural, sendo a escravidão onipresente" (Schwarcz & Starling, 2015: 282). Deste modo, "o peso da população rural era enorme quando contrastada com a urbana. A população das capitais do Império representava 8,49% da total em 1823, 10,41% entre 1872, e

9,54% em 1890" (Idem, 2015: 283). Acrescenta-se ainda que 50% deste contingente estava concentrado em apenas três capitais: Rio de Janeiro, Salvador e Recife.

Ao dialogar com esta tradição de estudos, as pesquisas pioneiras de Marx (1988, 1991) e Glezer (2007) acentuaram aspectos negligenciados pelas interpretações pioneiras. Marx destacou o papel do poder eclesiástico na formação do espaço urbano colonial, revelando o processo de laicização das terras decorrido da despatrimonialização dos bens eclesiásticos. Glezer estudou a questão da terra urbana no âmbito da formação social brasileira através da legislação imperial oitocentista. A autora mostra que a distinção entre terra urbana e rural é bastante nítida na legislação imperial produzida para esclarecer a aplicação da Lei de Terras de 1850: "a indicação da área urbana pelo espaço físico demarcado pela Décima Urbana sobrepunha-se as previamente existentes, as do termo e do rossio, que de modo peculiar continuaram existindo, pois a legislação imperial diversas vezes as reitera" (Glezer, 2007: 33).

Para o caso da cidade do Rio de Janeiro, destacam-se as pesquisas de Fragoso (1998), Fridman (1999) e Cavalcanti (2004). Fragoso revelou a complexidade da montagem do sistema agrário escravista e exportador capaz de recriar a acumulação endógena, mostrando como a elite mercantil fluminense transformava-se em senhores de terras e escravos, reiterando uma hierarquia social altamente excludente.

Fridman (1999: 130), detendo-se no estudo da apropriação territorial, argumenta que "quando o solo tornou-se uma mercadoria de interesse dos posseiros e dos proprietários rurais, grandes glebas na cidade do Rio de Janeiro tanto no centro quanto nos subúrbios acabaram divididas. (…) tal fracionamento ocasionou posteriormente um amplo processo de urbanização nas freguesias rurais da zona oeste" da cidade.

Por sua vez Cavalcanti (2004: 276), analisou a dinâmica do mercado urbano de terras através dos livros da Décima Urbana entre 1808-1812, e concluiu que o mercado imobiliário assentava-se em quatro vetores: o da compra, venda e troca de imóveis; o da construção (que movimentava setores de mão-de-obra, transporte, projetos e obrigações legais junto ao Senado da Câmara e aos fornecedores de materiais, ferramentas etc.); o locatício de prédios; e finalmente, o vetor de arrendamento ou aforamento, sobretudo de terrenos.

Recentemente, no âmbito da geografia histórica, Nascimento & Maia analisaram os impactos iniciais da Lei de Terras de 1850 na estrutura fundiária da Paraíba, estudando o processo de privatização do solo urbano, mostrando o surgimento de novos termos urbanísticos como "alinhamento, demarcação, desincorporação, arruamento (...) lotes e os loteamentos que surgem tão somente com o sistema de compra e venda da terra" (Nascimento & Maia, 2011: 48).

Este brevíssimo inventário historiográfico mostra que as discussões mais aprofundadas que puseram em causa as interpretações tradicionais da estrutura da sociedade brasileira, enfeixando as relações entre o rural e o urbano, emerge no final da década de 1990. Na continuação desses estudos, creio que outra vertente poderia ser utilizada para adensar o estudo das dinâmicas da apropriação territorial e as mudanças nos direitos de propriedade, como a ideia de continnum rural-urbano sugerida no título deste capítulo. Esta noção poderia aproximar e integrar os espaços rurais e urbanos, evitando as recorrentes interpretações dicotômicas, e enfatizando a complexidade das relações e dinâmicas em permanente transformação entre o campo e a cidade. Com esta proposta, tento perceber a produção do espaço, urbano e rural, como construções sociais em permanente transformação.

À título de exemplo, no Oitocentos, não obstante a cidade do Rio de Janeiro possuir capitalidade e ser difusora de novas sociabilidades modernas, os fazendeiros do interior e de outras províncias temiam pela entrada de seus filhos nas "delícias da Babilônia fluminense". Não que esta aristocracia da terra deixasse de ser reconhecer nas suas propriedades de café e nos solares que iam sendo construídos nas províncias e onde se podia oferecer um baile ou guardar troféu de hospedar o imperador em visita. Mas era nas grandes capitais que a vida social ia se estabelecendo com sua febre de concertos e festas (Schwarcz e Starling (2015: 281-282).

No exemplo citado, do ponto de vista cultural e político, as festas e bailes realizados nos solares rurais eram um evento social no qual se discutia os rumos políticos da nação, ocasião em que as alianças políticas podiam ser desfeitas ou celebradas, o que vem corroborar a ideia de integração entre o rural e o urbano. Se é certo que os engenhos e fazendas eram autossuficientes, verdadeiros potentados locais, os grandes proprietários, muitas vezes absenteístas, que formavam a elite agrária e social, eram também detentores de cargos públicos, tendo o seu modo de vida marcado por uma ambiência sociocultural rural-urbana.

2. A estrutura agrária da capitania do Rio de Janeiro na crise final do escravismo

A cidade do Rio de Janeiro era a capital política do Império do Brasil (1822-1889), principal porto de exportação com a maior dinâmica comercial e financeira do país. De modo a perceber melhor o processo de mercantilização da terra, podemos caracterizar sumariamente a estrutura agrária regional em três grandes áreas que, na prática, formavam um só mercado, sendo duas zonas agroexportadoras de açúcar e café, e outra produtora de alimentos para o mercado interno:

a) a zona metropolitana, geograficamente delimitada pelo baía da Guanabara, pela Baixada Fluminense e pelas freguesias rurais da costa oeste da cidade era uma antiga área produtora de açúcar, aguardente, farinha de mandioca, arroz, feijão, milho, que começou a perder o dinamismo econômico em meados do século XVIII. O declínio da lavoura comercial deve-se ao ciclo do ouro na região das Minas Gerais, a transformar a paisagem rural das engenhocas de açúcar e aguardente em campos de policultura destinados ao abastecimento interno. O regime de exploração da terra era de base familiar, às vezes com recurso de um plantel muito reduzido de escravos. O acesso à terra era feito através de aforamentos, com predomínio de pequenas propriedades de até 100 hectares, e da posse simples de terras de fundo de antigas sesmarias. A forma predominante de transmissão de propriedade era a herança, doações entre parentes, ou compra e venda de pequenas frações de terras aos recém-chegados nas freguesias rurais da cidade.

b) A região do Norte Fluminense, na Capitania de Paraíba do Sul, a cidade de Campo dos Goytacazes destacava-se como área latifundiária produtora de açúcar com predomínio da mão de obra escrava, com engenhos instalados desde 1750. O acesso à terra ocorreu por conquista do território aos índios Goitacá, por doações de sesmarias aos "sete capitães" que haviam prestado serviços à Coroa nas lutas de expulsão dos franceses e dos chamados "índios hostis" e, sobretudo, por usurpação de terras devolutas. A produção agropecuária era autossustentável; havia inúmeras roças de mandioca, milho, feijão, arroz, algodão, e criação de gado solto. Tais atividades eram realizadas por pequenos lavradores e pecuaristas através de arrendamentos, aforamento com prazo de revalidação por até três gerações e depois perpétuo. A criação de gados era realizada em pastos abertos, mas os animais era recolhidos anualmente aos currais para serem marcados a ferro com a marca individual de cada proprietário. Três grandes proprietários detinham o monopólio da terra: o visconde de Asseca, o proprietário Joaquim Vicente dos Reis e a Ordem dos Beneditinos. As vastas sesmarias desses grandes proprietários tinham limites imprecisos, dificultando, assim, que os pequenos produtores viessem a ser proprietários legais de terras na localidade. O quadro agrário era ainda composto por uma categoria de moradores e agregados livres que ocupavam terras sem ônus, além de pequenos arrendatários produtores de farinha de mandioca, perfazendo um quantitativo que correspondia a mais de 40% desde fins do século XVIII.[5]

c) A região do Médio Vale do Paraíba do Sul, formada pela bacia hidrográfica do rio Paraíba do Sul e seus afluentes, em uma área de 57.000k2 de extensão, circunscrevia os limites entre as províncias do Rio de Janeiro (39,6%), São Paulo (36,7%) e Minas Gerais (23,7%). Na Capitania de Paraíba do Sul (Rio de Janeiro), a lavoura extensiva do café necessitava de terras renováveis, sendo uma atividade essencialmente baseada na monocultora escravista, dependente das flutuações do mercado mercantil. Entre 1830-1888, por exemplo, período do funcionamento do sistema agrário escravista exportador da região, a metade da população era formada por cativos. Fragoso (2013: 17) estima que "em 1840 Paraíba do Sul possuía 11.586 pessoas e delas 6.366 eram cativas, trinta e dois anos (1872) depois estes contingentes passavam respectivamente para 30.985 e 14.851. Portanto em cerca de três décadas a população mais do que dobrou". O acesso à terra ocorreu mediante acumulação de capital por uma classe de negociantes de grosso trato ligados ao comércio atlântico e aos mercados regionais do centro-sul do Brasil, que optaram por investir em terras à medida que expandia a fronteira agrícola.

---

5   Para uma caracterização histórica da região, consultar a obra clássica de Lamego (1913); Reis (1997); Faria (1998), especialmente pp. 27-33 e pp. 237-256.

À partida, com a publicidade da Lei de Terras de 1850, não houve alterações radicais na estrutura da propriedade e seus regimes agrários na província do Rio de Janeiro. A nova cerca jurídica liberal oitocentista atingiu mais radicalmente as populações pobres que continuaram subordinadas ao poder dos grandes proprietários da lavoura comercial de açúcar e café, enfrentando uma luta constante pela terra e seus recursos.

A partir das últimas décadas do século XIX, nas áreas de policultura localizadas na zona oeste da cidade, houve a movimentação de um incipiente mercado de terras motivado pelos efeitos da urbanização e industrialização em curso. As principais ordens eclesiásticas, jesuítas, carmelitas e beneditinos, que eram grandes proprietários de terras nas freguesias de Guaratiba, Campo Grande, Jacarepaguá e Santa Cruz, colocaram à disposição de seus próprios foreiros e arrendatários as parcelas de terras por eles ocupadas. Já as propriedades leigas, os grandes engenhos e fazendas locais, já tinham iniciado o parcelamento de suas terras ociosas, abrindo uma nova frente de ocupação, atraindo assim novos agentes econômicos para estas localidades.

Pedroza (2011: 243-244) observa que na freguesia Campo Grande, integrada desde 1877 ao planejamento urbano da cidade, os impactos foram maiores devido a extensão da linha férrea (o que não ocorreu na adjacente freguesia litorânea de Guaratiba por mim estudada). Em Campo Grande, o governo imperial desapropriou algumas áreas para a instalação de órgãos públicos; os grandes proprietários locais aproveitaram a oportunidade e colocaram no mercado parte dessas terras, a formar grandes loteamentos, beneficiados pelos melhoramentos urbanos. A forte pressão demográfica gerou uma rápida valorização das terras, antes transmitidas preferencialmente por formas não mercantis, o que desarticulou totalmente a economia moral tradicional desta freguesia.

Relativamente às áreas mais dinâmicas da lavoura comercial de açúcar e café, os grandes proprietários continuaram a exercer o monopólio da terra. No Vale do Paraíba, houve um declínio acentuado da produção de café, devido à persistência do uso de técnicas rudimentares, erosão dos solos, e perda de trabalhadores escravizados com a derrocada final da escravidão. Talvez as transformações mais significativas tenham ocorrido na região do Norte fluminense, em Campo dos Goytacazes, com o desenvolvimento da agroindústria açucareira e produção de aguardente.

A partir de 1830, quando os engenhos começam a exportar em grandes quantidades, a paisagem agrária local começou a se transformar: em pouco menos de 40 anos, a região apresentava um incremento na produção açucareira na base de 134%, o que daria uma média em torno de 3,62% ao ano (Paranhos, 2006). Deste modo, o alto investimento de capitais nos engenhos somado à aquisição de novos equipamentos para ampliar a capacidade da indústria açucareira geraram duas vertentes de produção: o dos engenhos centrais e o das usinas de açúcar (Oscar, 1985).

O Decreto Legislativo Nº 2687, de 06 de novembro de 1875, ao permitir a utilização de subsídios financeiros, públicos e privados, possibilitou a criação dos engenhos centrais. Entretanto, havia algumas exigências oficiais a serem cumpridas para a concessão de créditos: os empresários e capitalistas deveriam se associar em torno de uma mesma unidade central produtiva, com obrigatoriedade da amortização do capital subvencionado; exigia-se a dissociação das atividades agrícola e industrial, com o aproveitamento obrigatório da produção de cana de açúcar pelos moradores, agregados e lavradores, assim como a proibição do trabalho escravo nas atividades fabris; por fim, determinava-se que esses estabelecimentos deveriam ser fiscalizados diretamente pelas autoridades governamentais.

3. Os efeitos da Lei de Terras sobre o solo urbano

Os efeitos da Lei de Terras sobre o solo urbano não tem merecido estudos aprofundados, pelo que podemos tentar fazer dialogar alguns textos pioneiros, de forma a compor uma visão de síntese.

Cavalcanti (2004: 281), ao analisar o comportamento do mercado de compra e venda de imóveis nas primeiras décadas do século XIX, assegura que houve uma

> grande valorização da térrea e dos prédios localizados na área urbana da cidade quando comparados ao valor de outros imóveis situados na periferia e, mais ainda, em outros municípios. Enquanto na cidade do Rio de Janeiro o valor médio de uma braça (2,20m) de terreno, medida na sua testada, valia 94$000rs, fora do perímetro urbano poderia ser comprada por 2$000rs.

Nota-se que os investimentos em imóveis urbanos tornaram-se bastante lucrativos desde a transferência da corte portuguesa para a cidade do Rio de Janeiro. Entre 1808-1810, foram contabilizados 8.708 fogos no Rio de Janeiro, distribuídos pelas freguesias urbanas da Sé, São José, Engenho Velho, Candelária e Santa Rita. Cerca de 81,2% dessas moradias estavam ocupadas por inquilinos. Os imóveis mais valorizados eram aqueles situados próximos

> da zona central da cidade, lugar de agitação comercial, dos negócios, dos grandes eventos sociais, políticos e culturais da vida tipicamente urbana" (Cavalcanti (2004,278). Já o valor do aluguel era determinado "pela proximidade que gozava do comércio, dos órgãos da administração pública, do poder político e religioso, dos logradouros importantes dotados de pavimentação, iluminação pública e outros benefícios (Idem).

Fridman explica que

entre 1821 e 1850, quando o volume do café exportado pelo Brasil quintuplicou, a população trabalhadora concentrou-se perto dos portos ou das trilhas, no litoral e nas montanhas da cidade. Como a atividade agrícola vinculava-se à comercial, deve-se associar também a esse processo o surto urbano que havia engendrado a expansão de moradias dos mais abastados em direção à Cidade Nova, São Cristóvão, Glória, Catete, Flamengo e Botafogo, no clássico processo de retalhamento das chácaras (Fridman, 1999: 214, grifos no original).

Por sua vez, Glezer (2007), ao estudar os efeitos urbanos da Lei de Terras de 1850 em São Paulo, afirma que não houve determinações imperiais para desapropriações ou venda de bens das ordens religiosas, recolhimentos, irmandades ou confrarias. Quanto mais não seja, esses atos, se existiram, foram bastante isolados e não uma regra geral. As corporações religiosas continuaram a existir, assim como as Câmaras Municipais em cada cidade ou vila, até 1828, quando foram extintas. O que de facto ocorreu, como uma das primeiras medidas da legislação liberal, foi a extinção das corporações de ofícios e, depois, dos morgadios (1835).

No entanto, a mesma autora mostra que houve medidas de desapropriação de bens para fins de utilidade pública, quando em 1826 e 1827, respectivamente em São Paulo e em Olinda, ocorreu a desapropriação do Convento dos frades franciscanos para a criação dos cursos de ciências jurídicas e sociais. Desde 1809, as propriedades urbanas das corporações religiosas estavam sujeitas ao pagamento do imposto da Décima Urbana, assim como a escravaria que possuíam, mas os religiosos estavam isentos de tributação relativa aos bens rústicos de maior valor. Houve uma única tentativa de desamortização de bens eclesiásticos, e isso teria ocorrido no século XVIII, na administração do Vice-Rei Conde de Rezende. Em 1799, ao atender a uma determinação real, o Vice-Rei "ordena as ordens religiosas, confrarias e sociedades de mão-morta que se desfaçam de seus bens urbanos e rústicos e recolham o produto da venda e os dinheiros dos cofres das corporações ao Cofre do Empréstimo, com juros de 4% ao ano" (Glezer, 2007: 202), ou seja, decretou-se a venda de bens de mão-morta dos jesuítas, que estavam na custódia do governo. A Igreja reagiu, e tudo indica que não houve compradores.

No caso das terras das corporações civis, o regime imperial fez uma intervenção mais liberalizante, mas também bastante pontual: transformou os antigos conselhos das vilas em câmaras municipais. As terras do termo das antigas vilas poderiam ser doadas sem ônus ou aforadas pela municipalidade, exceto aquelas que estivessem ocupadas, e esses moradores passariam a ter a obrigação de registrá-las. As terras devolutas, isto é, sem registro particular ou com posseiros, e que não pertenciam ao patrimônio imperial, provincial ou municipal, deveriam ser vendidas em hasta pública. A lei estabeleceu a compra como forma de obter a propriedade, mas os campos de uso comum foram mantidos para o uso geral dos moradores das freguesias, municípios ou comarcas (Glezer, 2007: 204-205).

4. O alcance da Lei de Terras na costa oeste do Rio de Janeiro: o caso da freguesia de São Salvador do Mundo de Guaratiba

Esta seção detém-se no caso de uma das mais importantes freguesias rurais da costa oeste da cidade do Rio de Janeiro: a freguesia de São Salvador do Mundo de Guaratiba, criada em 1755.[6]

---

6   A pesquisa utilizou fontes tais como títulos de sesmarias, escrituras de compra e venda de terras, hipotecas, contratos agrários, inventários *post mortem*, processos de demarcações de terras, processos jurídicos, censos demográficos, lista de eleitores, etc., reunidas sobretudo no Arquivo Nacional do Rio de Janeiro (ANRJ) e no Arquivo Geral da Cidade do Rio de Janeiro (AGCRJ) em códices, coleções e fundos como o Livro de Sesmarias, Juizado de Paz, Registro de Terras, entre outros. Ver Mota (2009).

No início de Oitocentos, esta antiga fronteira agrícola da cidade do Rio de Janeiro, marcada por dinâmica agrária tradicional, já não se encontrava inserida na produção mercantil agroexportadora. Assim sendo, proponho a hipótese de que o monopólio da terra que visava a nova legislação liberal não alcançou os grandes proprietários locais, mas interferiu na dinâmica agrária dos pequenos produtores, arrendatários e foreiros, que tinham acesso à terra com relativo grau de autonomia. A despeito de outras freguesias rurais que foram integradas às zonas urbanas e suburbanas da cidade, Guaratiba preservará a sua designação de "zona rural" e "área de preservação rural e ambiental" do Rio de Janeiro até a primeira década do século XXI.

No limiar do século XIX, Guaratiba era uma área de policultura destinada a abastecer o mercado interno. O censo demográfico de 1872 revela que a maior parte da população das freguesias rurais da cidade do Rio de Janeiro era formada por pessoas livres. Nestas áreas, a população escrava começou a diminuir antes mesmo do fim do tráfico atlântico de escravos. Para esta freguesia, contabilizou-se 7627 indivíduos, sendo 5864 livres e 1763 escravos; a proporção entre homens e mulheres, livres ou escravizados, era praticamente equivalente.

O censo também estabeleceu uma diferenciação étnica mais ampla, incluindo a população mestiça, inventariada sob a categoria de "pardos" e "caboclos". Nestes termos, 44,86% da população era composta por "pardos"; os "brancos" correspondiam a 28,80%, e os "pretos" a 26,18%. O que importa destacar é que a maioria dos habitantes eram pessoas livres, o que equivale a 76,83% da população geral que se encontravam vinculados à terra. O que predominava nesta área era a pequena e média propriedade explorada por pequenos proprietários ou por rendeiros e foreiros das principais ordens eclesiásticas, jesuítas, carmelitas e beneditinos, estes sim os grandes proprietários locais, entre poucos senhores leigos. O perfil profissional local pode ser visualizado no quadro 1.

Quadro 1. Profissões na Paróquia de Guaratiba – 1870/71

Condição	Livres			Escravos			
Profissões	Masc.	Fem.	Total	Masc.	Fem.	Total	Total Geral
Eclesiásticos	1	–	1	–	–	–	1
Militares	2	–	2	–	–	–	2
Empregados Públicos	6	2	8	–	–	–	8
Profissão Literária	2	–	2	–	–	–	2
Comerciantes	59	–	59	–	–	–	59
Capitalistas	–	–	–	–	–	–	–
Proprietários	27	5	32	–	–	–	32
Lavradores	1337	1379	2716	530	548	1078	3794
Pescadores	151	–	151	13	–	13	164
Marítimos	16	–	16	2	–	2	18

Manu-fatura, Artes e Ofícios	96	440	536	26	16	42	578
Agen-tes	4	6	10	–	–	–	10
Servi-ço domés-tico	102	198	300	94	161	255	555
Sem profis-são conhe-cida	671	581	1252	218	225	443	1695

Fonte: Lobo (1978, v. 1, p. 419).

O quadro 1 foi elaborado por Eulália Lobo tendo por base os Relatórios do Ministro dos Negócios do Império, apresentados à 2ª e 3ª Sessão da 14ª Legislatura pelo Ministro e Secretario de Estado dos Negócios do Império em 1871. Nele aparecem contabilizados os homens livres, os escravos e suas ocupações. Verifica-se que a população de homens e mulheres livres (73,50%) ultrapassava o número de escravos em Guaratiba. De acordo com Karasch (2000,478),

em 1870, a população escrava do Município da Corte, incluindo paróquias urbanas e rurais, tinha caído para 50.092, ou 21,3% da população total do município. Em comparação, em 1849, ela era o dobro disso, com 110 602 cativos, ou 41,5%. De fato, ocorrera uma erosão constante do cativeiro na cidade, processo que continuaria até a abolição, em 1888. A escravidão já não era mais tão essencial para a economia do Rio como fora antes de 1850.

Se a escravidão já não era mais tão essencial para a economia do Rio de Janeiro, o trabalhador livre começa a se destacar nesta nova conjuntura. Porém, a terra continuava a ser o principal fator de produção. Em Guaratiba, os lavradores (54,84%) despontavam como o principal grupo de trabalhadores, quer entre os homens livres quer entre os escravos que também roçavam a terra. O expressivo número de lavradores livres (2716), que contrasta com os 1078 escravos empregados na agricultura, revela o predomínio do trabalho livre já a partir de 1870.

Guaratiba tinha dois distritos litorâneos: a Barra de Guaratiba e a Pedra de Guaratiba, o que justifica as atividades de pesca praticada por 151 moradores e 13 escravos. Em relação a profissão de marítimos, esta era exercida pelos moradores livres que possuíam embarcações, mas contabilizou-se dois escravos no desempenho desta profissão, provavelmente a serviço de proprietários de barcos pesqueiros. Já os serviços domésticos era realizado por 555 pessoas, e as atividades de manufatura, artes e ofícios, por 578 pessoas.

No entanto, o grande número de trabalhadores arrolados sob a rubrica "sem profissão conhecida" (24,50%), aponta para a complexidade do mundo do trabalho da sociedade oitocentista. Quais seriam estas profissões mal definidas? Talvez essas pessoas não fossem todos moradores; talvez estivessem a desempenhar atividades como jornaleiros, sendo razoável supor que as mulheres, nesta condição, estivessem envolvidas nas ocupações domésticas. Tudo leva a crer que esse contingente de homens e mulheres livres sem profissões definidas fossem sitiantes, lavradores de roças de subsistência. As novas profissões listadas (empregados públicos, agentes) surgiram devido às demandas das freguesias adjacentes, mais integradas ao mercado urbano da cidade.

Relativamente aos escravos incluídos nesta categoria, eles poderiam exercer as mais variadas atividades e ocupações, pois como informa Karasch (2000, 283), "os senhores de escravos do Rio utilizavam seus cativos numa variedade extraordinária de ocupações manuais especializadas ou não, de diferentes setores da economia". Assim, os serviços prestados pelos escravos como o de carregadores, capatazes, feitores, vendedores de rua, caçadores, hortelões, canoeiros, barqueiros, não foram arrolados. Talvez, nesta categoria, tenha sido incluídos os escravos alugados para os mais diferentes serviços, inclusive os serviços públicos de construção de caminhos, aterro de áreas para abertura de estradas, pavimentação de novas ruas.

Sem dúvida, o maior número de homens e mulheres livres na atividade da lavoura (39,25%) do que o de escravos (15,58%) mostra o avanço para a utilização do trabalho livre na localidade, na conjuntura que se seguiu a proibição do tráfico atlântico. Porém, a contração da população escrava teve início antes mesmo da abolição do tráfico. A população geral de escravos na cidade do Rio de Janeiro mostrou-se em declínio a partir da década de 1840; mas, após 1850, também teve impacto o aumento no número de cartas de alforria em relação à quantidade de escravos na cidade, bem como o aumento da imigração europeia para regiões rurais.

Entre os anos de 1831 a 1889, contabilizei um total de 295 concessões de alforria registradas nos Livros de Notas do Juízo de Paz da Freguesia de Guaratiba, mas não tenho como estimar o número de escravos para os anos iniciais do século XIX. A contagem da população realizada em 1849 por Haddock Lobo fornece um índice de 35,7% de escravos para as paróquias suburbanas que, ao contrário das oito paróquias urbanas da época, apresentava um maior número de escravos do que homens livres. De modo que, para Guaratiba, apenas podemos estabelecer a diferença entre o número de alforrias concedidas e o número de compra e vendas de escravos, que foram inferiores, totalizando 120 transações. Esses dados não incluem as doações de escravos, nem os casos de perfilhação reconhecidos, também registrados nos Livros de Notas do Juiz de Paz. Porém, quando analisamos o teor das cartas de alforria, o que se verifica é que as concessões foram feitas, na sua maioria, a escravos domésticos. Isto implica reconhecer, primeiro, a manutenção de alguns escravos nas roças e, segundo, a tendência de se libertar, preferencialmente, as escravas empregadas nos serviços domésticos.

Em outras províncias, a baixa taxa de natalidade dos cativos, o aumento da mortalidade, a disponibilidade de mão de obra imigrante fez com que os grandes proprietários optassem pelo uso de mão de obra imigrante em substituição ao trabalho escravo. Uma das hipóteses explicativas, além dos mecanismos do tráfico interno impulsionado pelo boom do café no Vale do Paraíba na década de 1840, é a de que o predomínio dos contratos agrários e o parcelamento gradual das terras "expulsaram" os ex-escravos das freguesias rurais para o centro urbano, ou para a região da Baixada Fluminense, pois o número de "pretos" que aparecem nas fontes paroquiais era muito inferior aos de brancos. A historiografia mostrou que os escravos libertos poderiam encontrar melhores condições de sobrevivência na cidade que se modernizava, e começava a exercer a hegemonia política, econômica e cultural do país. Porém, esta hipótese não se comprova no caso de Guaratiba. O censo de 1872 registrou um número insignificante de estrangeiros nesta localidade; como dito antes, a população empregada nas lavouras era predominantemente livre.

Esboçado este quadro, indaga-se como a população de Guaratiba teria interpretado a nova legislação liberal? A Lei de Terras teria possibilitado a constituição de um incipiente mercado de terras nesta freguesia? O que os registros paroquiais, nomeadamente, o "Registro do Vigário", podem informar a respeito da apropriação de terras por homens e mulheres pobres?

Não se pode afirmar que no curto período entre 1854 e 1857, anos nos quais ocorreram os Registros Paroquiais de Terras, a legislação possa ter promovido transformações na forma costumeira de apropriação de terras, e alterado substancialmente a paisagem agrária local. Portanto, a Lei de Terras não teria definido outra forma de aquisição do solo, tampouco impulsionado as transações comerciais de terras públicas em Guaratiba. A influência maior da lei se fez sentir na interpretação que a população local elaborou sobre este instrumento de direito, sobretudo o artigo 5º que permitia que os pequenos produtores registrassem os seus quinhões de terras como forma de garantir, legalmente, a propriedade titulada.

De acordo com Fridman (1999: 187), o que se poderia denominar de grande propriedade no século XIX, em Guaratiba, eram as Fazenda São Joaquim (parte), a Fazenda Itapuca, o Engenho da Bica, o Engenho do Morgado, o Engenho Novo, o Engenho da Ilha, o Engenho de Fora, o Fazenda do Carapiá e o da Fazenda da Caxamorra; eram engenhos de açúcar e aguardente. De fato, compulsando o Livro de Terras de Guaratiba entre 1854-1857 (o "Registro do Vigário"), identifiquei o nome dos declarantes, o tamanho dos lotes, a sua localização no interior das grandes propriedades, sobretudo as formas de aquisição de terras. Não foi possível estimar a superfície total da freguesia de Guaratiba, uma vez que as escrituras apenas citam as "testadas" de frente.[7] Por outro lado, identifiquei uma média de área declarada (possuída) que não ultrapassou 250 braças de testadas. Este dado revela a ocupação das terras por pequenos posseiros ("foreiros", "sitiantes" ou "arrendatários") no interior das antigas sesmarias.

A análise dos registros revela que, na segunda metade de Oitocentos, as grandes propriedades oriundas de sesmarias já se encontravam fracionadas, e os engenhos de açúcar já não apresentavam uma produção significativa, comparada à produção dos engenhos de Campos dos Goytacazes. As propriedades dos religiosos do Carmo, por exemplo,

---

[7] Fridman (1999: 174) estimou em aproximadamente 52km2 a superfície da sesmaria de Guaratiba. No início do século XXI, Guaratiba foi estimada em 138,26km2 (IPP, 2000: 14).

que tinham os engenhos mais produtivos, começaram a ser loteadas na década de 1870. Não identifiquei nenhum novo registro de sesmaria,[8] nem de outras grandes propriedades, como se observou para outras províncias do país. A exceção fica por conta do registro da Fazenda do Engenho de Fora e do Engenho Novo, ainda indivisos, com parcelas de terras arrendadas a vários sitiantes. Como se verá adiante, dada a inexistência de Listas Nominativas para o Rio de Janeiro, recorri ao Anuário Administrativo, Agrícola, Profissional, Mercantil e Industrial da Corte, ou Almanak Laemmert, para identificar os indivíduos designados como proprietá-rios de Guaratiba.

Retomando o "Registro do Vigário", foram contabi-lizados 89 declarações, não obstante alguns proprietários tivessem declarado vários prazos ou posses em um úni-co registro. Em 1854, primeiro ano do cumprimento da lei, os declarantes nada disseram sobre a forma de aqui-sição das terras e imóveis; houve apenas um registro, o do vigário local, que declarou possuir "uma situação com terras próprias, casas e benfeitorias" na Caxamorra adqui-rida por compra. No ano seguinte, foram 18 declarações de compra, mas 15 não mencionam, explicitamente, a forma de aquisição. Em 1856, houve um aumento nas aquisições por herança (23) e doações (11), e as declarações de posse (21); já a compra diminuiu drasticamente como modalida-de tradicional de aquisição. Em 1857, apenas um registro foi feito, o de uma posse de terras. No balanço geral, em Guaratiba, a "posse" predominou com a principal forma de aquisição de terras.

A interpretação local da Lei de Terras revelou a neces-sidade de legalizar as posses simples. Por isso, os pequenos lavradores procuraram registrar os seus quinhões tal como costumavam fazer em relação às demais transações comer-ciais, recorrendo ao Juiz de Paz da freguesia, uma instância

---

8 Fridman (1999: 181) cita que em 1824 houve a confirmação de uma sesma-ria referente a um terreno devoluto em Guaratiba.

jurídica muito mais próxima da comunidade. Tal prática remontava às disputas por terras, desde conflitos entre vizinhos, que demandaram ações de medição e demarcação de terras, à denúncias de invasão de terras devolutas e ocupação por posse simples. Os conflitos intensificavam-se à medida que as mudanças econômicas dinamizavam a produção e faziam surgir novos direitos de propriedade.

A necessidade de discriminar os domínios pode parecer, à primeira vista, mais urgente para os grandes proprietários que, por esse meio, isto é, pela legalização de suas terras, poderiam obter crédito rural através das transações financeiras, bancárias e hipotecárias. Mas devido à constante necessidade de terras no contexto da expansão da lavoura de café no sudeste escravista, isto não ocorreu na conjuntura analisada. Uma explicação possível diz respeito a não observância da obrigação de registrar as terras conforme o Aviso de 24 de agosto de 1859. Tal Aviso estabelecia que "o comprador de terras já registradas não tem de registrá-las novamente; e que o indivíduo que deixa de registrar em tempo competente diversas posses distinctas deve soffer uma só multa...".

Pode-se conjeturar que o conhecimento de tal legislação pela classe de proprietários locais tenha sido um motivo para a omissão das escrituras no Livro de Terras de Guaratiba. Tal Aviso favorecia, especificamente, os "senhores e possuidores", isentando-os de pagamento de multas. Outra explicação seria a distância entre a corte e a freguesia de Guaratiba, pois de acordo com os cronistas, era de dois ou três dias. Mas não foi a distância o principal motivo para o desconhecimento dos Avisos e Regulamentos que tentaram "explicar" a Lei de Terras para a população. A leitura dos Livros de Notas do Juízo de Paz de Guaratiba entre 1841-1889, revelou que foram expedidas 508 procurações, sendo 12 procurações passadas entre 1841 e 1860; percebe-se que os interesses dos proprietários de terras locais estavam sendo tratados por seus representantes legais atuantes na Corte do Rio de Janeiro.

Já em relação ao registro de terras dos indivíduos pobres, a Circular de 10 de abril de 1858 fazia saber na Corte do Rio de Janeiro que estes indivíduos prescindiam do pagamento das despesas cartoriais para a demarcação das suas terras.

> ... os indivíduos pobres, cujas posses têm de ser legitimadas na conformidade do art. 24 do Regulamento de 30 de janeiro de 1854, alguns são tão pobres que não podem fazer as despezas que exige a respectiva legislação, especialmente aquelles que possuem terras de mui pequena extensão, e de valor tal que não chega à importância das ditas despezas; houve por bem resolver, conformado-se com o parecer da secção de Negócios do Imperio do Conselho de Estado, datado de 30 de outubro de 1837: 1º que o juiz commissionario que tiver que proceder à medição para a legitimação das referidas posses, quando reconhecer que esta não excedem 250 braças quadradas, e que os respectivos posseiros não têm meios para satisfazerem as despezas da medição e legitimação, deverá informar ao presidente acerca das circunstancias que ocorrerem, e que lhe pareção favoráveis aos mesmos posseiros, afim de que este, tomando em consideração a exposição feita pelo mesmo commissario, e procurando colher, pelos meios ao seu alcance, os precisos esclarecimentos a tal respeito, decida como parecer attendivel; 2º, que se a decisão for conforme à opinião do juiz comissário, deverá este proceder à legitimação por conta do governo, registrando porém as despesas feitas com todo o processo de medição e legitimação de taes posses, até que se resolva competentemente sobre este objeto (Vasconcelos, 1885).

O que chama a atenção na Circular de 1858, além da preocupação com os "indivíduos pobres", é a designação dessas pessoas como "posseiros", imputando-lhes a necessidade de regularizar as suas posses. Estaria a lei garantindo um direito de propriedade aos pobres rurais? Esta Circular estabelecia que 250 braças quadradas era o limite fundiário para o registro de pequenas posses custeadas pelo Estado. Se observarmos os registros efetuados entre os anos de

1854/1857, pode-se verificar que a maioria das "propriedades" registradas correspondia à esta situação; eram lotes que prescindiam da obrigatoriedade do registro e pagamento de medição e demarcação.

Mas se os pobres rurais não estavam sujeitos à obrigação de registrar suas posses, ou melhor, se podiam contar com a tutela do Estado para o pagamento das despesas, por que o fizeram em maior quantidade do que os grandes proprietários de Guaratiba? Por outro lado, quando os indivíduos mais pobres deixaram de registrar as suas glebas, isto teria contribuído para a expropriação, lançando-os em direção à cidade? Os grandes proprietários teriam aproveitado a oportunidade para ampliar os limites de suas posses caracterizando, então, processos de usurpação e grilagem de terras?

Os mais pobres não desconheciam a lei; sabiam que era obrigatório o registro de suas posses, mas nem sempre tiveram condições de o fazer. Este foi o caso dos pequenos posseiros da freguesia de Nossa Senhora da Conceição de Paratymirim. Esses pequenos posseiros foram multados pelo descumprimento da lei, e o pároco local resolveu intervir na questão, solicitando, em 1859, um novo prazo ao governo para providenciar o registro (Motta, 2001). Parece que a Circular do ano anterior não chegou ao conhecimento da pequena comunidade de Paratymirim. A esse respeito, Glezer (2007: 94) salientou que "a regulamentação da Lei de Terras, embora detalhada e minuciosa, parece não ter solucionado todas as dúvidas possíveis e, no emaranhado legal de avisos e circulares abriu campo para infindáveis polêmicas e questionamentos de direitos".

De fato, o "Registro do Vigário" tem que ser relativizado, pois, obviamente, as declarações não correspondem à população das freguesias; nem poderiam corresponder, pois como observou Motta (1998: 167), "os registros paroquiais não são um retrato da estrutura fundiária de cada região, nem tão pouco seus dados são meros reflexos de uma realidade estatística. É preciso, portanto, considera-los no contexto de sua produção, como resultado de um processo bastante complexo, tanto no que se refere às discussões que deram origem à lei, ao seu regulamento e, pois, ao próprio registro, quanto em termos das ações efetivas relacionadas à decisão de registrar ou não a sua terra".

De fato, a historiografia agrária brasileira já demonstrou que muitos supostos proprietários não declararam as terras que ocupavam como estratégia de ampliar os seus limites territoriais. Talvez esta hipótese possa ser comprovada se cruzarmos os dados do "Registro do Vigário" com a relação de proprietários listados no Almanak Laemmert. Para isso, selecionei a década de 1850 a 1860 para efeitos comparativos. A intenção é a de cruzar os nomes presentes na listagem referente aos "fazendeiros e lavradores de café" e dos "fazendeiros de açúcar e aguardente" listados no Almanak com o "Registro do Vigário", para verificar se de fato declararam ou não as suas terras. Desta forma, está-se a trabalhar com os recursos disponíveis, seguindo a orientação da investigação micronominal, ou seja, partimos do princípio de que "as linhas que convergem para o nome e que dele partem, compondo uma espécie de teia de malha fina, dão ao observador a imagem gráfica do tecido social em que o indivíduo está inserido" (Ginzburg, 1991: 169-178).

Podemos acompanhar os registros do Almanak Laemmert no Quadro 2. A denominação de "Fazendeiros de café" somente aparece para o ano de 1850. A partir de 1851, a categoria passa a ser denominada como "Fazendeiros e lavradores de café"; neste caso, por "lavradores" pode-se incluir o pequeno agricultor. Já a categoria "Negociantes de Secos e Molhados, Fazendas, Ferragens e Compradores de Café" só aparece a partir de 1851. O Almanak também traz a relação dos "Principais possuidores do trafico de redes", incluindo sempre como observação que a freguesia de Guaratiba possuía duas povoações localizadas à beira-mar, a saber, a Barra de Guaratiba e a Praia da Pedra. Também é digno de nota o declínio da produção de açúcar e aguardente a partir de meados de Oitocentos, embora a produção destes gêneros tenha se mantido até o século XX, como se pode observar nos Censos Agrícolas e Agropecuários até a década de 1980.

Quadro 2. Fazendeiros e Lavradores de Café, Açúcar e Negociantes de Secos e Molhados (1850-1860)

Ano	Fazendeiros e Lavradores de Café	Fazendeiros de Açúcar e Aguardente	Negociantes de Secos e Molhados
1850	11	05	–
1851	52	05	10
1852	52	05	20
1853	52	05	18
1854	52	05	10
1855	46	05	20
1856	44	05	19
1857	44	05	17
1858	63	06	35
1859	73	09	34
1860	68	09	34

Fonte: Almanak Laemmert. 1850-1860.

No quadro 2, nota-se o inexpressível número de "fazendeiros de açúcar" em relação aos "fazendeiros e lavradores de café". Os religiosos do Carmo ainda eram detentores de seus engenhos de açúcar, assim como a Fazenda do Engenho de Fora, em funcionamento desde longa data. Uma parte da Fazenda de Santa Clara fora arrendada pelos carmelitas, como se observa nas declarações. Porém, convém ressaltar que poucos engenhos podem produzir muito, como foi o caso dos de Guaratiba; isso significa que as antigas fábricas de açúcar continuavam a funcionar, e que não houve a instalação de novos maquinários na localidade.

Seguindo o nome dos indivíduos nesta documentação, podemos reconstituir o processo socioeconômico no qual estavam inseridos. Em relação aos fazendeiros de açúcar e aguardente listados no quadro 3, confirmou-se que todos que figuraram no Almanak entre 1850 e 1860 fizeram a declaração no Livro do Vigário, com exceção de Antonio Barroso Pereira e Bento Barroso Pereira, que considerei como membros da família Rangel Barroso. Nota-se que esses indivíduos possuíam grandes extensões de terras em relação às demais declarações efetuadas.

Quadro 3. Lista Nominal dos Fazendeiros de Açúcar e Aguardente (1850-1860)

1. Joaquim Luiz Rangel
2. D. Antonia de Macedo Sudré
3. Alexandre Fragoso de Sá Freire
4. Manoel Francisco Albernaz
5. Religiosos do Carmo
6. Capitão Francisco Teixeira de Souza Alves
7. D. Maria Paula Rangel Barroso
8. Antonio Barroso Pereira
9. Bento Barroso Pereira

Fonte: Almanak Laemmert, 1850-1860.

Em 1855, Joaquim Luiz Rangel e sua irmã D. Maria Paula Rangel Barroso, registraram 399 braças e 4 palmos de terras, e todo o campo nativo da Fazenda com ½ légua a ¾ que foram herdadas pelo formol de partilha de seus pais, e mais 800 braças compradas a Dona Catarina de Bittancourt, fazendo divisa com as terras de Manoel Francisco Albernaz, portanto, na Fazenda de Santa Clara.

Por sua vez, Manoel Francisco Albernaz declarou 800 braças e ½ légua de fundo, no ano de 1855, adquirida por herança e compra. E no ano seguinte, registrou mais um "prazo" em terras foreiras do Convento do Carmo. Alexandre Fragoso de Sá Freire é citado nesta declaração como um dos confrontantes. Assim, Alexandre Fragoso declarou 10 prazos de terras em Santa Clara, emprazados a "Religião do Carmo", sendo que um prazo adquiriu por herança, e outro por compra da viúva do falecido Euzebio Rodrigues Jesus.

A declaração dos Religiosos do Carmo foi feita em 1855, quando registraram terras que eram parte da sesmaria concedida em 1580 a Manoel Veloso Espinha, e que foi doada por Jeronimo Veloso Cubas e sua mulher, Beatriz Alves Gaga, nas Freguesias de Guaratiba, Campo Grande e Santa Cruz.

D. Antonia de Macedo Sudré, nomeada como "senhora de engenho", registrou a Fazenda do Engenho de Fora em 1855, com limites imprecisos, e o Capitão Francisco Teixeira de Souza Alves declarou 400 braças de testada e 600 de fundo, em 1856, terras que adquiriu através de carta de arrematação de praça, no Carapiá. Uma observação importante a se fazer quanto à literalidade desta fonte é que não se trata de grandes proprietários de terras, e tampouco aparece o nome da propriedade, exceção feita no ano de 1878, quando a Fazenda do Sacco e seu proprietário foram citados na listagem das "Fazendas de criar".

No entanto, a quantidade dos proprietários declarados no Censo de 1872 diminuiu para 27; portanto, não há grande disparidade em relação ao "Registro do Vigário". Mas nada se sabe sobre os critérios adotados pelos agentes responsáveis pelo cadastro para justificar o enquadramento dos indivíduos que podiam corresponder a esta situação. Sabe-se que o registro paroquial era apenas uma declaração de vontade sem a necessidade de provas jurídicas. Quanto ao Almanak, pode-se conjecturar tratar-se de propaganda comercial dos produtores de gêneros agrícolas e prestadores de serviços arrolados na freguesia de Guaratiba, considerando ainda a situação das posses precárias existentes nesta localidade.

Isto também se comprova quando comparamos a situação dos "Fazendeiros e lavradores de café". Entre os anos de 1855 e 1857, quando foram realizadas as declarações do "Registro do Vigário", têm-se um total de 45 pessoas citadas no Almanak como "fazendeiros e lavradores de café". Destas, 30 pessoas não fizeram declarações; 12 registraram suas posses, e três deixaram de o fazer, mas foram citados como vizinhos lindeiros. Todos os que fizeram as declarações junto ao Vigário também foram citados como confrontantes, o que confirma a necessidade de legitimação social das terras possuídas.

Na freguesia de Guaratiba, as áreas de plantação de café, de acordo com estas declarações, eram: Caxamorra, Santa Clara, Engenho Novo, Ilha, e Mato Alto. Relativamente às formas de apropriação de terras, têm-se os seguintes dados: (1) na Caxamorra houve cinco declarações, sendo que dois casos de aquisição por compra, dois de posse, e um não mencionou a forma de apropriação; (2) em Santa Clara todos os quatro casos eram de posses em terras foreiras ao Convento do Carmo; (3) o Engenho Novo foi declarado pelo seu proprietário, o Coronel Francisco da Silva Alves, e talvez seja o único caso de uma grande propriedade; (4) na Ilha, tem-se apenas um caso de terras havidas por herança, constituindo um patrimônio de "80 braças e 7 palmos e ½ de fundos para a serra da Guaratiba", declarada por José Pereira Sudré, e (5) para o Mato Alto, Francisco Alves Teixeira declarou "uma sorte de terras" que não estavam medidas nem demarcadas. Chama à atenção que uma grande propriedade, como a Fazenda Independência, não ter sido declarada, e o fato de o seu proprietário, o Major Manoel Gomes Archer, aparecer identificado como "fazendeiro de café" no Almanak no período citado. Por fim, apenas uma pequena parte dos proprietários registrou as terras que possuíam.

A explicação para o registro de pequenos lavradores, como vimos, era bem simples: eles estavam na posse de terras, na qualidade de foreiros, arrendatários, sitiantes ou posseiros, localizadas no interior de grandes propriedades oriundas de sesmarias. Isso ficou claro quando analisei os processos de demarcação de terras do início do século XIX (entre 1803 a 1824). Esses processos reconstituem uma cadeia sucessória citando todos os antigos proprietários até chegar ao nome de Manoel Veloso Espinha, que recebeu a sesmaria primordial de Guaratiba; deste modo, os litigantes renovam o mito da primeira ocupação (Motta, 2001: 121). Neste caso, os pequenos posseiros não tinham cartas de sesmarias para apresentar, ou outro título que legitimasse as suas posses antigas. Mas não deixaram de argumentar, nos casos em que foram citados como réus, que os seus antepassados ocupavam as terras desde tempos imemoriais; eles, por sua vez, mantinham a posse cultivando terras menos férteis ou abandonadas, não tendo outra forma de sobreviver senão do seu próprio quinhão que ocupavam "com moradia habitual e cultivo".

Portanto, foi na prática cotidiana que sesmeiros, posseiros, foreiros, arrendatários, sitiantes, moradores, ocupantes, intrusos, usaram de estratégias próprias para garantir ou assegurar o seu direito à terra. Além disso, a existência de um "substrato cultural informativo comum", a Lei de Terras de 1850, mediava os debates entre os diferentes grupos sociais. E cada caso, a interpretação particular da lei apontava a direção do confronto, ora justificando o status quo dos proprietários de terras, ora garantindo pequenas vitórias nos tribunais à sujeitos menos favorecidos.

Conclusão

A mudança legislativa afetou diferentemente os três regimes agrários resultantes da economia escravista colonial no Rio de Janeiro. Se na zona açucareira do Norte Fluminense e a do café do Médio Vale do Paraíba do Sul a maioria dos grandes proprietários não cumpriram com a obrigatoriedade do registro de suas terras, o mesmo não ocorreu nas zonas de policultura da costa oeste da cidade.

Motta (1999: 169) mostrou que "dos fazendeiros e lavradores de Paraíba do Sul que foram às Paroquias declarar terem terras, cerca de 80% ocultaram a forma como haviam adquirido". Nessas áreas com tradição de conflitos de terras, era de se esperar que a maioria dos fazendeiros registrassem as suas terras, mas isso não ocorreu, pois eles tinham que ponderar sobre os prós e contras de submeterem-se ao controle governamental que poderia limitar o seu poder. A opção por registrar ou não as terras podia ocultar várias estratégias para manter o domínio ilegal. Em todo o caso, o ato de registrar não constituía prova jurídica de propriedade, e raramente esses documentos foram usados nos momentos de disputas nos tribunais pelos grandes proprietários, que dispunham de outros argumentos, como o de ser "senhor e possuidor", e condições financeiros para arcar com os altos custos judiciais, sobretudo meios coercitivos para arrolar testemunhas de defesa.

Já na costa oeste da cidade, o quadro fundiário de Guaratiba mostra que as grandes propriedades locais também não foram registradas, talvez pelo fato de serem engenhos e fazendas que tiveram origem nas antigas sesmarias, cujos terrenos encontravam-se já fragmentados. Nesse caso, as sesmarias não foram apenas uma forma de apropriação fundiária: a concentração das terras havidas por este instituto jurídico, quer confirmadas ou não pelo rei, representou, na prática, a garantia da propriedade plena. Para os trabalhadores expropriados, ou moradores e sitiantes nas áreas de policultura, a opção por registrar seus quinhões de terras abria a expectativa de virem a ser proprietários e cidadãos brasileiros. Talvez por isso não escusaram de citar seus confrontantes, em busca de legitimação social, apesar desta estratégia não evitar os conflitos e ações de embargos. Os efeitos liberalizantes da primeira Constituição do Brasil em 1822 e da Lei de Terras de 1850 permitiram a continuidade, em muitos aspectos, do sistema de apropriação territorial do Antigo Regime, embora tenha abolido as doações de sesmarias. Mas em relação as comunidades indígenas, como mostra os estudos de Moreira (2012, 2013), os efeitos não foram "uma mera continuidade natural do antigo regime colonial". A política imperial distinguia os índios em duas categorias: os "bravos" e os "domesticados", e oscilava entre a integração e assimilação dos vários grupos étnicos à nação brasileira, pois tratava-se de definir quem era o cidadão brasileiro. A Lei de Terras desmantelou o domínio indígena das terras de uso comum independentemente da aquisição derivada de sesmaria, missões, aldeamentos, doações. Para a autora, "a política imperial de desamortização das terras dos índios foi bastante sistemática e agressiva e teve início de imediato a partir da Decisão nª 92 de 21/10/1850, publicada depois da Lei de Terras, cuja orientação era a de incorporar aos próprios nacionais as terras de descendentes de índios que estivessem 'confundidos na massa da população civilizada'". Igualmente pela

Lei N° 1.114, de 27 de setembro de 1860, em seu Art. 11, § 8, o governo ficou autorizado a "aforar ou vender, na conformidade da lei N° 601 de 18 de setembro de 1850, os terrenos pertencentes às antigas Missões e Aldeias dos índios, que estiverem abandonadas, cedendo, todavia, a parte que julgar suficiente para a cultura dos que neles ainda permanecerem, e os requererem".

Assim, a título de exemplo, muitos aldeamentos que ainda resistiam na bacia do Rio Paraíba do Sul foram extintos e deram origem a povoados com administração civil que se tornaram sede de vilas e cidades. Desaldeados, os remanescentes indígenas, assim como os ex-escravos das freguesias rurais, migraram para os núcleos urbanos, habitando os cortiços, sendo muitas vezes recrutados para o serviço doméstico sem recebimento de salários, ou recrutados para a construção civil nas obras públicas, sobrevivendo em situação de marginalização e repressão policial por motivos como vadiagem, embriaguez, agressões, furtos entre outros (Freire e Malheiros, 2009: 83).

No final do século XIX, os principais desafios da elite agrária da região da cafeicultura fluminense já em declínio, era equacionar a falta de créditos, baixar as taxas de juros dos empréstimos comerciais, promover os meios para importação de mão de obra livre e assalariada. A elite oligárquica, num tempo ainda distante do surto industrial, continuou a defender a ideia de o Brasil ser o "celeiro do mundo", perpetuando a ruralidade, a ideia de vocação agrícola do país, e a exclusão social recriada pela política agrária conservadora e autoritária dos novos tempos republicanos.

Referências

Debret, J.-B. [1834,1839] (1989), *Viagem pitoresca e histórica ao Brasil*. Trad. Sérgio Milliet. Belo Horizonte: Itatiaia/ São Paulo: Martins, 4v.

Faria, S. de C. (1998), *A Colônia em movimento: fortuna e família no cotidiano colonial*. Rio de Janeiro: Nova Fronteira.

Fragoso, J. (1998), *Homens de grossa aventura. Acumulação e hierarquia na praça mercantil do Rio de Janeiro (1790-1830)*. 2ª ed., Rio de Janeiro: Civilização Brasileira.

_____ (2013), *Barões do café e sistema agrário escravista*. Paraíba do Sul / Rio de Janeiro (1830-1888), Rio de Janeiro: 7 Letras.

Freire, J. R. B.; Malheiros, M. F. (2009), *Aldeamentos indígenas do Rio de Janeiro*. Rio de Janeiro: EDUERJ.

Freyre, G. [1933](1973), *Casa-grande & senzala*. Rio de Janeiro: José Olympio.

_____ (1951), *Sobrados e mucambos. Decadência do patriarcado rural e desenvolvimento do urbano*. Rio de Janeiro: José Olympio.

Fridman, F. (1999), *Donos do Rio em nome do rei. Uma história fundiária da cidade do Rio de Janeiro*. Rio de Janeiro: Jorge Zahar Editor/ Garamond.

Glezer, R. (2007), *Chão de terra e outros ensaios sobre São Paulo*. São Paulo: Alameda.

_____ (2007), "Persistência do Antigo Regime na legislação sobre a propriedade fundiária territorial urbana no Brasil: o caso da cidade de São Paulo (1850-1916)". *Revista Complutense de Historia de América*, v. 33, pp. 197-215.

Ginzburg, C. (1991), "O nome e o como. Troca desigual e mercado historiográfico". In Carlo GINZBURG *et al*. A micro-história e outros ensaios. Rio de Janeiro; Lisboa: Bertrand Brasil; Difel, pp. 169-178.

Graham, M. (1956), *Diário de uma viagem ao Brasil*. São Paulo: Cia Editora Nacional.

Holanda, S. B. de (1994), *Raízes do Brasil*. Rio de Janeiro: José Olympio.

Lamego, A. (1913), *A terra goitacá*. Rio de Janeiro: Livraria Garnier.

Linhares, M. Y. (2002), "Possibilidades da história comparada no Brasil. A história agrária como uma experiência de pesquisa". In CHEVITARESE, André L. (org.). *O campesinato na História*. Rio de Janeiro: Relume-Dumará: FAPERJ, pp. 141-150.

Linhares, M. Y.; Silva, F. C. da (1981), *História da Agricultura Brasileira. Combates e controvérsias*. Rio de Janeiro: Ed. Brasiliense.

Luccock, J. [1829](1975), *Notas sobre o Rio de Janeiro e partes meridionais do Brasil*. Trad. Milton da Silva Rodrigues. São Paulo: EDUSP/Belo Horizonte: Itatiaia.

Marx, M. (1991), *Cidade no Brasil: terra de quem?* São Paulo: Edusp; Nobel.

_____ (1988), *Nosso chão: do sagrado ao profano.* São Paulo: Edusp.

Moreira, V. M. L. (2013), "Notas sobre a 'cidanização' e desamortização das terras de índios no Império brasileiro". Comunicação apresentada no XXVII Simpósio Nacional de História – ANPUH-Brasil, Natal, 22 a 26 julho.

_____ (2012), "Desligitimação das diferenças étnicas, 'cidanização' e desamortização das terras de índios: notas sobre o liberalismo, indigenismo e leis agrárias no México e no Brasil na década de 1850". *Revista Mundos do Trabalho*, V. 4, n. 8, julho-dezembro, pp. 68-85.

Mota, M. S. (2009), *Nas terras de Guaratiba: uma aproximação histórico-jurídica às definições de posse e propriedade da terra no Brasil entre os séculos XVI-XIX.* Tese de Doutorado. Seropédica: Universidade Federal Rural do Rio de Janeiro.

Motta, M. (2014), *O rural à la gauche (campesinato e latifúndio) nas interpretações da esquerda (1955-1996).* Niterói: Ed. UFF.

_____ (1998), *Nas fronteiras do poder: conflito e direito à terra no Brasil do século XIX.* Rio de Janeiro: Vício de Leitura; Arquivo do estado do Rio de Janeiro.

Oscar, J. (1985), *Escravidão & engenhos.* Rio de Janeiro: Achiamé.

Paranhos, P. (2006), "O açúcar no norte fluminense". *HISTÓRICA. Revista Eletrônica do Arquivo Público do Estado de São Paulo.* São Paulo, n. -8, disponível em: https://goo.gl/VcSnMP (acessado em 13/12/2013).

Pedroza, M. (2011), *Engenhocas da moral. Redes de parentela, transmissão de terras e direitos de propriedade na freguesia de Campo Grande (Rio de Janeiro, século XIX).* Rio de Janeiro: Arquivo Nacional.

Reis, C. (1997), *Manuscritos de Manoel Martins do Couto Reys, 1785*. Rio de Janeiro: Arquivo Público do Estado do Rio de Janeiro.

Romero, J. L. (2004), *América Latina: As cidades e as idéias*. Rio de Janeiro: Editora da UFRJ.

Rugendas, M. [1835] (1979), *Viagem pitoresca através do Brasil*. Trad. Sérgio Milliet. Belo Horizonte: Ed. Itatiaia/ São Paulo: Ed. da Universidade de São Paulo.

Santos, L. S. dos (2016), "A produção agrícola em plena Paris dos trópicos: as atividades rurais nas ruas do Rio de Janeiro de Pereira Passos (1903-1906)". Texto inédito apresentado no 40º Congresso Anual da ANPOCS.

Saint-Hilaire, A. de (1974), *Viagem pelas províncias do Rio de Janeiro e Minas Gerais*. Trad. Leonam de Azeredo Penna. São Paulo: EDUSP/ Belo Horizonte: Itatiaia.

Schwarcz, L. M. y Starling, H. M. (2015), *Brasil: uma biografia*. Lisboa: Círculo de Leitores.

Silva, L. O. (1996), *Terras devolutas e latifúndio: efeitos da Lei de 1850*. São Paulo: Editora da Unicamp.

Spix, J. B. e Martius, C. F. P. von [1823] (1981), *Viagem pelo Brasil*. Belo Horizonte: Itatiaia/ São Paulo: EDUSP.

Tschudi, J. J. von (1980), *Viagem às províncias do Rio de Janeiro/São Paulo*. Belo Horizonte: Itatiaia/São Paulo: EDUSP.

Vasconcelos, J. M. P. de (1885), *Livro das Terras ou Coleção da Lei, Regulamento e Ordens expedidas a respeito desta matéria até o presente, seguido da forma de um processo de medição organizado pelos Juízes Comissários, e de outros trabalhos que esclarecem e explicam as mesmas leis e regulamentos*. Rio de Janeiro: Ed. Laemmert.

Sobre los autores

María Fernanda Barcos

Argentina. Profesora y doctora en Historia por la Universidad Nacional de La Plata (UNLP). Es investigadora del Consejo Nacional de Investigaciones Científicas y Técnicas (CONICET) en el Instituto de Investigaciones en Humanidades y Ciencias Sociales (IdIHCS) de la UNLP. Miembro del Consejo Directivo del Centro de Historia Argentina y Americana (CHAyA) del IDHCS/UNLP. Vicedirectora a cargo de la dirección de la Revista *Mundo Agrario* de la UNLP. Profesora de la Facultad de Ciencias Económicas y de la Facultad de Humanidades y Ciencias de la Educación de la UNLP. Dictó conferencias en Argentina, Uruguay y España, y seminarios de grado y postgrado en diferentes regiones de la Argentina. Recibió becas y subsidios del CONICET, FONCyT-ANPCyT y Secretaría de CyT de la UNLP. Ha publicado libros, capítulos de libros y artículos en Argentina, España, Francia, México y Uruguay. mfbarcos@hotmail.com

Juan Carlos Cortés Máximo

Mexicano. Doctor en Historia por El Colegio de Michoacán. Pertenece al Sistema Nacional de Investigadores del Conacyt. Es profesor investigador del Instituto de Investigaciones Históricas de la Universidad Michoacana de San Nicolás de Hidalgo. Su línea de investigación gira en torno a la historia de los pueblos indígenas de Michoacán desde la perspectiva política, jurídica y agraria. Entre sus últimas publicaciones destaca la obra que coordinó en 2015, *Las diversidades indígenas en Michoacán*, México,

Universidad Michoacana de San Nicolás de Hidalgo, y el artículo "Los indios ante el Juzgado del Provisorato en el Obispado de Michoacán", publicado en la *Revista Internacional d'Humanitats*. Actualmente indaga acerca de los pueblos hospitales de Santa Fe después de Vasco de Quiroga.
meltiipajala@yahoo.com.mx

Romana Falcón Vega

Mexicana. Doctora en Ciencia Política por la Universidad de Oxford, Inglaterra. Ha sido profesora investigadora del Centro de Estudios Históricos de El Colegio de México desde hace más de tres décadas y profesora visitante en varios países. Sus investigaciones han tocado temas de historia desde abajo, formación y negociación del poder, resistencias campesinas e indígenas, movimientos y rebeliones sociales, caciquismo, instituciones políticas y nexos entre españoles y mexicanos en el siglo XIX y XX de México. Temas sobre los cuales ha escritos libros, capítulos, artículos y dirigido tesis doctorales. Su más reciente publicación es *El jefe político. Un dominio negociado en el mundo rural del Estado de México, 1856-1911*, El Colegio de México, El Colegio de Michoacán, CIESAS, 2015.
rfalcon@colmex.mx

Ana Inés Ferreyra

Argentina. Profesora y licenciada en Historia. Es investigadora independiente del Consejo de Investigaciones Científicas y Técnicas (CONICET). Fue profesora regular de Historia Argentina e Historia Agraria de la Universidad Nacional de Córdoba (UNC) entre 2003-2015. Investigadora del Centro de Estudios Históricos, Prof. Segreti. Directora de proyectos de investigación, becarios y doctorandos en CONICET, ANPCyT, Universidad Nacional de Córdoba y Universidad Nacional de La Plata. Autora de artículos en

revistas nacionales e internacionales (*Anuario IEHS*, revista *Pilquen, Estudios Rurales, Mundo Agrario, Investigaciones y Ensayos, Jahrbuch, ALHE, Naveg@mérica*).
aiferreyra@fibertel.com.ar

Fabíola Franco Pires

Portuguesa. Arquitecta e investigadora. Colaboradora en el Centro de Investigação Transdisciplinar "Cultura, Espaço e Memória" de la Faculdade de Letras da Universidade do Porto (CITCEM/FLUP). Magíster en Arquitectura por la Faculdade de Arquitectura da Universidade do Porto (FAUP) con un Posgrado en Historia y Patrimonio. Es investigadora del doctorado en Historia de la FLUP. Miembro de la Dirección del Centro de Estudios Regionales de Viana do Castelo. Tuvo beca de investigación de la Fundación para la Juventud/Asociación de Arquitectos. Fue coordinadora del estudio "La *Obra de la Calle* en el municipio de Paredes". Participó en el estudio Histórico y Etnológico del valle del Tua. Fue co-autora del libro *Los presidentes del Ayuntamiento de Oporto (1822-2013)* CEPESE, 2013. Participa en la aplicación de la *Ruta de la arquitectura tradicional de Arcos de Valdevez* y en el proyecto *Nacido en Portugal dentro y fuera del matrimonio (XVI a XX)* del CITCEM en asociación con CECS y CIDEHUS.
fabiolafrancopires@gmail.com

Gabriel Garnero

Argentino. Licenciado en Historia por la Universidad Nacional de Córdoba, Técnico Superior en Gestión Ambiental gracias a una beca de la Dirección General de Educación Superior de la provincia de Córdoba y actualmente realizando el Doctorado en Historia con beca del Consejo Nacional de Investigaciones Científicas y Técnicas. Su principal interés ha sido la historia ambiental de los ríos, es decir, el estudio diacrónico de la relación sociedad/

cuencas hidrográficas. Es miembro de la Sociedad Latinoamericana y Caribeña de Historia Ambiental, ha participado en numerosos congresos y actividades internacionales vinculadas a esta corriente historiográfica: una escuela de posgrado en Historia Ambiental, una estancia doctoral en el Centro de Investigaciones en Geografía Ambiental, entre otros. También ha trabajado en una consultora ambiental que realiza estudios de conservación de suelo y agua, cuestión que se ha plasmado en sus investigaciones
gabogarnero@gmail.com

Sol Lanteri

Argentina. Profesora y licenciada en Historia por la Universidad Nacional de Mar del Plata (UNMdP), con premio de la ANH, UNMdP y AMMU-FIMU. Mag. en Historia Iberoamericana por el Consejo Superior de Investigaciones Científicas (CSIC), Madrid y doctora en Historia por la Universidad Nacional del Centro (UNICEN), con "Premio Anual a la Mejor Tesis Doctoral", CEH "Prof. Carlos S. E. Segreti"-CONICET. Ha realizado estancias postdoctorales en la Universidad de Girona (UdG) y el CSIC, España. Es investigadora adjunta del Consejo Nacional de Investigaciones Científicas y Técnicas (CONICET) y secretaria de la Red de Estudios Rurales del Instituto Ravignani-Universidad de Buenos Aires (UBA)/CONICET. Es miembro del SEHRIO/UCM e investigadora asociada al grupo ENAL/IELAT-UAH, España. Fue docente de la UNMdP, la UBA y dictó conferencias y seminarios de grado y postgrado en diversas instituciones de Argentina y España. Recibió becas y subsidios de la Fundación Antorchas, UNMdP, Fundación Carolina, Fundación Mapfre, CONICET y FONCyT-ANPCyT. Es miembro de la LASA, AHILA, SEHA, AsAIH, TEFROS y SAA. Ha publicado libros, capítulos de libro y artículos en Argentina, España, Francia, México y Brasil.
sol_lanteri@yahoo.com.ar

Jesús Marchán Gustems

Español. Doctor en Historia por la Universidad Pompeu Fabra (Barcelona, España) con una tesis sobre la colonización agrícola y el derecho de propiedad en el protectorado español del norte de Marruecos (1912-1956), por la cual le fue concedida una beca de Formación de Personal Investigador (FPI) del gobierno español. Es miembro del Grupo de Investigación en Imperios, Metrópolis y Sociedad Extraeuropeas (GRIMSE-UPF). Su principal línea de investigación se centra en el estudio del mundo rural del norte de Marruecos, especialmente el periodo colonial, pero también ha trabajado en el estudio de las relaciones hispano-marroquíes y el imperio español en el siglo XIX y XX. jesus.marchang@gmail.com

Daniela Marino

Argentina, nacionalizada mexicana. Doctora en Historia por El Colegio de México, Premio "Gastón García Cantú" del INEHRM (2006) y Mención Honorífica en los Premios INAH (2007). Prof. investigadora de tiempo completo en el Posgrado de Historia y Etnohistoria de la Escuela Nacional de Antropología e Historia (ENAH) y miembro del Sistema Nacional de Investigadores (SNI – CONACYT). Fue becaria de la Universidad Nacional del Centro y de la Fundación Antorchas, SRE, INEHRM, El Colegio de México y SEPHIS (Holanda). Realizó en 2013 una estancia como investigadora visitante en el Instituto de Historia del Centro de Ciencias Humanas y Sociales del CSIC, en Madrid, y fue conferencista invitada en las universidades de Girona y Autónoma de Madrid (España) y del Centro de la Provincia de Buenos Aires (Argentina). Miembro de ALHIS, AHILA y LASA y ponente en numerosos congresos nacionales e internacionales. Es autora de *Huixquilucan: Ley y justicia en la modernización del espacio rural mexiquense, 1856-1910* (CSIC, Madrid, 2016) y treinta artículos y capítulos publicados sobre historia social y económica de México, en particular sobre indígenas y justicia, y sobre derechos de propiedad, siglo XIX y primera mitad del XX. cdmarino@yahoo.com

Maria Sarita Mota

Brasileña. Doctora en Ciencias Sociales por la Universidad Federal Rural de Río de Janeiro (UFRRJ/Brasil). Actualmente es investigadora del Centro de Investigación y Estudios de Sociología del Instituto Universitário de Lisboa (CIES-IUL). Becaria postdoctoral de la Fundación para la Ciencia y la Tecnología (FCT-Portugal). saritamota@gmail.com

José Porfirio Neri Guarneros

Mexicano. Licenciado en Historia por la Universidad Autónoma del Estado de México y Maestro en Estudios Históricos por la misma institución. Doctor en Historia por el Centro de Investigaciones y Estudios Superiores en Antropología Social (CIESAS-Unidad Peninsular-México). Algunas de sus publicaciones son: (2009) "Un experimento agrario. La colonia modelo de Tlapizalco, Estado de México 1886-1890", en Aquiles Omar Ávila Quijas *et al.* (coord.) *Negociaciones, acuerdos y conflictos en México, siglos XIX y XX. Agua y tierra*. Michoacán: El Colegio de Michoacán/ CIESAS/ Universidad Autónoma de Aguascalientes y (2013) "Las sociedades agrícolas en resistencia. Los pueblos de San Miguel, Santa Cruz y San Pedro, 1878-1883", *Historia Crítica*, núm. 51, 21-44. ce_nery@yahoo.com.mx

Elena Ramos Cruz

Mexicana. Estudiante del doctorado en Historia y Etnohistoria por la Escuela Nacional de Antropología e Historia (ENAH). Su línea de investigación se enfoca en la Historia Social del siglo XIX, el tema central es el estudio del proceso de desamortización y los conflictos por los recursos naturales de los pueblos rurales del Distrito Federal, en particular, el caso de San Ángel. Se ha especializado también en la investigación de archivos históricos de la ciudad de México. Actualmente colabora como técnica académica en el Área de Territorio y Medio Ambiente de la Dirección de Investigación del Instituto de Investigaciones Dr. José María Luis Mora, con el objetivo de dinamizar la producción editorial de la investigación del instituto.
jramos@institutomora.edu.mx

Lluís Serrano Jiménez

Español. Doctor en Historia por la Universitat de Girona. Su investigación se ha centrado en los cerramientos de tierras en la Cataluña del siglo XIX. Entre otros trabajos, es coautor, con Albert Pons, del libro *Afrancesats i guerrillers: revolució a la regió de Girona (1808-1814)*, Girona, Diputació de Girona, 2010. Ha colaborado también en publicaciones con Enric Saguer *Forçats a foc i llum. Una història oral dels últims masovers de la regió de Girona, 1930-2000*, Barcelona, Departament de Cultura de la Generalitat de Catalunya, 2011. En 2016 publicó *Tancar la terra. Pràctiques de propietat i dinàmiques socials (Catalunya, 1850-1910)*, Girona, Associació d'Història Rural, Centre de Recerca d'Història Rural (UdG) i Documenta Universitaria. Es miembro del grupo d'Història de les Societats Rurals del Institut de Recerca Històrica de la Universidad de Girona.
lluis.serrano@udg.edu

Allan José Víquez Mora

Costarricense. Bachiller en Historia por la Universidad Nacional y postulante de la Maestría Académica en Historia del Posgrado Centroamericano en Historia de la Universidad de Costa Rica. Ha participado de los congresos Centroamericanos de Historia con publicaciones en el Boletín de la Asociación para el Fomento de los Estudios Históricos en Centroamérica sobre temas de historia social y política. allanvmora@gmail.com

Este libro se terminó de imprimir en octubre de 2017 en Imprenta Dorrego (Dorrego 1102, CABA).